高等学校工程管理系列教材

工程风险管理

（第 2 次修订本）

任　旭　主编

清 华 大 学 出 版 社

北京交通大学出版社

·北京·

内 容 简 介

本书紧密结合了近年来国内外先进的工程项目风险管理理论及实践成果，以工程项目管理中的风险为对象，首先阐述工程风险管理的基本理论与发展历程，并在此基础上以工程风险管理的流程为基础，依次介绍了工程风险的识别、估计、评价，工程风险决策及工程风险应对与监控等各环节的内容，系统而全面地阐述了工程风险管理的理论、技术、内容及方法。最后，本书还结合当前形势，对国内目前不断发展的工程保险的相关内容做了详细介绍。

本书在每一章采用不同的风险故事或工程背景案例引出理论知识，并针对特定知识点加入生动形象的漫画，以方便读者的理解和记忆。本书内容全面，层次清晰，注重理论与实践的结合，强调实用性与可读性，既可以作为高等院校工程管理专业、土木工程专业的教材或教学参考书，也可供政府建设主管部门、工程建设领域企事业单位的管理人员和工程技术人员等参考。

图书在版编目（CIP）数据

工程风险管理/任旭主编. —北京：清华大学出版社；北京交通大学出版社，2010.3
（2022.8重印）

（高等学校工程管理系列教材）

ISBN 978 - 7 - 5121 - 0086 - 2

Ⅰ. ① 工… Ⅱ. ① 任… Ⅲ. ① 基本建设项目-项目管理：风险管理-高等学校-教材 Ⅳ. ① F284

中国版本图书馆 CIP 数据核字（2010）第 047928 号

责任编辑：杨正泽
出版发行：清 华 大 学 出 版 社　　邮编：100084　　电话：010 - 62776969
　　　　　北京交通大学出版社　　邮编：100044　　电话：010 - 51686414
印 刷 者：北京时代华都印刷有限公司
经　　销：全国新华书店
开　　本：185×230　印张：13.75　字数：310 千字
版　　次：2020 年 7 月第 2 次修订　　2022 年 8 月第 10 次印刷
书　　号：ISBN 978 - 7 - 5121 - 0086 - 2/F • 628
印　　数：15 501～16 500 册　　定价：35.00 元

本书如有质量问题，请向北京交通大学出版社质监组反映。对您的意见和批评，我们表示欢迎和感谢。

投诉电话：010 - 51686043，51686008；传真：010 - 62225406；E-mail：press@bjtu.edu.cn。

✧ 前 言 ✧

工程项目由于具有投资规模大、建设工期长、施工技术复杂、参建单位多等特点，在建设过程中会受到各种不确定风险的影响，如果不能有效地加以防范，将有可能影响工程目标的顺利实现，甚至酿成严重后果。因此，工程风险管理就显得尤为重要。此外，随着我国建筑市场对外开放程度的逐步加大，投资主体逐渐呈现多元化、工程项目及管理呈现大型化和复杂化的趋势，这对工程风险管理提出了更高的要求，如何有效地防范和控制风险已成为工程项目能否顺利进行的决定性因素。

本书以工程风险管理的整个流程为主线，系统地介绍了工程风险管理的知识理论框架，着重阐述了风险管理各个环节的主要内容，包括工程风险的识别、估计、评价，风险决策及风险应对与监控等。同时，结合我国工程保险市场高速发展的新形势，本书也在一般保险理论基础上结合工程项目的特点，对工程保险的理论知识做了系统介绍。本书的写作特点体现在两个方面：首先，注重理论与实践的结合，在相关章节都附有相应的应用分析举例，针对工程风险的实际情况，用丰富具体的实例来解释工程风险管理理论；其次，注重实用性和可读性。本书讲述理论深入浅出，语言通俗易懂，采用大量相关领域的新闻时事引出知识点，同时配合特定内容加入形象生动的漫画，来模拟实际工程的情景，力求图文并茂，方便读者对相应知识点的理解和记忆。

本书的编写汲取了国内外工程风险管理的最新进展，并参照了《全国高等学校土建类专业本科教育培养目标和培养方案及主干课程教学基本要求——工程管理专业大纲》，力求做到内容全面、充实，充分体现系统性、实用性、可操作性等特征，以期为工程管理相关从业人员、高等院校工程技术和管理专业师生提供有益参考。

本书由任旭主编。其中第1章由任旭、王悦编写，第2章由王悦、任旭编写，第3章由任旭、郝晓明编写，第4章由郝晓明、吴娜编写，第5章由任旭、刘常乐编写，第6章由吴娜、任旭编写，第7章由刘常乐、任旭编写。最后，全书由任旭进行了修改、润色和统稿。本书中每章节所附漫画插图由于洁绘制。同时，在本书的撰写过程中，引用了部分文献资料，并将主要参考文献附在书末。在此向相关资料的作者致以诚挚的谢意。

由于编者的水平及实践经验所限，书中缺点和谬误在所难免，敬请各位读者批评指正，不胜感激。

相关教学课件可以从北京交通大学出版社网站（http://press.bjtu.edu.cn）下载，也可以发邮件至 cbsyzz@jg.bjtu.edu.cn 索取。

编者

于北京交通大学

2010 年 3 月

前　言

✧ 目 录 ✧

第1章 工程风险管理概论

《诗经》中有一篇标题为《鸱鸮》的诗，描写一只失去了自己孩子的母鸟，仍然在辛勤地筑巢，其中有几句是这样描述的："迨天之未阴雨，彻彼桑土，绸缪牖户。今此下民，或敢侮予！"意思是说：趁着天还没有下雨的时候，赶快用桑根的皮把鸟巢的空隙缠紧，只有把巢坚固了，才不怕人的侵害。后来，大家把这几句诗引申为"未雨绸缪"，意思是说做任何事情都应该事先准备，防患于未然。

宋朝吕蒙正的《破窑赋》中也有"天有不测风云，人有旦夕祸福"的说法。不测风云与旦夕祸福都意味着人生的风险（Risk）。

其实人类自诞生之日起就面临着各种各样的风险，如自然灾害、伤害、战争等。随着科学技术的发展、生产力的提高、社会的进步，新的风险不断涌现，且风险事故造成的损失也越来越大。在当今社会，小到企业面临着通货膨胀、技术泄露、政策变更等风险，大到国家面临着暴乱、战争、地震等风险。可以说，风险涉及社会生活的方方面面，无处不在，无时不有。

同时，工程项目由于建设周期长、施工工艺复杂、参建单位多等特征，也面临着各种各样的风险。这就要求各参建单位合理规划，研究有效的防范对策，把风险的负面影响降至最低，以实现工程建设管理的目标。

1.1 风险管理的基本理论

1.1.1 风险概述

《汉书·霍光传》中有个"曲突徙薪"的故事，原文如下：

客有过主人者，见其灶直突，傍有积薪，客谓主人，更为曲突，远徙其薪，不者且有火患。主人嘿然不应。俄而家果失火，邻里共救之，幸而得息。于是杀牛置酒，谢其邻人，灼烂者在于上行，余各以功次坐，而不录言曲突者。人谓主人曰："乡使听客之言，不费牛、酒，终亡火患。今论功而请宾，曲突徙薪亡恩泽，焦头烂额为上客耶？"主人乃寤而请之。

大概意思就是，有客人到主人家做客，看到主人家里烟囱竖直，灶台旁还有一堆柴火，便劝主人把烟囱弯曲，并搬走旁边的柴火，不然则存在火灾的隐患，然而主人却不以为意。后来主人家里果真失火了，邻里都来帮忙灭火，主人很感激，杀牛宰羊准备酒菜答谢乡邻，并按乡邻救火的功劳安排座次，唯独没有请劝其消除火灾隐患的人。人们对主人说："如果你当初听了那位客人的建议，何劳杀牛准备酒菜宴请大家，也不会发生火灾。如今你论功劳宴请宾客，却惟独没有对劝你提早预防火灾的人表示感谢，这样合理吗？"主人这才醒悟，赶紧把当初劝说他的人请了过来。

这则故事在汉书中只有 157 个字，但却很好地反映了风险的概念和风险管理的基本要素，充分体现了我国古代关于风险和风险管理思想的萌芽。经过几个世纪的发展，人们对风险管理的研究逐步趋向于系统化、专业化。现如今，风险管理已逐渐发展成为一门独立的学科。本章将结合上述故事，对风险及风险管理的相关概念进行系统的介绍。

1. 风险的定义

风险是一个外来语，源于法文的 rispué，在 17 世纪中叶被引入英文，拼写成 risk。风险最早出现在保险交易中。近年来，由于人们越来越认识到风险的普遍性和危害的严重性，风险理论的研究得到了较快的发展，然而至今关于风险的定义学术界依然没有达成统一的认识。

许多学者试图用简明扼要的语言对风险的含义作出描述。

◇ Mowbray（1955 年）等指出，风险是一种不确定。

◇ Rosenbloom（1972 年）将风险定义为：损失的不确定。

◇ Crane（1984 年）称风险是未来损失的不确定。

◇ Arther William（1985 年）等将风险定义为：给定情况下的可能结果的差异性。

通过上述定义可知，风险的构成必须具备两个基本条件：一是发生的不确定性；二是后果的消极性，这两个条件缺一不可。

2. 风险产生的原因

风险的产生主要基于以下两方面原因。

1）人们认识客观事物能力的有限性

世界上任何客观事物都有其本质属性，然而从动态角度看，其又处于不断地发展变化之中。对于事物的本质属性，人们可以利用各种数据或信息对其进行描述；对于事物发展变化的规律，人们可以通过分析处理获得的数据或信息来进行预测。然而由于人们认识事物在深度和广度上均有局限性，这种描述和分析处理能力也是有限的，因此人们对事物的认识有可能是片面、不完备的。

例如，工程项目可视为客观事物的集合体，人们对工程项目的认识不可避免地存在信息上不完备的问题，即人们对工程建设的环境缺乏客观认识，对工程的实施过程缺乏符合实际的预见等，这是导致工程出现风险的重要原因。典型的像冬雨季施工应对措施，通常承包单位是根据当地的气象资料和以往类似工程施工经验来制定。当然，事实上也只能这样做，因为由于条件的限制，无法完全掌握天气的变化情况，使信息完备。像暴雪、冰雹等极端恶劣天气一旦出现，便会拖延进度计划，增加工程成本，给施工带来极大影响，这是一个即使有经验的承包商也无法完全预料到的。因此，在气候变化多端的地区，工程建设就可能面临较大的风险。

2）信息的滞后性

从信息科学理论出发，人们掌握的信息总是不完备的，这一方面是因为人们只有在客观事件发生之后才可能去采集数据和信息对其进行描述，而另一方面，人们对事件的描述和认识也需要一个过程，这就导致相应数据或信息的形成总是滞后于事件的产生和发展。信息的滞后性可能会导致人们在进行项目决策时做出不准确的判断，因此也是风险产生的重要原因之一。

3. 与风险相关的基本概念

风险的构成要素决定风险属性，并影响风险的产生、存在和发展。在认知风险的本质时，除明确风险的定义外，还应明确下列概念：风险因素、风险事故、风险损失及损失概率。

1）风险因素（Hazard）

风险因素是指导致风险事件发生的潜在原因，其直接或间接地造成了风险损失的产生。例如工人在工程施工现场吸烟，或是工地对涉及动火作业的区域没有相应的消防设施，这些都属于导致工程火灾事故发生的风险因素。当然，不同领域的风险因素的表现形态各异。根据风险因素的性质，可将其划分为以下 3 种类型。

（1）心理风险因素（Morale Hazard）

心理风险因素属于意识形态的风险因素，与人的心理状态有关。该类风险因素是由于管理者主观上的疏忽产生的。例如在工程建设中，工程保险投保后，建设单位可能过分依赖保险公司而产生麻痹大意心理，从而疏忽对潜在风险的防范。

（2）道德风险因素（Moral Hazard）

道德风险因素也属于意识形态的风险因素，与人的品德修养有关。该类风险因素是由于人们道德素质缺失或受利益的驱使而产生的。例如某些不法商贩为了牟取暴利而销售假冒伪劣商品，侵害消费者利益。

（3）客观风险因素（Physical Hazard）

按英文词义，国内也有人将其译为自然风险因素。但从与道德风险因素和心理风险因素对应的关系考虑，翻译为客观风险因素更为贴切。该风险因素是指客观存在的、并能直接导致某种风险的事物。例如工程建设材料的质量缺陷、施工技术缺陷、结构设计不合理等，这些因素都可能会导致工程建设质量安全事故的发生。

2）风险事件（Peril）

风险事件是指由一种或几种风险因素共同作用而发生的造成财产损失和人员伤亡的偶发事件。风险事件直接或间接地造成了损失的后果，是风险损失发生的媒介。如连日暴雨天气以及疏松的土质导致泥石流的发生以及人员的伤亡，在这里连日暴雨天气和疏松土质属于风险因素，泥石流灾害是风险事件，而人员伤亡是风险损失。如果仅有暴雨天气和疏松土质，而未导致泥石流灾害，则不会导致人员伤亡。需要注意的是，风险事件的发生是不确定的，而这种不确定性是由内外部环境的复杂性和人们对于未来变化的预测能力的有限性而导致的。

3）风险损失（Loss）

风险损失是指由于难以预料到的事件发生（即风险事件）所引起的财产损失和人员伤亡。风险损失可分为直接损失和间接损失两种。直接损失是指风险发生所引起的直接的财产损失和人员伤亡，间接损失则包括额外费用损失、收入损失和责任损失三种。例如工程项目中发生塌陷事故，由此导致的设备的损坏、人员的伤亡属于直接损失；塌陷段的重新施工、修缮或重置设备、救治赔偿伤亡人员等支出的费用就属于额外费用损失；由于清理现场、处理事故而无法正常施工，进而导致利润的减少属于收入损失；而由此引起的进度计划的延误、违约等依法应付的赔偿责任就属于责任损失。再如汶川地震中，由地震导致的房屋、各项设施的破坏属于直接损失；而灾后重建所发生的各种费用就属于额外费用损失。

研究风险损失，要找出一切已经发生和可能发生的损失，尤其对长期的，难以在短期内预测、弥补和扭转的间接损失，更要引起注意。在进行分析时，如果有时做不到定量分析，至少也应进行定性分析，以便对损失后果有一个全面客观的估计。

4）损失概率

损失概率是指风险损失出现的可能性，可分为客观概率和主观概率两种。

客观概率是指长期历史统计资料显示的某一事件发生的概率，例如木结构房屋发生火灾造成损失的概率要远远大于钢筋混凝土结构的房屋。主观概率则是指个人对某一事件发生的可能性的估计，这种估计结果受很多主观因素的影响，如个人的受教育程度、专业知识水平、实践经验等，还可能与年龄、性别、性格等有关系。

5）风险三要素（风险因素、风险事件和风险损失）之间的关系

风险因素、风险事件和风险损失三者的关系可以用多米诺骨牌效应（骨牌理论，H. W. Heinrich）来解释。风险因素引发风险事件，而风险事件又导致损失，风险的三要素之间像多米诺骨牌一样，一旦第一张骨牌倾倒，便会诱发接下来一连串牌的倾倒。这三者之间的关系可以用一条风险作用链来表示（如图1-1所示）。在对风险进行认识的同时，理解风险三要素之间的因果关系对预防风险、降低风险损失有着十分重要的意义。

明晰了上述相关概念，便可以对"曲突徙薪"的故事进行解读。

首先是对于风险定义的理解。什么叫风险，主人的风险是什么？对于潜在的火患，客人

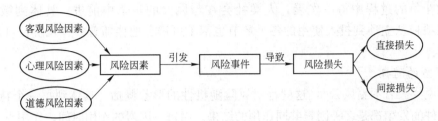

图 1-1　风险作用链条

通过分析判断，得出了"不者且有火患"的结论，这六个字包含两层意思：一是火患不一定发生，这仅仅是一种可能性，只不过可能性比较大一些；另一层意思是火患一旦发生的后果。虽然这里没讲，但可以推测，即为"人财两亡"。但是"人财两亡"达到什么程度却是之前无法得知的。因此，"风险"这个概念的两个构成要素便体现出来：一是事件发生的不确定性；二是事件发生后损失的不确定性。风险管理的所有理论和方法都是围绕着这两个要点展开的。

其次是对于风险三要素的体现。主人的风险是怎么形成的？形成的因素有二：一是"其灶直突"，二是"傍有积薪"。这两个要素被主人无意中安排到了一起，使得火患发生的可能性急剧提高，到了危险的程度。假使只有一个因素存在，虽然发生火患的可能性仍然存在，但是概率要大大降低。所以，"其灶直突"和"傍有积薪"就是构成"且有火患"这一风险的"风险因素"。故事中的"火患"便是由一种或几种风险因素作用而可能导致的"风险事件"。而一旦发生火患会造成"人财两亡"的不良后果，满足"非预期"和"财产损失及人员伤亡"两个必备条件，这便是前文介绍的"风险损失"。

再者，通过这个故事可以进一步看到，由"其灶直突"和"傍有积薪"这两个风险因素可能引发"火患"的风险事件，而风险事件会导致"人财两亡"的风险损失，这便是风险的作用过程。因此，为了预防风险、降低风险损失，客人建议做"曲突徙薪"的工作，从源头上消除风险因素。这种对风险的提早预防，而不是亡羊补牢，才应该是主人防火的重点。

4. 风险的特征

通常可以从以下几个方面来描述风险的特征。

1）风险的客观性

风险不以人的意志为转移，是独立于人的意识之外的客观存在。不论风险主体是否意识到，只要条件具备，风险因素便会诱发风险的产生进而导致损失。风险的客观性也说明，人类只能在有限的空间和时间内改变风险存在和发生的条件，降低风险发生的频率，减少损失程度，但不能、也不可能完全避免风险。

2）风险的普遍性

风险的普遍性包含空间、时间的普遍性这两个维度。一方面，在当今社会，小到企业面临着销路不畅、破产等风险，大到国家面临着内部暴乱、外部侵略等风险，风险渗透到社会生活的方方面面，可以说风险无处不在。另一方面，从宏观层面看，人类文明在与风险斗争的过程中得以发展，人类社会在与风险的斗争中前进；具体到微观层面，一个工程项目从立项到投入使用的各个环节也都不可避免地伴随着多种风险，可以说风险无时不有。

3）风险的随机性

俗话说"天有不测风云"，这就是对风险随机性的形象概括。具体到每一个特定风险，其风险事件的发生都是多种因素共同作用的结果。而每一因素的作用时间、作用点、作用方向、顺序、作用强度等都是不确定的，这就导致了风险的偶然性和随机性。同时，风险事件何时发生，发生之后又会造成什么样的后果，这些都是不确定的，这也是风险随机性特征的体现。

4）风险的规律性

从微观角度看，个别风险事件的发生是偶然的、无序的，然而从宏观上，运用统计方法去处理大量相互独立的风险事件资料，就可以比较准确地发现风险的规律性。这类似于掷骰子实验，单次实验的结果是零散的、无规律可言的，然而大量重复实验，每个点数出现的概率便趋于固定。因此，一定时期内某种风险发生的概率和造成的经济损失都有一定的规律性。而这使人们利用数理统计方法去估计风险发生的概率和损失程度成为可能。

5）风险的可变性

无论是风险的性质还是后果都会随着活动或事件的进程而发生变化，这就是风险的可变性。风险的可变性具体表现在风险性质的可变性，风险数量的可变性，某些风险在一定条件下消除和出现新风险四个方面。

6）风险的可预测性

因为风险事件的发生具有规律性，所以可以利用数理统计的方法和现代技术手段对风险发生的概率、造成的后果进行分析预测。利用这些分析预测的结果，人们可以制定有效的风险应对和监控措施，预防风险事件的发生，减少风险发生造成的损失。例如可以根据父母双方家族的遗传病史预测胎儿可能会患哪种遗传疾病以及患病的概率有多大，医生也可以根据预测的结果提出合理的应对建议。正是因为风险的可预测性，风险管理才得以发展成一门成熟独立的学科。

7）风险的相对性

风险总是相对人类活动或事件的主体而言的，不同主体由于收益、成本、地位和拥有资源等的不同，对风险的承受能力和态度是不一样的。如果某一房地产项目在开发过程中可能会遇到市场低迷的风险，对于大公司而言，由于其资金实力雄厚，因而抵御该风险的能力也较强；而对于仅能开发1~2个项目的小公司而言，项目的滞销很可能会使资金链断裂，进而导致其破产。再比如，工程合同的某些缺陷可能为承包人索赔创造了条件，这对工程项目业主而言是一种风险，但对承包人而言则是一个机会。

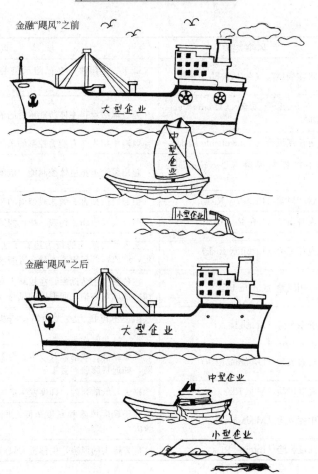

5. 常见风险的分类

为方便风险研究和管理风险，人们经常对社会生产和生活中遇见的风险进行分类。从不同角度或根据不同标准，可以将风险分成不同的类型。表 1-1 是常见一般风险分类表。

表 1-1　一般风险分类表

分类方法或依据	风险类型	特　点
风险性质	纯粹风险（Pure Risk）	只会造成损失，而不会带来机会或收益
	投机风险（Speculative Risk）	既可能造成损失，又可能带来收益
风险来源	自然风险（Natural Risk）	由于自然力的非规则运动而引起的自然现象或物理现象导致的风险
	政治风险（Political Risk）	因于政局、政策、法律、法规的变化而带来的风险
	经济风险（Economic Risk）	由于需求变化、外汇汇率变动、通货膨胀等因素而导致经济损失的风险
	社会风险（Society Risk）	所处社会中的风气、秩序、风俗习惯等因素引起的风险

分类方法或依据	风险类型	特 点
风险承担主体承受能力	可接受风险（Acceptable Risk）	低于一定限度，在风险承担主体所能承受范围之内的风险
	不可接受风险（Unacceptable Risk）	超过风险承担主体所能承受的最大损失的风险
风险承担主体控制风险能力	可控制风险（Controllable Risk）	风险承担主体有能力控制的风险
	不可控制风险（Uncontrollable Risk）	超出风险承担主体控制能力范围的风险
风险对象	财产风险（Property Risk）	引起财产损害、破坏或贬值的风险
	人身风险（Life Risk）	引起人身疾病、伤残、死亡的风险
	责任风险（Liability Risk）	法人或自然人的行为违背了法律、合同或道义上的规定，造成财产损失或人身伤害的风险
	信用风险（Credit Risk）	在各种信用活动中，在权利人和义务人之间，由于一方违约造成对方损失而形成的风险
损失的环境	静态风险（Static Risk）	由于不可抗力或人的错误行为引起的风险，如台风、盗窃
	动态风险（Dynamic Risk）	社会经济、政治以及技术、组织结构发生变化导致的风险，如通货膨胀、罢工
预期风险损失程度	轻度风险（Mild Risk）	损失较低的风险，即便发生危害也不大
	中度风险（Moderate Risk）	介于轻度风险和高度风险之间的风险，一旦发生危害较大
	高度风险（Intense Risk）	危害极大的风险，也称重大风险或严重风险

1.1.2 风险管理概述

1. 风险管理的概念

风险管理（Risk Management）是指经济单位通过风险识别，采用合理的经济和技术手段对风险因素进行估计、评价，并以此为基础进行决策，合理地使用回避、转移、缓和或自留等方法有效应对各类风险，并对其实施监控，妥善处理风险事件发生后引起的不利后果，以保证预期目标顺利实现的管理过程。

风险管理是一个系统、完整的过程，也是项目管理的一个重要内容。首先，在项目实施过程中，风险管理需要有专人负责，以保证该项工作的有序进行。其次，项目组织中的各个部门要共同参与，相互配合，以确保风险管理具体措施的有效落实。

此外，需要注意的是，由于风险管理的主体不同、目的不同，不同主体从各自的利益出发，风险管理的侧重点不一样，所采取的方法和手段也有所区别，但是，风险管理的基本过程和原理是相同的。

2. 风险管理的萌芽与形成

风险管理思想的雏形可以追溯到几千年前。公元前 916 年的共同海损制度（General Average）和公元前四百年的船货押贷制度，虽然属于保险思想的雏形，但由于保险一直都被认为是风险管理技术的一部分，所以这也可以被认为是风险管理思想的发端。直到 18 世纪产业革命后，法国管理学家亨瑞·法约尔（Fayol）在其著作《一般管理和工业管理》一书中才正式把风险管理思想引入企业经营领域，但长期以来一直没有形成完整的理论体系。

直到 20 世纪四五十年代，风险管理的思想在美国的保险行业广泛应用，风险管理学科才得以真正发展。1950 年，Mowbray 等人在《Insurance》一书中，较为系统地阐述了"风险管理"的概念。

1960 年，美国保险管理协会（American Society of Insurance Management，ASIM）纽约分社和亚普沙那大学合作，首次试验性地开设了为期几周的风险管理课程。

20 世纪 70 年代，风险管理方面课程及论著逐步增多，美国多数大学工商管理学院或保险系都开设了风险管理课程。宾夕法尼亚大学保险系还举办了风险管理资格考试，通过该项考试的考生可获得 ARM（Associate in Risk Management）证书。该证书具有相当高的权威性，获得证书即表明在风险管理领域取得一定的从业资格，为全美和西方国家所认可。1975 年美国保险管理协会（ASIM）更名为风险与保险管理协会（Risk&Insurance Management Society，RIMS），这标志着风险管理学科逐步走向成熟。

3. 风险管理理论的发展

20 世纪 80 年代以来，风险管理理论的研究和应用发展较快，有些保险和风险管理研究专家曾预言，风险管理理论将会替代保险理论，并将会应用到各个领域。

1983 年，在美国风险与保险管理协会（RIMS）年会上，世界各国专家学者经过广泛深入地讨论，通过了"风险管理 101 准则"，作为各国风险管理的一般原则（其中包括风险识别与衡量、风险控制、风险财务处理、索赔管理、职工福利、退休年金、国际风险管理、行政事务处理、风险管理技巧、风险管理沟通、风险管理哲学等）。

1984 年，英国南安普顿大学的 C. B. Chapman 教授在《Risk Analysis for Large Projects：Methods and Cases》一书中提出了"风险工程"的概念。书中指出，风险工程是对各种风险分析技术及管理方法的集成，是以更有效地进行风险管理为目的。该框架模型的构建完善了以前单一过程的风险技术，使得在较高层次上大规模地应用风险管理的研究成果成为可能。

1986 年 10 月，风险管理国际学术研讨会在新加坡召开，这表明风险管理已走向全球，在全世界范围内掀起了风险管理的热潮。

1987 年，为推动风险管理理论在发展中国家的推广和应用，联合国出版了关于风险管理的研究报告——《The Promotion of Risk Management in Developing Countries》。此后，风险管理在发展中国家产生了巨大影响。

1991 年，学者 J. O. Irukwn 出版了著作《Risk Management in Developing Country》。

该书系统地阐述了风险管理的基本理论，并结合发展中国家的国情进行了剖析和说明。

目前，国内外对风险管理理论的研究已经逐步趋于成熟，风险管理已发展成为管理学科的一个重要分支，并在各个领域得到了广泛的应用。同其他学科一样，未来风险管理将同时向着集成化和专门化这两个方向发展。

1.2 工程风险管理的基本理论

1.2.1 工程风险概述

1. 工程风险的定义

美国项目管理协会（Project Management Institute，PMI）从广义角度认为，项目风险是一种不确定的事件和条件，一旦发生，对项目目标可产生某种正面的或反面的影响。

从 PMI 关于项目风险的定义理解，对于工程项目的主要参与方业主、承包商、咨询方和供应方来说，风险不仅是威胁，也是机会，通过风险管理，不仅要降低风险发生的概率，减少风险损失，而且要利用风险，以增加其可能带来的收益。

从狭义角度来讲，国内有学者曾指出，工程风险是指在工程项目施工过程中或一定的使用期内出现的，与工程预期结果相背离，并使相关单位或个人蒙受损失的可能性。

综合上述观点，本书所定义的工程风险是指工程项目在决策、设计、施工和竣工验收等阶段中可能产生的，与工程各参与单位目标相背离的，会造成人身伤亡、财产损失或其他经济损失后果的不确定性。

该定义着重强调以下几点内容。

① 工程风险可能存在于工程项目的各个阶段，贯穿于工程项目决策和实施的整个过程。可以说是无处不在，无时不有的。

② 工程风险的承担主体涵盖了工程建设的各参与单位，包括建设单位、施工单位、咨询单位、监理单位以及勘察设计单位等。

③ 工程风险可能发生也可能不发生，其发生具有不确定性。

④ 工程风险可能造成人身伤亡、财产损失或其他经济损失，但对未来损失的影响程度是不确定的。

2. 工程风险的特点

同一般产品生产过程相比较，工程项目的施工工艺和施工流程更为复杂，影响因素更多，因此除了上述一般风险的普遍特性外，工程风险还表现出以下几个独有特点。

1）工程风险发生频率高

工程项目建设周期长、施工工艺复杂，实施过程中的各环节都隐含大量风险因素。这些风险因素集结在一起，一旦条件具备，便会形成威胁工程管理目标实现的风险。在一些工程项目的施工过程中，经常会由于设计缺陷、管理不到位等原因而产生众多风险事件。此外，恶劣天气、地震、洪水等不可抗力的自然因素引发的工程风险事件发生的频率也很高。各种人为或自然的风险因素共同作用，导致工程项目中人员伤亡和财产损失频频发生。据有关资料统计，国内建筑安装工程风险发生频率仅次于挖掘业，位居第二。

2）工程风险的承担者具有综合性

工程项目的实施过程往往涉及众多参与单位，如建设单位、承包单位、勘察设计单位、监理单位、材料设备供应单位，有些项目还涉及提供贷款的银行和担保公司等。例如某项目出现质量安全事故，有可能是承包单位偷工减料或者施工技术不规范造成的，有可能是勘察设计单位提供的设计图纸不准确或有缺陷造成的，有可能是监理单位疏忽大意，未严格履行监督职责造成的，也有可能是供应单位提供的材料、设备、构配件等质量不合格造成的，或者是上述这些原因共同造成的。当风险发生时，一般按照谁造成损失谁负责的原则，由责任方承担相应的损失责任。由此看出，一个工程项目可能有一个风险承担者，也可能有多个风险承担者，因此，工程风险的承担者具有综合性。

3）工程风险损失具有关联性

一方面，由于工程项目涉及面较广，各分部分项工程之间的关联度很高，环环相扣，一个工序出现问题，很可能给后序一系列工作的开展造成影响，使连带损失产生；另一方面，工程的进度、质量、成本、安全四大目标之间也存在关联，风险的发生对一个目标的实现造成影响，为解决该问题相应会影响工程其他目标的有效实现，使损失扩大化。

4. 工程风险分类及表现形式

1）按工程风险产生的原因及其性质分类

（1）政治风险

工程项目的政治风险是指由工程所在地政局变化、政权更迭、罢工、战争等引起的风险。稳定的政治环境会对工程建设产生有利影响；反之，动荡的政治环境则会阻碍工程建设的顺利实施。例如，2006 年尼泊尔发生内乱期间，动荡的政治环境使工程项目无法按正常计划进行，我国在该国的几项工程均蒙受了很大损失。

（2）经济风险

工程项目的经济风险是指项目所在国宏观经济形势的变动带来的风险。例如工程所在国家或地区财政、税收政策的变化，通货膨胀，建筑材料、设备的价格和人工工资的大幅上涨等，这些都能造成工程额外费用的增加，都属于经济风险。

（3）社会风险

工程项目的社会风险主要指由工程所在地区的社会风气、秩序、风俗习惯、宗教信仰等社会因素引发的风险。

（4）自然风险

工程项目的自然风险是指工程所在地区由于恶劣的自然条件和施工环境，不利的地理位置等自然因素所引发的风险。例如工程实施期间可能遇到的台风、暴雨、洪水、地震等恶劣的自然条件，这些都会阻碍工程建设的顺利进行，属于自然风险。

（5）技术风险

工程项目的技术风险是指由一些技术条件的不确定性或技术的不成熟带来的风险。例如设计图纸存在缺陷、错误和遗漏，施工工艺落后，应用新技术、新方法失败等，这些都会给工程的实施和工程项目的可靠性带来较大威胁，属于技术风险。

（6）商务风险

工程项目的商务风险是指由合同中经济方面的条款不明确或存在缺陷带来的风险。在签订工程合同时，合同双方需要明确诸如支付、工程变更、风险分配、担保、违约责任等方面的条款。如果合同中对某方面没有做出明确界定，或者有些条款含糊不清，那么在合同实施过程中一方便有可能利用合同漏洞据理索赔，而另一方只能被动接受。

（7）组织风险

工程项目的组织风险是指各参建单位、项目执行组织内部、各职能部门之间配合不力，难以对项目实施有效管理而引发的风险。

（8）行为风险

工程项目的行为风险是指由于个人或组织的过失、疏忽、恶意等不当行为造成财产损失、人员伤亡或工程目标不能实现的风险。例如，在施工中承包单位为了获取更大利益，故意偷工减料，降低工程质量标准；供货单位为了谋取更大利润，提供劣质的材料、设备、构配件以次充好。这些行为都会给工程的质量安全埋下隐患。

2）按照工程参与者分类

参与工程建设的主要单位包括：工程项目的业主，承包商，勘察、设计、监理单位等，他们是工程风险的主要承担者。

（1）业主风险

业主是工程风险的主要承担者之一，按照不同的阶段划分，业主通常会遇到项目决策和项目组织实施方面的风险。

① 项目决策阶段的风险。

业主是工程项目的发起人，在工程项目开始实施之前面临着很多决策。首先，业主需要对是否进行项目的投资作出决策；其次，业主要对勘察设计单位、承包商、监理单位、供应单位的选择进行决策；同时，业主还要对工程方案的采用、工程实施过程中面临的各种问题处理方案的选择进行决策。然而由于获取信息渠道的局限性，以及信息的滞后性，这一阶段的决策存在着大量的不确定因素，非常容易形成决策失误，从而引起损失。

② 项目实施阶段的风险。

在项目的实施阶段，业主委托勘察设计单位对工程实施勘察、设计；委托承包单位负责工程的施工；同时委托监理单位对施工过程进行监督检查。在整个过程中，业主既要保证建设资金及时到位，也要保证工程参建方各司其职。但是由于这一阶段涉及面广、参与者众多、过程复杂，业主面临着更多的风险。具体来说，此阶段业主面临的风险可能有：勘察设计工作不到位的风险；承包商缺乏合作诚意的风险；监理工程师失职的风险；材料、设备、构配件供应商履约不力或违约的风险；合同条件存在缺陷的风险；因建设资金短缺、汇率利率变动、通货膨胀等变化而造成损失的风险；参建各方组织协调不力的风险，等等。

（2）承包商风险

在工程实施阶段，承包商组织投标，中标后受业主委托，负责工程的施工，同时对工程的质量安全承担主要责任。按照不同阶段划分，承包商主要面临投标决策阶段、签约履约阶段、验收交付阶段的风险。

① 投标阶段的风险。

在此阶段，承包商要做出一系列的决策，包括要进入哪个市场，要对市场中的哪个项目进行投标以及投什么性质的标，采用哪些策略来中标等等。这一系列的决策都伴随着未知的结果和大量的不确定因素，潜伏着很多风险。

a. 信息不完备的风险。

在投标决策阶段承包商需要通过各种途径搜集大量与投标项目有关的信息来辅助决策，然而这些信息的真实性和时效性有时是无法完全保证的，承包商因信息取舍失误或信息失真造成决策失误的可能性很大，因而存在潜在风险。同时，承包商也可能无法把投标项目的所有资料都掌握。信息的不完备可能会导致投标决策的失误，给承包商带来损失。

b. 投标失败的风险。

投标是承包商取得工程承包权的重要途径，承包商要花费大量的费用和精力组织投标工作，如购买招标文件、获取投标信息、组织人员编写标书等。然而承包商一旦没有中标，前期的一系列投入都是无法得到补偿的，这就构成了承包商投标失败的风险。

c. 报价失误的风险。

承包商在投标时，为了使自身利益最大化，往往会采取不同的报价策略。然而不同的报价策略也潜伏着不同的风险。

对于寄希望于低价中标的承包商，其目的往往是低价中标、高价索赔。然而很多时候，承包商虽然能成功中标，却难以通过索赔达到预期效益。采用该策略要求承包商对未来市场形势判断准确并且有类似工程的投标经验，而一旦判断失误，承包商将无法获取预期的收益。而对于希望高价中标的承包商，往往是有所倚仗，比如技术优势等，然而如果不充分了解市场行情和竞争状况，盲目抬高价格，也有可能因为价格过高失去中标的机会。

② 签约履约阶段风险。

　　a. 合同不完备的风险。

承包商中标后，就要与业主签订施工合同，而合同一旦确立就具有法律效力，双方就要按照合同条款履行自己的权利和义务。在签订合同前，承包商应该仔细研究每一项条款，确保合同准确无误。然而由于人的有限理性和外部环境的不确定性，即使签订再详细的合同条款，承包商也无法完全预料未来所有不确定事件的发生。一旦合同执行过程中出现合同中未明确界定的事件，便可能给承包商带来预料外的损失，这就是合同不完备的风险。

　　b. 合同管理风险。

在工程实施阶段，合同管理是承包商的一项关键工作，也是其获利的有效手段。承包商需要全面准确地了解合同的内容和《合同法》的相关规定，同时拥有丰富的合同管理经验，灵活地利用合同条款来保护自己的合法权益，使收益最大化。如果不能做好合同管理工作，对于出现的问题不能进行合理索赔，那么承包商只能自己承担由此造成的损失，而无法获得理想的经济效益。

　　c. 物资供应风险。

承包商需要向供应单位采购原材料、构件、机具、设备等物资，供应单位的供货情况将直接影响工程的质量和进度。一旦供应单位提供的工程材料、构配件等不合格，或者没有按照预定时间供货，将会给施工带来严重影响，给承包商带来损失。

　　d. 成本管理风险。

承包商要想从承包的工程中获得理想的经济效益，一定要做好施工阶段的成本管理工作，包括成本的预测、计划、控制、核算等。成本管理的任何一个环节出现疏漏，都有可能造成成本上升，费用增加，难以达成工程承包的预定目标。

　　e. 拖欠工程款的风险。

施工单位垫资、业主拖欠工程款是我国工程建设中常出现的现象。如果工程开工前业主的建设资金没有落实，或者在工程实施过程中业主的资金紧缺，便有可能拖欠承包商的工程进度款，在屡催不支付的情况下，这不仅会给承包商带来损失，也会影响工程建设目标的顺利实现。

　　f. 分包风险。

工程采取工程分包是承包商转移工程风险的主要手段之一，然而如果承包商选择的分包单位管理水平低下，或者承包商对分包单位疏于管理，造成工程实施过程中出现质量安全事故，则承包商需要承担相应连带责任，这便是承包商面临的分包风险。

③ 验收交付阶段风险。

该阶段的风险主要体现在竣工验收条件、竣工验收资料管理、债权债务处理等方面，一些经验不足的承包商有时忽略这一阶段的风险。

　　a. 竣工验收风险。

工程完工后，应严格按照规定进行竣工验收，一旦出现质量问题，承包商应制定全面的整改计划，并在人力、物力、财力等方面进行落实。如果整改计划落实得不及时，导致工程不能按时进行竣工验收，便会影响项目的顺利交付。

b. 资料管理风险。

工程竣工验收既包括工程实体的验收，也包括相关资料的验收。如果承包商未按相关规定进行档案资料管理，或是建设单位与施工单位在签订施工承包合同时，对施工技术资料的编制责任和移交期限未做全面、明确的规定，亦或项目监理人员未能按规定及时签证认可等，都会影响工程正常的竣工验收，进而影响工程的顺利交付。

c. 债权债务处理风险。

在工程竣工验收阶段，承包商应提前做好工程结算的准备，处理好债权债务关系，保证按时竣工结算。

债务问题主要指承包商拖欠供应单位或分包单位的工程进度款，如果承包商不能尽快支付，不仅会破坏双方的合作关系，还有可能面临诉讼；对于债权问题，承包商应及时追缴业主未结算的工程款，因为一旦超过《民法通则》规定的普通诉讼时效，法院将不再受理，承包商蒙受的损失也将无法得到补偿。

（3）勘察、设计、监理单位风险

勘察、设计、监理单位接受业主的委托，在工程项目的实施过程中提供勘察、设计、目标控制等方面的专业服务。同业主、承包商一样，勘察、设计、监理单位在工程项目的实施过程中也面临着各种各样的风险。

① 来自业主的风险。

工程实施过程中业主的行为常会影响勘察、设计、监理单位工作的正常进行，例如，业主不遵循客观规律，对工程提出过分的要求；业主单从自身的利益出发，随意做出决定，对勘察、设计和监理工作盲目干预；工程投资预算不足，使各单位面临无米之炊的困境。业主的这些行为，都可能会给勘察、设计、监理单位造成潜在的风险。

② 来自承包商的风险。

在工程施工阶段，监理单位可能面临着来自承包商的一些行为风险。例如，如果承包商在投标阶段以低价中标，则其在施工过程中往往会不断提出索赔，从而给监理工程师施加压力；也有一些承包商施工技术水平不高，在施工建设过程中偷工减料、对工程质量不负责任，一旦这些情况导致质量安全事故，监理单位也要承担相应连带责任。

③ 来自自身的职业责任风险。

勘察、设计、监理单位分别与业主签订服务合同，履行各自的职责。而如果这些单位没有做好职责范围内的工作，就要承担相应的职业责任。例如，勘察设计单位提供的设计方案不合理，或是存在大的错误和漏洞；勘察、设计或监理单位自身能力和水平不够，难以完成其承担的相应任务等。

1.2.2 工程风险管理概述

工程风险管理是工程管理的重要组成部分，它是人们在追求可靠和安全的目标下，在传统管理思想和现代科技理论相结合的基础上发展起来的一门新学科。

1. 工程风险管理的概念

从工程风险的特征出发，结合一般风险管理的定义，本书将工程风险管理定义为：依据工程所处的风险环境和预先设定的目标，由工程管理人员对导致未来损失的不确定性进行识别、估计、评价、应对和监控，以最小代价，在最大程度上保障工程总目标实现的活动。

概括来说，工程风险管理包括两大部分内容：风险分析和风险处置。风险分析包括风险的识别、估计、评价等步骤，其主要采用实证分析的思路，对工程风险性质进行准确的描述，从定性和定量两个角度认识项目所面临的风险。风险处置包括工程风险的决策、应对和监控等步骤，其主要采用规范分析的思路，依据工程风险分析的结果并结合工程项目的人员、资金和物资等条件，制定和实施风险处置方案。工程风险管理内容的层次如图1-2所示。

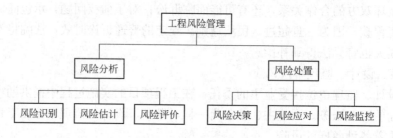

图1-2　工程风险管理内容层次图

2. 工程风险管理的目标

正如项目管理是一种目标管理一样，工程风险管理同样也需要明确的目标来指导工作的开展。而具体目标的设定需要结合工程实际，并与风险事件的发生紧密联系。

首先，工程风险管理的目标必须与工程建设项目的总目标一致。通常的工程项目管理目标涉及费用、进度、质量和安全四个方面。在工程实施过程中，各种风险因素是影响上述四项目标实现的主要障碍，只有有效的风险管理才能确保工程总目标顺利实现。其次，工程风险管理的目标还必须与风险管理的特定阶段相协调。工程风险管理的目标包括风险发生前的目标和风险发生后的目标。前者是减少风险事件形成的机会，后者是减少风险损失和尽快使工程主体复原。工程风险管理的总目标与两个阶段的分目标相互结合，构成了完整的工程风险管理目标体系。

1）从风险管理目标与工程总目标一致的角度分析

工程风险管理的目标具体包括：

① 严格控制工程各项支出和工程变更，使实际投资不超过计划投资。

② 最大限度地减少或消除项目实施的干扰因素，以保证实际工期不超过计划工期，使项目能够如期完成。

③ 构建全面的质量管理体系，使工程实际质量满足预期的质量要求。

④ 提供安全作业的环境和设施，进行安全作业教育，确保建设过程中的安全生产。

2) 工程风险损失发生前的风险管理目标

该阶段具体的风险管理目标如下。

（1）管理方案经济合理目标

工程风险管理要使潜在损失最小，因此最佳状态是以最小的成本获得最大的安全保障。而这一目标的实现就需要选择最佳的风险决策优化组合，使整个风险管理计划方案和措施最经济最合理。

（2）工程建设安全状态目标

安全状态目标就是指在损失发生前，对工程项目的风险实施严格的监测，预防风险的发生，使工程建设处于预期的状态下。

（3）风险管理单位社会责任目标

风险管理单位在工程实施过程中，必然受到政府和主管部门、有关政策和法规以及企业公共责任的制约，因此工程项目必须满足外部的附加义务。例如，在工程实施过程中施工单位必须要保证安全生产，做好环境保护工作，全面实施好防灾防损计划，尽可能避免风险对社会造成不利影响等，履行必要的社会责任。

3) 在工程风险损失发生后的风险管理目标

该阶段具体的风险管理目标如下。

（1）损失最小化目标

在风险事件发生后，风险管理的首要目标是要使实际损失减少到最低程度。要实现这一目标，风险管理单位应采取积极的事后应急措施，防止损失的进一步扩大，将损失控制在最低的范围内。

（2）工程正常运行目标

在风险事件发生后，风险管理单位应尽快消除损失带来的不利影响，恢复项目的正常运转，保持项目的稳定，确保项目管理目标的实现。

（3）损失后的社会责任目标

工程风险损失的发生不仅使风险承担者受害，还会波及工程的其他参建单位乃至整个社会，因此风险管理主体除了要尽快恢复项目的正常运转，将损失降到最低外，还要积极采取措施，做好相关的善后工作，履行好对社会的责任，树立良好的企业形象。

3. 工程风险管理计划

工程风险管理计划是描述如何安排与实施工程风险管理的文件，是工程管理计划的子计划。

工程风险管理计划首先应明确风险管理的目标，通过有效的风险识别、分析，制定风险应对策略，并确定工程风险管理的组织，明确相关人员的职责和工作范围，以指导整个工程风险管理工作的开展。

1) 制订工程风险管理计划的依据

① 工程的各种资料文件。

② 项目管理的目标。

③ 合同中规定的参建各方的职责和权利。

④ 类似工程的风险管理资料。

⑤ 风险管理的技术与方法等资料。

2）制定工程风险管理计划的方法

工程风险管理计划通常是采用风险管理计划会议的形式来制定。项目经理、项目团队成员以及其他任何相关的责任者与实施者都需要在参与之列。在制定工程风险管理计划时，可以以类似工程的风险管理计划为模板，并结合本工程的具体特点进行设计。

3）工程风险管理计划的主要内容

（1）方法论

确定工程风险管理将使用的方法、工具和数据信息来源。针对项目的不同阶段、不同局部、不同的评估情况，可以灵活采用不同的风险管理的方法策略。

（2）角色与职责

确定工程风险管理计划中每项活动的领导者和支持者，以及分析管理团队的成员构成，并明确其职责。

（3）时间安排

确定在工程生命周期中实施风险管理过程的时间和频率，建立进度应急储备的使用方案，确定应纳入项目进度计划的风险管理活动。

（4）预算

分配资源，估算风险管理所需资金，将其纳入成本绩效基准，并建立应急储备的使用方案。

（5）评分与说明

明确定义风险分析的评分标准并加以准确的说明。

（6）报告格式

明确工程风险管理各流程中所需的风险报告的内容和格式，规定如何对风险管理过程的结果进行记录、分析和沟通。

（7）跟踪

规定如何记录风险活动。这些记录可用于本项目或未来项目，可用于总结经验教训，还要规定是否需要以及应该如何对风险管理过程进行审计。

4. 工程风险管理过程

工程项目由于具有建设周期长、投资规模大、施工过程复杂等特点，比一般产品生产具有更大的风险。风险管理的主要任务就是将损失发生的不确定性减至一个可以接受的程度，然后再将剩余不确定性的责任分配给最适合承担它的一方。具体来说，工程风险管理主要包括五个步骤：风险识别、风险估计、风险评价、风险应对和监控，它是一个系统的、完整的过程，一般也是一个循环的过程。

风险识别是指风险管理人员通过对大量来源可靠的信息资料进行系统分析，认清建设过程中存在的各种风险因素，进而确定工程管理单位所面临的风险及性质。风险识别是整个工程风险管理工作的基础，只有经过有效的风险识别，才能准确衡量工程中的各种风险，进而对制定有针对性的风险应对策略。

风险估计是在风险识别的基础上，通过对所收集的大量资料的分析，利用概率统计理论，估计和预测风险发生的可能性和相应的损失程度。

风险评价是在风险识别和风险估计的基础上，对风险发生的概率、损失程度和其他因素进行综合分析，对工程的风险进行重要性排序，并评价工程的总体风险。

风险应对是继风险识别、风险估计与评价之后，针对风险量化的结果，为降低工程风险的负面效应而制订风险应对策略和技术手段的过程。风险应对策略的制定不仅应结合工程项目的整体目标，而且要与风险发生的过程、时间和可能导致的后果相适应。

风险监控是指随时监测并记录工程项目的各项风险状态，并与风险管理目标相比较，如果发现偏差，则及时采取控制措施的过程。风险监控包括对工程风险的监视和控制两大环节。前者是在采取风险应对措施后，定期地对"风险识别清单"中的风险进行跟踪检查，监测残余风险，观察并记录其发展变化；后者则是在风险监视的基础上，采取相应的组织、技术、经济或合同等措施，对原计划进行调整，以便使制定的风险应对策略更加符合实际。风险监控是一个实时的、连续的过程，贯穿于整个工程建设周期。在某一时段内，风险监视和控制交替进行，即发现风险后应立即采取控制措施，而风险因素消失后立即进行下一轮的风险监测。风险监视和风险控制是相辅相成的，风险监视给风险控制提供实施风险应对策略的时机，提示风险管理者何时采取控制措施；风险控制则给风险监视提供监视内容，提示风险管理者下一轮应监视的重要风险。因此，常将风险监视和控制结合起来考虑。

工程风险管理的具体流程如图 1-3 所示。

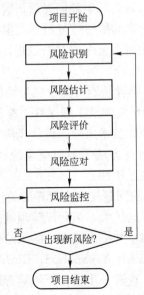

图 1-3　工程项目风险管理流程

5. 工程风险管理的意义

① 工程风险管理的内容包括工程风险的识别、估计、评价、应对和监控等方面。通过风险管理，可使项目管理单位加深对各种风险因素的认识，同时有利于决策的科学性、合理性，降低决策的风险水平。

② 工程风险管理是一种主动控制方式，克服了传统工程管理以保险为单一风险应对策略的局限性，可以进一步保障项目三大目标的顺利实现。

③ 工程风险管理总结了以往工程经验，并采纳了最新的科学技术和管理手段，从而可以极大地提高项目管理者的管理水平。由于工程风险的处置决策是在大量翔实的、可靠的风险分析基础上做出的，这也大大提高了管理人员决策的科学性，增强了项目管理者的信心，提高了工作效率。

④ 工程风险管理的具体实践可以激励项目管理班子积累有关资料、信息和数据，以便不断改进未来项目的风险管理，并进一步推动工程风险管理理论的发展。

1.3 工程风险管理的发展历程

1.3.1 国外工程风险管理的产生与发展

西方发达国家在工程领域开展风险管理的研究和实践始于 20 世纪五六十年代。伴随着西方国家的战后重建和大规模的工程建设投资，管理者越来越重视工程项目的管理问题。而由于工程项目面临的环境复杂多变，事先预测各种不确定性对工程的影响从而采取有效应对策略成为管理者面临的一大难题。为此，学者们先后研究、开发了各种项目风险评估技术，如早期的项目计划评审技术以及后来的敏感性分析和模拟技术等。国外工程风险管理的研究与实践经历了一个由浅入深、由片面到全面的发展过程，目前其研究内容正逐步向系统化、专业化方向发展。

20 世纪 70 年代，西方国家的学者开始研究业主与承包商在合同中的风险责任问题。

20 世纪 80 年代，风险管理的研究涉及工程保险、地质及环境不确定性风险分担、费用超支风险、工期延误中的责任问题、技术风险、设计风险等领域。这一时期的研究特点是针对某一个风险进行单一的分析，研究方法主要以概率统计为基础，对风险的起源也有所探索，但整体来说缺乏系统性和普遍适用性。

20 世纪 90 年代以来，由于风险问题受到全世界的关注，人们越来越清楚地认识到风险管理的重要性。随着工程建设规模的扩大，工程风险领域的研究也异常活跃。部分学者开始对风险管理的内容进行归类、总结，并提出了系统的风险管理理念。此外，国际项目管理协会（International Project Management Association，IPMA）开始在每两年召开一次的年会上对项目风险管理问题开展研讨，这进一步强化了风险管理理论的研究。

在工程风险管理的实践方面，最早且较成功的实践出现在 20 世纪六七十年代欧洲的

"北海油田开发项目"。该项目历时十几年，投资几十亿美元，由多家国际承包公司共同合作完成。在该项目实施过程中，专家们尝试了几种不同的风险管理方法，取得了一定的经验和成果。70 年代中期至 80 年代初，工程风险管理实践开始在美国、加拿大的许多能源项目中开展。

从 20 世纪 80 年代中期到现在，工程风险管理的理论开始运用于各种类型的项目，如国防、民用信息系统、供水系统、房地产管理、电力设施规划、核电站的停运等。

经过几十年的理论研究和探讨以及在实践中的应用，国际学术界已对项目风险管理的理论体系基本达成较一致的看法，即认为项目风险管理是一个系统工程，它主要包括风险的识别、估计、评价、决策、应对和监控等内容，其目的在于通过对项目未来不确定性的研究与控制，以顺利达到项目管理的目标。如今，虽然关于风险管理新技术、新方法的研究不断涌现，但风险管理理论体系的实质并没有发生改变，这一事实说明工程风险管理科学正逐步走向成熟。

近年来，现代数学，特别是计算机技术的飞速发展，为工程风险管理技术的发展提供了极大的支持，促进了风险管理理论研究的深入和应用的普及。当前国外工程风险管理的特点体现在以下 3 个方面。

1）工程风险管理的各阶段都有较为成熟的风险管理技术的应用

目前在工程风险管理的各个环节中，都有相应的风险管理技术的应用。例如，对工程风险进行识别的方法主要有德尔菲法、头脑风暴法、情景分析法等；对工程风险评估的方法主要有层次分析法、蒙特卡罗模拟技术、敏感性分析法、模糊分析方法、统计概率法、CIM 模型等；工程风险决策的方法主要有损益值决策法、效用值决策法、优劣系数法等。

2）计算机技术为风险管理技术的应用和发展提供有力支持

计算机技术的发展使得风险管理的上述方法大都可以通过计算机软件得以实现，这不仅是管理者从各种繁杂的分析计算中解脱出来，专注于决策和应对策略的制定，也使风险管理技术的的大规模普及成为可能。

3）传统风险管理技术不断改进，新的风险管理技术也开始得到应用

蒙特卡罗模拟（Monte Carlo，MC）、计划评审技术（Program Evaluation and Review Techniques，PERT）等一些传统的风险管理技术在应用上具有某些特定条件，如要求风险影响因素具有独立性等。为扩大其应用范围，一些改进、提高方面的研究已取得了较大进展。与此同时，综合应急评审技术（Synergistic Contingency Evaluation and Response Techniques，SCERT）、风险评审技术（Venture Evaluation and Review Techniques，VERT）、影响图技术（Influence Diagram，ID）等比较新的风险管理技术也正在不断完善，并逐步开始应用于工程实践领域。

1.3.2　国内工程风险管理的产生与发展

1. 我国工程风险管理的发展历程与现状

在我国，工程风险管理的研究与应用开展得比较晚，主要是因为我国在 20 世纪 80 年代初引进西方的项目管理理论、方法和体系时，未能同时引入现在作为项目管理九大知识体系

之一的项目风险管理理论、方法及体系。除此之外，还有我国自身体制和环境的原因。

① 当时我国经济发展水平较低，人们的风险意识普遍较差，尚未认识到运用风险管理技术来抵御并转移工程风险的重要性。

② 当时我国尚处于计划经济体制，国家是唯一（或主要的）投资主体，为了节省投资（只是在账面上反映），不愿增列风险管理费用。

③ 风险管理的环境尚未形成，人民保险公司当时刚开始恢复，也无工程险等险种，风险管理人才缺乏。

基于以上原因，直到 20 世纪 80 年代中后期，工程风险管理理论才被介绍到我国，应用于大型工程项目的建设管理之中。

进入 20 世纪 90 年代，随着我国经济的快速发展，人们的风险意识逐渐提高，重视风险管理的社会氛围也逐渐形成。尤其是改革开放以后，大量外资的涌入促进了我国，投资主体多元化格局的形成，这种多元化的投资主体既为我国带来了工程风险管理理念，也带来了先进的工程风险管理技术和方法。与此同时，国内的企业也开始认识到工程风险管理的重要性，工程保险和工程担保制度也逐步开始在建设领域推行。

2002 年 1 月，原建设部发出了"整顿和规范建筑市场秩序工作安排的通知"，其中包括"建立并推行工程风险管理制度，用经济手段约束和规范建筑市场各方主体的行为"，建筑市场的规范化和公平竞争环境的形成，为施工企业加强以风险管理为核心的建设工程管理提供了良好的环境。

目前，我国已在对经济和社会发展具有重要影响的许多大型工程项目，如京九铁路、三峡工程、黄河小浪底工程中开展了风险管理的应用研究，并且取得了明显的效果。在金融、房地产等领域，一些相关的应用研究也得以开展，为国内工程风险管理的发展积累了宝贵的经验。

2. 我国工程风险管理发展的制约

尽管风险管理理念在我国工程建设领域已逐渐被认可，并且在大型项目建设中得到了应用，但总体来说我国工程风险管理理论研究水平还有待提高，在实际应用中成效也并不显著，工程风险管理的发展还存在很多制约因素，主要包括以下几个方面。

1）工程各参建单位的风险意识依然淡薄

在我国，工程各参建单位的风险意识依然淡薄，这是制约工程风险管理在国内发展的主要障碍。大多数工程参建单位没有意识到风险管理的重要性，缺少必要资金和精力的投入，对可能发生的风险一般都采用被动自留的处理手段。然而这种自留的风险量有时会超过企业的承受能力，一旦风险发生，将会给企业造成极大损失。

2）风险管理理论研究的适用性不强

目前，虽然我国已经开展了工程风险管理理论的研究，但太过偏重于对工程风险分析方法的研究，与实践结合不够紧密，工程风险管理实践只局限地应用于项目的个别阶段，全过程的风险管理业务还未全面开展。

3）工程风险识别困难

美国及其他发达国家均有专业的相关风险研究报告或风险一览表，一些大型企业或专业的保险经纪人公司、项目咨询公司还制订有自己的风险管理手册，这一切均为做好风险识别提供了良好的基础。但是，目前国内不少企业在风险管理上投入的费用不多，企业自身工程风险管理还没有完全信息化，没有建立完整的风险管理数据库，以至于我国大部分相关企业对工程的风险因素以及工程建设全过程中可能遇到的各类风险的识别不够全面。

4）风险评价误差大

风险评价是一项非常复杂的工作，需要专职的人员和相应领域的众多专家参与，同时还需要花费大量的时间和金钱。但由于各种条件的制约，在目前国内开展的工程风险评价中没有丰富的历史资料可供借鉴，多数情况下只能采用定性分析方法，缺乏对风险的定量分析，这导致风险评价的结果不够准确，误差较大。

5）风险处理手段落后

目前在我国，因为没有成熟的风险管理制度，尤其是缺乏从事工程建设风险事务的专业保险公司和担保机构，大多数的项目单位在面临风险时只能采用被动自留的风险处理手段。而风险自留只有在风险评价表明该风险发生的概率非常小，或风险造成的损失在项目储备资源限度之内才能采用，否则就非常危险。而且没有经过有效风险识别和估计的风险处理手段只能是盲目的和非常主观的，一旦风险发生，就意味着更大的损失。

6）工程担保和保险市场尚不成熟

目前，我国已经出台了《担保法》和《保险法》，这是开展工程担保和保险业务的法律依据，但由于缺乏针对工程建设的具体规定，在实践操作中仍存在很多问题。在《建设工程施工合同示范文本》中，虽然增加了有关工程担保和工程保险的条款，但其覆盖范围有限且属于推荐性，没有法律强制力。

除相应的法律、法规等制度依据外，工程担保和保险市场的形成还必须拥有开展此类业务的专门机构及相应人才。然而目前，国内的部分银行虽已开展了一些担保业务，但普及度不高；按现行规定，保险公司还不能从事工程担保业务。国家对设立专门的担保公司应具备什么条件、如何审批、承接业务范围以及如何监督等，尚无明确规定。国内的保险公司对工程保险业务的实践还有待于深化，开发的险种十分有限，而且保单形式单一，缺乏灵活性，不能满足工程建设市场的需要。

由此可见，工程风险管理的实践在我国依然存在很大的发展空间。目前，政府正在逐步加大对工程风险管理的推广力度，相关的政策法规也正在研究制定过程中。专门从事工程风险管理的人才，如工程风险管理经理、工程保险经纪人、工程保险分析专家等开始在部分工程项目管理单位及保险机构出现。同时，我国部分大型工程项目开始效仿国外风险管理模式，开展工程风险管理实践，而各大保险公司也竞相开展工程保险的承保业务，这对我国工程风险管理的发展起到了巨大的推动作用，同时也将促进我国工程风险管理机制的进一步完善。

3. 我国工程风险管理工作的发展展望

目前，我国工程风险管理的实践虽然存在着上述各种制约因素，然而其进一步推广和应用的趋势是不可逆转的。为了切实推动我国工程风险管理工作的开展，今后需要在以下几个方面采取有效措施。

1) 加强各级人员的风险意识

一方面，加快风险管理学科的建设，借鉴英美等西方发达国家的成功经验，在高等院校中开展风险管理课程，设立相应学位，培养专门人才；另一方面，对工程参建单位在职人员进行再教育，提高工作人员的风险管理意识和工作技能，使风险管理在实际工作中尽快地发挥作用。

2) 适当采取强制性措施加快风险管理技术的推广和应用

当前政策和制度的制定应着眼于提高风险管理的技术水平，促进风险管理理念在工程实施过程中的推广。譬如在大型项目的可行性研究过程中，增加风险管理报告的要求，并以正式文件形式确定下来；在工程项目管理中也要求必须包含风险管理的内容、拟定相应的风险管理制度，以进一步促进工程风险管理技术的应用和实践的发展。

3) 加快工程风险管理资料库的建设

我国工程风险管理的起步较晚，并且在以往的工程实施过程中缺乏对相关资料的归纳、整理，为改善这一状况，在今后的工程建设过程中，各参建单位应加强对风险事件的分析总结，找出其发生原因，并进行记录归档，建立完善的风险管理资料库，为今后工程建设的顺利开展提供参考依据。

4) 进一步发展工程担保和保险市场

为进一步促进我国工程担保和工程保险市场的发展，政府部门应尽快研究出台相关的法律法规，培育提供工程担保和保险的市场主体，尽快建立健全工程保险体系，丰富保险险种，如工程机械综合险、职业责任险等。此外，我国还应尽快建立健全工程保险人才与储备机制，逐步建立起一批既精通工程保险业务，又熟悉工程建设规律的复合型工程保险人才队伍。

复习思考题

1. 风险的三要素都有哪些？风险三要素相互之间的关系是什么？

2. 试从不同的角度对一般风险进行分类。

3. 试归纳工程风险产生的原因。

4. 分别从风险产生的原因、工程参与者的角度对工程项目面临的风险进行分类。

5. 工程风险管理的目标都有哪些？

6. 工程风险管理计划都包括哪些内容？其制定依据是什么？

7. 试阐述工程风险管理的整个流程。

8. 制约我国工程风险管理发展的因素都有哪些？工程风险管理在我国有怎样的发展前景？

第 2 章　工程风险的识别

2007 年 8 月 13 日下午 4 点 40 分，凤凰县堤溪沱江大桥发生特大坍塌事故，共造成 64 人死亡。

堤溪段沱江大桥为凤凰县至大兴机场二级路的公路桥梁，桥身设计长 328 米，跨度为 4 孔，按照交通部的标准，此桥属于大型桥。大桥于 2003 年 11 月开工建设，2007 年 7 月 15 日开始拆架，然而直至坍塌事故发生，该桥没来得及正式命名，也没有投入使用。

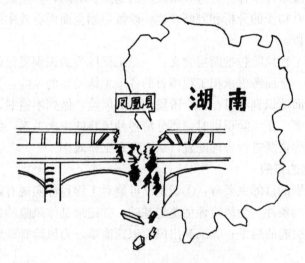

相关技术资料显示，堤溪沱江大桥上部构造主拱圈为等截面悬链空腹式无铰拱，腹拱采用等截面圆弧拱。下部则奠基在弱风化泥灰或者白云岩上，混凝土、石块构筑成基础，全桥未设制动墩。这种石拱桥型是一种传统桥型，但也是一种"风险桥型"。堤溪沱江大桥大量使用了石材，与凤凰县当地自然环境和人文氛围比较协调，造价也相对低廉。很多当地人都在盼望，大桥建成通车后有一个响亮的名字。然而由于质量不过关，对可能出现的风险认识不足，这座大桥最终造成了严重的坍塌事故，为建设项目各方敲响了警钟。

在工程风险管理过程中，若要对风险进行有效的管理，首要任务就是能够准确地识别出工程建设过程中的各类风险。只有弄清楚工程中存在哪些风险，才能对风险的属性和状态进行判断。如果不进行风险识别，那么风险估计与风险评价就无从谈起，更不用说处置风险。所以说这一切工作的基础就是全面且有效率地识别风险。

2.1 工程风险识别概述

2.1.1 工程风险识别的内涵

1. 工程风险识别的定义

风险识别是工程风险管理的开端，是工程管理者在收集相关资料的基础上，运用特定的方法，系统地识别影响工程目标实现的各类风险，并加以适当的判断、归类及鉴定的过程。工程建设中存在的风险多种多样，这些风险发生的地点、时间，产生的条件以及造成的影响等都会在风险识别中有初步的分析和判断。这一阶段强调全面而有效率地识别风险，主要侧重于对风险的定性分析。

全面有效地识别工程风险包括两层含义：一是工程风险的识别要保证全面性，既要着眼于整个工程项目系统，全面考虑承担工程项目的各个主体面临的风险，又要对项目的整个实施过程通盘考虑，全面地识别项目在各个阶段面临的风险，做到不遗漏，不留隐患；二是工程风险的识别应有效率。在风险识别时，要分清各种风险的主次关系，做到有所侧重，并在此基础上对人力物力等资源进行合理配置，从而提高工作效率。

2. 工程风险识别的目的

进行工程风险识别的目的主要有：①识别出可能对工程目标实现有影响的风险因素、风险性质以及风险产生的条件，为风险评估奠定基础；②记录具体风险的各方面特征，并初步识别出风险发生可能引起的后果；③编制出风险识别清单，为风险管理后续工作的开展提供依据。

2.1.2 工程风险识别的原则

1. 综合性

综合性原则是要求在工程风险识别阶段，从多个角度，采用多种方法对工程风险进行综合分析和识别。

多角度的工程风险识别可以避免遗漏风险。例如，从时间角度考虑，工程项目可以分为施工准备阶段、工程施工阶段和竣工试运行阶段，在每个阶段，都应按照该阶段的具体特点开展相应的风险识别工作；从空间角度考虑，工程项目可以分解为不同的分部、分项工程，由于各个分部工程的专业性质和施工工艺不同，各分项工程的工种、材料、施工标准等也不同，因而其风险环境和风险属性有很大区别，应综合考虑，有针对性地进行风险的识别。

工程风险识别的方法很多，在后面部分会详细阐述。各种方法都有相应的特点和适用范围，运用到风险识别中也有其特定的优势和局限性，因此，在风险识别的过程中，可以根据工程项目的具体情况，综合考虑，选取几种方法配合使用。

2. 系统性

风险的识别是工程风险管理的前提和基础，识别的准确性在一定程度上决定了风险管理效果的好坏。为了保证风险识别的准确程度，应该从全局、整体的角度出发，按照一定的规律，进行系统的调查分析。首先，应对工程项目的风险进行分解，逐步细化，以获得对工程风险的具体认识，从而得到初始风险清单；其次，要根据同类工程的经验以及对拟建工程具体情况的调查和分析，从初始风险清单的众多风险中确定那些对工程项目目标实现有较大影响的工程风险，作为主要风险，此类风险也是风险评估及风险应对的主要对象。如果不按照系统的识别规律，项目管理人员就不可能对风险有一个综合认识，也不可能合理地选择风险应对及监控的措施。

3. 科学性

科学性原则强调对工程风险的识别要讲求一定的方法，建立科学的风险识别方法体系。在风险识别阶段，定性方法有德尔菲法、头脑风暴法等，定量方法有事故树分析法、计算机模拟技术等。工程风险的识别应该将定性与定量方法相结合。另外，有些风险按常规方法难以判定其是否存在，或者难以确定其对工程目标影响程度的大小。对此类风险，可以做一些实验进行论证，如风洞实验等。这样做不仅得到的结论可靠，而且也保证了风险识别的科学性。

4. 侧重性

侧重性原则强调工程风险识别应有所侧重，注重效率。在风险识别过程中，项目管理单位要了解各种风险的性质，着力把一些重要的工程风险识别出来，像对整体工程目标实现有重大影响的风险，就应列为工程风险识别的重点。而对于对工程目标实现影响较小的风险，可以不必投入太多的时间和人力、物力，这样有利于节约成本，保证工程风险识别的效率。例如，在房屋建筑施工中，基础工程和主体工程是全部工程中的核心部分，若这些部分出现风险问题，将对整个工程项目造成很大影响，所以应作为风险识别的重要对象。

2.1.3 工程风险识别的依据

要准确地识别工程中的风险，首先要具备全面真实的工程相关资料，并认真、细致地对这些资料进行分析研究。一般来说，工程风险识别的依据包括以下几方面内容。

1. 工程风险管理计划

工程风险管理计划是探讨如何进行工程风险管理的规划和设计，是整个风险管理过程中的指导文件。该计划确定了整个工程风险管理的组织和成员、风险管理的行动方案和方式，确定了适当的风险管理方法，是项目管理单位进行风险识别的重要依据，是风险管理的基准。

2. 工程项目的前提假设

工程项目的建议书、可行性研究报告、设计文件等一般都是基于一定的前提和假设做出的。而在项目的实施过程中，由于所处环境的不确定性，以及项目自身各种不确定因素的干扰，这些前提和假设可能会与实际情况不符，这就导致工程项目存在大量风险。因此在风险识别时，工程项目的前提、假设等也应该作为参考的依据。例如，承包商的工程报价往往是基于一定时期内的材料价格、通货膨胀率、汇率（国际工程）等提出的，在识别承包商面临的风险时，就应该考察在工程项目实施期间这些前提假设是否有所变动。

3. 工程概况和相关管理计划

进行风险识别时应该了解工程概况和项目的有关管理计划（包括工程目标、任务、范围、进度计划、费用计划、资源计划、质量计划和采购计划等），以保证风险识别工作在现有资源条件下顺利开展。

4. 工程风险分类

从不同的角度看，工程风险可以分为不同的类别。例如，按产生的原因及性质，可以将工程风险分为政治风险、经济风险、自然风险、技术风险、商务风险、社会风险、组织风险、行为风险等；从工程参与者角度，可将工程风险分为业主风险、承包商风险、勘察设计和监理单位风险，每个参与者各自又面临着不同种类的风险。明确合理的风险分类可以避免在风险识别时误判和遗漏，并有利于发现对项目目标实现有重要影响的风险。因此，工程风险分类也是识别风险时很重要的参考依据。

5. 工程风险管理的历史资料

以往类似工程的历史资料是风险识别重要的依据之一，而一般历史资料可通过以下几种途径获取。

首先，项目管理单位可以收集过去完工的类似工程档案，这些档案可能是工程风险因素清单、风险评估资料、风险应对计划，也可能是经验教训总结，对遇到问题的解决办法等。以往类似工程的风险管理档案对指导本项目的风险识别工作有很大的帮助。

其次，可以查阅公开的统计数据及出版资料。如商业数据库、学术研究成果、行业标准以及杂志、报刊等。从这些资料中也可获得很多对工程风险识别极为有用的信息，因此也应作为风险识别的重要依据。

最后，工程风险管理人员的知识和经验也是进行风险识别的重要依据。通过向以往工程的主要参与人员了解情况，可以继承以往风险管理者的经验，这有助于全面认识本工程实施过程中可能存在的各种风险，少走弯路，保证工程风险识别工作的顺利开展。

2.1.4 工程风险识别的流程

对工程风险的识别要讲求一定的方法和途径。风险管理人员一方面可以通过感性认识和经验进行判断，但更重要的是依据各种统计资料和以往类似工程的风险记录，通过分析、归纳和整理，发现工程中存在哪些风险，鉴定各种风险的性质，并对风险发生可能造成的损失情况进行初步描述。

工程风险识别的具体流程如图2-1所示。

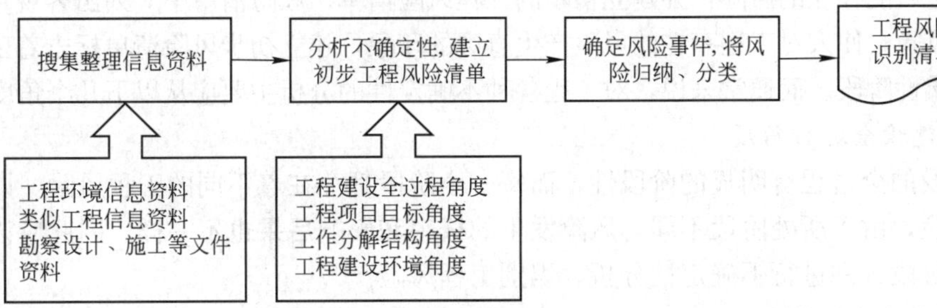

图中流程：

搬集整理信息资料 → 分析不确定性，建立初步工程风险清单 → 确定风险事件，将风险归纳、分类 → 工程风险识别清单

工程环境信息资料
类似工程信息资料
勘察设计、施工等文件资料

工程建设全过程角度
工程项目目标角度
工作分解结构角度
工程建设环境角度

图 2-1　工程风险识别流程

1. 搜集、整理相关信息资料

一般认为风险是由于数据或信息的不完备而引起的，因此，收集与工程风险事件直接相关的信息可能是困难的，但是风险事件并不总是孤立的，可能会存在一些与其相关的信息，或与其有间接联系的信息，或是与本工程可以类比的信息。工程风险识别应注重下列几方面数据信息的收集。

1）工程环境相关信息资料

工程项目的实施和建成后的运行离不开与其相关的自然和社会环境。自然环境方面的气象、水文、地质等对工程项目的实施有较大的影响，社会环境方面的政治、经济、文化等对工程建设也有重要的影响。例如，某地区气候异常寒冷会影响到混凝土的正常养护进而就会影响到施工的进度和工程的质量；贷款利率提高时，业主的投资贷款利息支出增加，可能会导致工程造价的提高。诸如此类的环境变化，均会对工程目标的实现造成影响。因此在风险识别时有必要搜集和分析工程建设环境的相关信息资料。

2）类似工程相关信息资料

已经建成的类似工程的信息资料是风险识别时很好的参考。类似工程风险管理的经验、教训对于识别在建工程项目存在的风险极为有用，它可以使工程风险管理者准确把握工程存在的一般风险，避免遗漏，少走弯路。同时，类似工程过去建设过程中的各种文档，包括档案记录、工程总结、工程验收资料、工程质量与安全事故处理文件，以及工程变更和施工索赔资料也是应搜集的信息。这些数据资料记载着工程质量与安全事故、施工索赔等处理的来龙去脉，对工程风险的识别很有帮助。

3）工程的勘察设计、施工等文件资料

工程的勘察设计文件记载了工程的地质情况、地基承载力，整个工程的结构布置、形式、尺寸，以及采用的建筑材料、规程规范和质量标准等。同时，工程的施工文件明确了工程施工的方案、质量控制要求和工程竣工验收的标准等。在工程施工中经常会碰到设计、施工方案变更、优化的问题，这些内容的改变就有可能会带来风险，因此勘察设计、施工等文件资料都应在识别时加以参考。

2. 分析不确定性，建立初步风险清单

信息资料搜集整理完毕后，风险管理人员应该对工程中存在的不确定性进行多角度的分析，从而确定可能存在的风险，并建立初步的工程风险清单。风险清单中应列出客观存在的和潜在的各种风险，使人对工程存在的风险产生直观的印象，建立初步风险清单标志着工程风险识别进入实质性阶段。而通常来说，对工程各种不确定性的分析主要应从以下几个角度进行。

1）工程建设全过程角度

工程建设的全过程有明显的阶段性，而每一个阶段都存在着不同的工程风险，即使是相同的工程风险，由于所处阶段不同，风险发生的概率和影响后果也不一样。因此应该对工程建设的不同阶段分别进行不确定性分析，识别工程风险。

2）工程项目目标角度

工程建设有进度、质量、费用和安全四个目标，影响这四个目标的因素既有相同之处，也有不同的地方，在风险识别时，风险管理人员要从实际出发，对不同目标的不确定性作出较为客观的分析，以保证工程风险识别的针对性。

3）工作分解结构角度

按照工程项目的工作分解结构（WBS），将整个工程项目分为单项工程、单位工程、分部工程和分项工程，然后从最底层逐级分析不确定性的存在，从而能全面地识别出工程项目存在的风险。

4）工程建设环境角度

工程的建设环境对工程目标的实现影响非常大，所以应详细考察工程所在地的各种自然和社会环境，结合工程的具体情况进行详尽的不确定性分析，识别出可能存在的工程风险。

3. 确定风险事件，并将风险归纳、分类

在工程不确定性分析的基础上，根据工程中存在的各类风险因素确定其可能引发的风险事件。然后，对这些风险进行归纳、分类。风险分类的方法有很多种，可按工程项目内、外部进行分类，按技术和非技术进行分类，或按工程项目目标分类，还可按照工程项目的各个主体进行分类。

4. 编制工程风险识别清单

在对工程风险分类的基础上，应编制出正式的工程风险识别清单。该清单是风险识别最主要的成果，是进行风险评估和处置的重要基础。工程风险识别清单主要应包括两方面的风险。

1）已识别出的风险

该类风险是指已经有一定的迹象或依据表明其可能发生。将已经识别出的工程所面临的风险汇总并按类别进行排列，能够使项目管理人员对工程风险有一个全面直观的认识。

2）潜在的风险

潜在的工程风险是指尚没有迹象表明将会发生的风险，当然，随着工程的进展，潜在风险发生的可能性也会随之变动，也就是说潜在的风险也可能成为现实。所以，对于造成损失相对较大的潜在的工程风险，应注意跟踪和评估。

通过风险识别，工程风险识别清单中应该建立以下的信息。

① 对工程存在的风险进行详细划分和描述。

② 工程风险发生的后果、影响的大小和严重性。

当然，在风险识别的深度足够并且条件允许时，也可以在风险识别清单中列入如下内容。

① 风险发生的可能性。

② 对风险来源的识别。

③ 风险管理的成本和归属权。

④ 风险可能发生的时间。

⑤ 残留风险的评估。

⑥ 对风险管理成本收益的评估。

风险识别清单的典型格式如表 2-1 所示。

表 2-1　风险识别清单格式

风险识别清单			编号：	日期：	
项目名称：			审核人：	批准人：	
	序号	风险名称	风险因素	详细情况描述	可能产生后果	备　注
已识别风险	1					
	2					
	3					
	4					
	5					
潜在风险	1					
	2					
	3					
	4					

2.1.5　工程风险识别的工作重点

1. 工程风险识别方法的选择

风险管理是一门比较成熟且具有创新活力的应用性学科，目前关于风险识别的方法也较为完善。工程风险识别的主要任务是定性地判定工程风险是否存在及其属性如何。因而工程风险识别方法通常是一些定性的风险分析方法，且各种工程风险识别方法的侧重点、局限性和适用条件等也有所区别。因此，在工程风险识别过程中，应根据风险识别对象的具体情况（包括工程的特点、工程项目所处的自然社会环境、工程项目所处阶段和可用风险管理资源等）进行权衡，选择适当的风险识别方法，也可以选择几种方法搭配使用。

2. 工程风险识别路线的选择

工程风险识别是一项复杂的系统工程，风险识别的路线不同，最终的识别结果也就不同。例如，可以从工程建设全过程角度，按工程的实施顺序来识别风险，也可以按照工作分解结构（WBS），将工程分为单项工程、单位工程、分部工程和分项工程来识别风险。总之，只有选择合理的风险识别路线，才能全面有效地识别出工程中存在的各种风险。

2.2 工程风险识别的方法

2.2.1 德尔菲法

德尔菲法，又称专家调查法，本质上是一种匿名反馈函询法。其起源于 20 世纪 40 年代末期，由美国兰德公司（Rand Corporation）首先提出。德尔菲法不仅可用于风险因素的罗列，还可用于估计风险发生的可能性及其影响，目前该方法已经在经济、社会、工程技术等各个领域得到了广泛应用。

1. 德尔菲法的流程

① 由工程风险管理单位选定与该工程有关的专家，组成专家小组。专家人数的多少根据实际情况而定，一般不超过 20 人。

② 与所有专家建立直接的函询联系，通过函询调查表向专家提出风险预测和识别的问题及要求，并附上工程项目的所有背景材料，同时请专家提出还需补充的其他材料。然后，由专家做书面答复。

③ 各个专家根据函询调查表的相关内容，提出自己的意见。

④ 将各位专家第一次风险识别的意见汇总，综合整理后再匿名反馈给各位专家，让专家比较自己同他人的不同意见，修改自己的意见和判断。另外，也可以聘请其他专家对前期的专家意见进行点评，然后把这些意见再分送给各位专家，以便他们参考后修改自己的意见。

⑤ 将所有专家的修改意见收集起来，汇总整理，再次反馈给各位专家，以便做第二次修改。逐轮收集意见并为专家反馈信息是德尔菲法的主要环节。收集意见和反馈信息一般要经过三四轮，直到专家们的意见趋向一致为止。

⑥ 对专家的意见进行最后的综合处理，作为最后预测和识别工程风险的依据。

2. 函询调查表的设计建议

采用德尔菲法的重要一环就是制定函询调查表，调查表制定的好坏，直接关系到预测结果的质量，因此调查表中问句的设计应仔细斟酌，具体内容设计要注意以下几点。

① 调查表中首先应该对调查的目标和德尔菲法的操作流程做简要说明，让专家对方法有大致了解。

② 调查表中的问句应以封闭型为主，将问题的备选答案列出，由专家根据自己的经验和知识进行选择，最后再加入几个开放型问句，让专家发挥自身的主观能动性，充分表述自己的意见和看法。

③ 调查表的用词要确切，问题排列要合理，问句的内容要具体，以引起专家回答问题的兴趣。

④ 调查表中问题的数量要适当，一般以 20 个左右为宜。

⑤ 问题题目的设计要有针对性。如果一个题目涉及两个方面，一方面是专家同意的，而另一方面是专家不同意的，这时就很难回答。

⑥ 若问题涉及某些可能的数据，需要给出预测的范围，让专家容易选择。

⑦ 对于比较敏感的问题的调查，应注意问句表述的技巧和方式。

3. 德尔菲法的评价

近年来，德尔菲法在我国工程风险管理领域得到了广泛的应用，该方法有助于减少初始数据的片面性，并避免个人因素对预测结果产生的不利影响。此外，德尔菲法还有如下优点：其一，由于在风险识别过程中专家匿名发表意见，可以避免公开发表意见时各种心理对专家的影响；其二，风险管理者通过对专家的意见进行统计分析，然后将分析结果反馈给各位专家，这样有助于各位专家进一步修订自己的个人意见，最终使风险识别的结果更加客观。

然而，由于信息的不断反复，该方法持续的时间比较长，费用也相应较高。而且，分析结果往往受组织者、参加者的主观因素影响，也有可能会产生偏差。

2.2.2　头脑风暴法

头脑风暴这个词是从英文 brainstorming 翻译而来的，通常翻译为智暴法、集中思考法、诸葛亮会议等。此法是由美国人奥斯本于 1939 年首创的，20 世纪 50 年代起得到了广泛应用。我国在 20 世纪 70 年代末开始引入头脑风暴法，很快就受到有关方面的重视，目前已经被应用于许多领域。

1. 头脑风暴法的内涵

头脑风暴法，就是邀请不同知识领域的专家组成专家小组，以专家的创造性思维来获取未来信息，是一种直观的预测和识别风险的方法。该方法的实现一般是以头脑风暴会议的形式，召集专家组成员，通过讨论进行风险因素的罗列。当然这要求主持专家会议的人在会议开始时的发言能引发专家们对问题产生兴趣，促使专家们感到急需回答会议提出的问题，通过信息的交流和相互启发，诱发专家们产生"思维共振"，以达到互相补充的目的，尽可能获取更多的信息，使对风险的预测和识别结果更加准确。

具体来说，从明确问题到会后评价，头脑风暴法可以分为三个阶段，其主要的实施流程如图 2-2 所示。

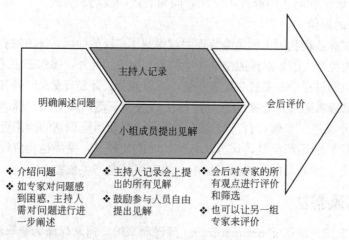

图 2-2　头脑风暴法实施流程

2. 头脑风暴会议规则

头脑风暴法是通过召开头脑风暴会议来实现的，因而会议的质量直接关系到工程风险预测和识别结果的准确性。头脑风暴会议的进行应符合如下的规则。

1）目标明确

头脑风暴会议上探讨的问题应该具有针对性，要避免在会议上探讨一些牵涉面较广的问题，否则，讨论问题时可能漫无边际，难以集中主要意见。如果问题牵涉的因素较多，则应该事先对其进行分析和分解，然后再进行探讨。

2）自由畅谈

参加者不应该受各种条条框框限制，放松思想，从不同角度、不同层次、不同方位，大胆地展开想像，尽可能地标新立异，提出独创性的想法。要重视那些不寻常的、自由奔放的思考，思路越广越好。

3）追求数量

头脑风暴会议的目标是获得尽可能多的设想，追求数量是它的首要任务。参加会议的每个人都要抓紧时间多思考，多提设想。至于设想的质量问题，可留到会后的设想处理阶段去解决。在某种意义上，设想的质量和数量密切相关，产生的设想越多，其中有价值的创造性设想就可能越多。

4）禁止批评

禁止批评是头脑风暴法应该遵循的一个重要原则。要禁止参会人员相互之间发表对任何意见的非难，避免用词上的武断，因为批评对创造性思维会产生抑制作用。同时，发言人的自我批评也在禁止之列。有些人习惯于用一些自谦之词，这些自我批评性质的说法同样会破坏会场气氛，影响自由畅想。

5）及时总结

要善于将不同的思想和想法进行分类、组合和改进，同时应将之前举行的会议的初步分析结果公布出来，让与会人员及时了解。这样可以避免重复和提高效率，也可以促使人们产生新的思想。

6）合理评价

对于头脑风暴法产生的结果，风险管理者还应该进行认真的分析，既不要轻视，也不能盲目接受，一次会议的结果，只要有几条意见被采纳就已经很有成效了。

运用头脑风暴法的速度比较快，提出的风险因素比较全面，但该方法也存在召集众多专家比较困难，会议上容易受权威人士的意见左右等问题。

2.2.3 经验数据法

经验数据法也称为统计资料法，即根据各类已建工程风险管理的相关资料来识别拟建工程的风险。这些统计资料中记载了工程中的风险因素、各类风险事件发生的过程以及风险事件所造成的损失等方面的信息，这些信息对于工程风险识别是非常有用的。

不同的风险管理主体都应有自己关于工程风险的经验数据或统计资料。在工程建设领域，有工程风险经验数据或统计资料积累的风险管理主体主要包括咨询公司（或勘察设计单位、项目管理公司、监理公司等）、承包商以及长期有工程项目的业主（如房地产开发商等）。由于这些不同的风险管理主体的角度不同、数据或资料来源不同，其各自的初始风险清单一般多少有些差异。但是，工程风险本身是客观事实，有客观的规律性，当经验数据或统计资料足够多时，这种差异性就会大大减小。何况风险识别只是对建设工程风险的初步认识，是一种定性分析，不需要对风险做深一步的评估，因此这种基于经验数据或统计资料的分析方法便可以客观地识别出工程所面临的各种风险。

例如，根据工程建设的相关统计资料可以得知，2004 年全国建筑施工伤亡事故的发生主要集中在几个施工部位，其中临边洞口处作业发生的伤亡事故死亡人数占总数的 20.39%；在各类脚手架上作业的事故死亡人数占总数的 13.14%；安装、拆除龙门架（井字架）物料提升机的事故死亡人数占总数的 9.67%；安装、拆除塔吊的事故死亡人数占事故总数的 8.08%；土石方坍塌事故死亡人数占总数的 5.66%；因模板支撑失稳倒塌事故死亡人数占总数的 5.44%；施工机具造成的伤亡事故死亡人数占总数的 6.72%，施工现场各类伤亡事故发生部位死亡人数比例如图 2-3 所示。通过分析该类统计资料，再结合在建工程的具体特点，风险管理人员便能更好地识别出在工程施工现场可能发生的各类风险。

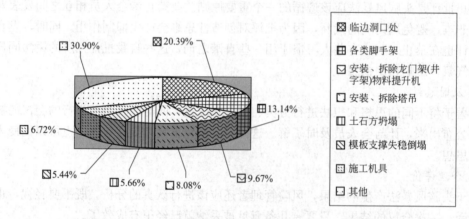

图 2-3　施工现场各类伤亡事故发生部位死亡人数比例

2.2.4　核对表法

核对表法是一种十分常用和有效的风险识别方法，它主要应用核对表来作为风险识别的工具。这种方法利用人们考虑问题的联想习惯，在过去经验的启示下，对未来可能发生的风险因素进行预测，实质上就是把人们经历过的风险事件及其来源等信息罗列出来，写成一张核对表，然后根据核对表，风险管理人员就可以对本工程可能存在的风险进行识别。

风险核对表的内容是人们在工程实践中逐步积累起来的，是经验的结晶。因此，企业在工程管理的实践中，应善于总结经验教训，建立自己的风险核对表。同时，在工程项目竣工时应当重新审查核对表，对其做出改进，使之更为完善和丰富。

例如，对于某大型水电工程的施工质量风险和项目投资风险的识别，该工程的风险管理人员便采用了核对表的方法，对影响工程质量和投资的风险进行了分类和罗列（见表 2-2 和表 2-3），为本工程的风险识别提供了参考。

表 2 - 2 水电工程施工质量风险核对表

引起施工质量风险的原因		本项目情况
违反基本建设程序	可行性研究不充分，有缺漏	
	违章承接工程项目，如越级设计或施工	
	违反设计程序，如未做详细调查、研究和钻探就设计	
	设计不完整就施工	
	其他	
地质勘察、基础处理失误	地质勘察失误或精度不足	
	勘察报告不详、不准、甚至错误	
	基础处理设计方案不当	
	基础处理未达设计要求	
	基础处理材料或工艺不当	
	其他	
设计方案、设计计算有误	设计中忽略了重要影响因素	
	设计计算模型不合理	
	安全系数选用太小	
	其他	
工程材料不合格	水泥：安定性、化学成分不合格，受潮或过期，标号用错	
	钢材：强度、化学成分、可焊性不合格，牌号用错	
	砂石料：岩性不强，粒径或级配不合格，杂质含量超标	
	外加剂：外加剂不合格，水泥或砂浆中掺用不当	
	其他	
施工管理失控	不按图施工	
	不遵守施工规范	
	施工方案不当	
	施工技术不完善	
	施工质量保证措施不当或不落实	
	施工管理制度不完善	
	施工操作人员质量意识差	
	过分看重经济效益而忽视质量	
	施工操作人员技术水平低下	
	不熟悉施工图纸，不了解设计意图，不按图施工	
	施工管理人员或监理人员责任意识差	
	其他	

表 2-3　水电工程投资风险核对表

工程投资失控的原因		本项目情况
工程外在原因	政策法规调整	
	社会的不稳定	
	移民赔偿额概算误差太大	
	材料或设备涨价	
	相关取费标准提高	
	运输环节改变或运费提高	
	超标准洪水、暴雨、泥石流、风灾	
	地震或其他地质灾害	
	其他	
业主或监理原因	工程投资计划不当	
	项目组织管理不当	
	工程分标或招标失误	
	投资控制措施不力	
	施工合同管理混乱、工程变更或索赔处理不当	
	其他	
设计原因	设计方案不合理	
	设计标准应用不当	
	设计前期地质勘探资料不完整或缺失	
	设计错误或缺陷	
	设计变更频繁	
	其他	
施工原因	施工方案不当	
	施工组织设计不合理	
	经常发生质量安全事故	
	赶进度	
	施工管理混乱	
	其他	

运用核对表方法的优点在于使工程风险识别的工作变得较为简单，容易掌握，对于工程风险管理人员识别风险具有开阔思路、提高效率的作用。而缺点则是核对表对单个风险的来源描述不足，没有揭示出风险来源之间的相互依赖关系，无法识别出风险的轻重主次，而且受制于某些项目的可比性，没有列入核对表上的风险容易被遗漏。

2.2.5　情景分析法

情景分析法，也称幕景分析法，是由美国科研人员于 1972 年提出的。情景分析法实际上就是一种假设分析方法，其首先对系统内外的相关问题进行分析，设计出多种可能的未来场景，然后用类似于撰写电影剧本的手法，对系统发展态势做出自始至终的情景和画面的描述，并结合各种技术、经济和社会因素来预测和识别系统的关键风险因素及其影响程度，以便采取适当措施防患于未然。

运用情景分析法进行工程风险的识别可以拓展风险管理者的视野，增强他们分析未来状况的确切程度。但同时这种方法也具有很大的局限性，即所谓"隧道眼光"现象，好像从隧道中观察外界事物一样，分析问题可能不全面，容易产生偏差。近些年来，该方法在国外的广泛应用中产生了一些具体的方法，如目标展开法、空隙填补法、未来分析法等。但因其操作过程比较复杂，目前此法在我国的具体应用还不多见。

2.2.6　图解法

风险识别可以从原因查找结果，也可以从结果反找原因。而从结果找原因，实际上是在风险发生后去寻找引发风险的原因，从而为其他工程的风险识别提供基础。图解法便是典型的从结果推测原因的风险识别方法，其通过图表描述工程各部分之间的相互关系，进而全面地分析和识别工程中存在的风险。图解法常用的图表形式有因果分析图、流程图、事故树分析图等。

1. 因果分析图法

因果分析图就是将造成某项失败后果的原因查找出来，并以图示的形式表示其因果关系，因形状酷似鱼骨，因此也叫鱼骨图。

因果分析图的主要画法如下。

① 确定待分析的工程风险事件，将其写在图右侧的方框内，画出主干，箭头指向右端；

② 确定该事件中风险因素的分类方法。像对于工序的质量问题，一般会按其影响因素人（Man）、机（Machine）、料（Material）、法（Method）、环（Environment）等进行分类，简称为 4M1E。对应每一类原因画出大枝，箭头方向从左到右斜指向主干，并在箭头尾端写上原因分类项目；

③ 将各分类项目分别展开，每个大枝上分出若干中枝，表示各分类项目中造成风险的原因。中枝平行于主干箭头指向大枝；

④ 将中枝进一步展开成小枝。小枝是造成中枝的原因，依次展开，直至细到能采取措施为止。

图 2-4 为一个工程在施工中出现板桩施打工效低、质量不理想这一风险的因果分析图。

2. 流程图法

流程图法就是根据工程实施的先后顺序，对每一阶段工作中可能存在的风险进行罗列，

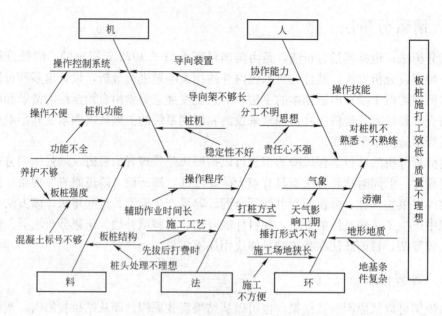

图2-4 板桩施打工效低、质量不理想的因果分析图

然后结合该工程的具体情况，确定本工程存在哪些风险。该方法通过将工程风险分解成若干个模块，在每个模块中都标出各种潜在的风险因素或风险事件，组成一个流程图系列，从而给决策者一个清晰的总体印象。但是，由于流程图的篇幅限制，采用该方法所得到的风险识别结果比较笼统，有待于进一步细化。

图2-5是以国际工程承包项目为例的风险识别流程图。

3. 事故树分析法

事故树分析法（FTA）是1961年美国贝尔实验室对导弹发射系统进行安全分析时，由沃森（Watson）和默恩斯（Mearns）提出的。事故树分析法主要是以树状图的形式表示所有可能引起主要事件发生的次要事件，以此来揭示风险因素的聚集过程。这种方法能对工程项目中各种风险进行系统的识别，不仅能分析出事故的直接原因，而且能深入地揭示出事故的潜在原因。

在建立事故树时，被分析的风险事件一般在树的顶端，树的分支是所有可能的风险因素或风险事件，一般用"□"表示顶上事件或中间事件，用"○"表示基本事件（因素）。同一层次的风险因素或风险事件用"门"与上一层次相连接。"门"存在"与门"和"或门"两种逻辑关系。"与门"表示同一层次的风险因素或风险事件之间是"与"的关系，即，只有这一层次的所有风险因素或风险事件都发生，它们上一级的风险事件才能发生，用符号"⌂"表示。"或门"表示同一层次的风险因素或风险事件之间是"或"的关系，即，只要其中的一个风险因素或风险事件发生，它们上一级的风险事件就能发生，用符号"△"表示。

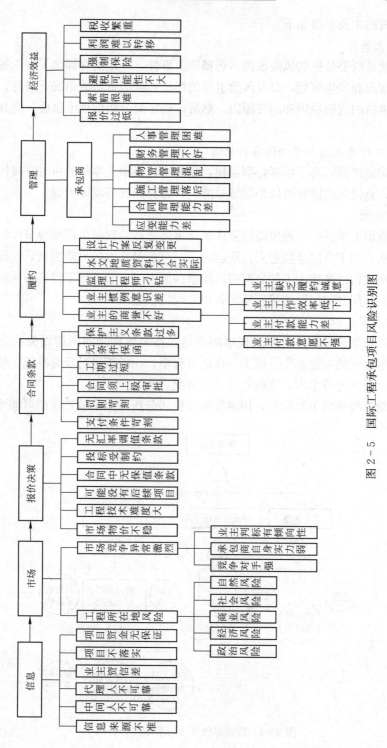

图 2-5 国际工程承包项目风险识别图

建立事故树的主要步骤如下。

1）确定顶上事件

顶上事件就是所要分析的风险事件。选择顶上事件，一定要在详细了解工程情况、有关风险事件发生情况和发生可能，以及风险事件的严重程度等资料的情况下进行，而且事先要仔细寻找造成事故的直接原因和间接原因。然后，确定要分析的顶上事件，将其扼要地填写在矩形框内。

2）调查或分析造成顶上事件的各种原因

顶上事件确定之后，为了编制好事故树，需要将造成顶上事件的所有直接风险因素或风险事件找出来，直接风险因素可以是机械故障、人为原因或环境原因等。

3）绘制事故树

在找出造成顶上事件的各种风险因素或风险事件之后，就可以用相应事件符号和适当的逻辑门把它们从上到下分层连接起来，层层向下，直到最基本的风险因素，这样就构成了一个事故树。在用逻辑门连接上下层之间的风险事件原因时，若下层事件必须同时发生，上层事件才会发生，就用"与门"连接；反之就用"或门"连接。

4）认真审定事故树

画成的事故树图是风险事件逻辑模型的表达，各个事件之间的逻辑关系必须严密、合理。因此，对事故树的审定要十分慎重。在此过程中，一般要进行反复推敲、修改，有的甚至要推倒重来，反复进行多次，直到符合实际情况。

下面以出现工程爆破事故为例，用事故树分析法分析这个事故产生的可能原因，具体如图2-6所示。

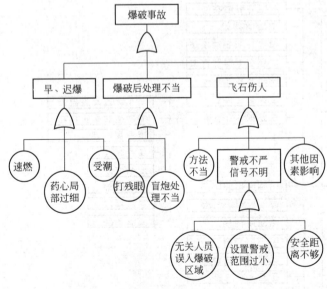

图2-6　造成爆破事故的事故树分析图

以"早、迟爆"这一风险事件为例，其与下一层连接的逻辑门符号为"或门"，说明当"速燃"、"药心局部过细"和"受潮"这三个风险因素中有一个发生时，"早、迟爆"这一风险事件便会发生。

事故树分析法利用图解的形式，将大的风险事件分解为各种小的风险事件或风险因素，然后对引起风险事件的各种原因进行分析，以此来进行工程风险的分层次识别。该方法既可以进行定性分析，又可进行定量分析，具有直观明了，逻辑性强等优点，但在对复杂工程进行分析时时容易产生错误和遗漏。

复习思考题

1. 如何做到全面而有效率地识别工程风险？

2. 工程风险识别的依据都有哪些？

3. 试阐述工程风险识别的整个流程。

4. 工程风险识别的成果是什么？其主要反映了哪两方面的风险？

5. 工程风险识别的重点工作是哪些？

6. 工程风险识别的方法都有哪些？试简要概括各种方法，并对其使用范围、优缺点等方面进行评价。

第3章 工程风险的估计

3.1 工程风险估计概述

3.1.1 工程风险估计的内涵

工程风险估计是建立在有效识别工程风险的基础上，根据工程风险的特点，对已确认的风险，通过定性和定量分析方法估计其发生的可能性和破坏程度的大小。工程风险估计对风险按潜在危险大小进行优先排序和评价、制定风险对策和选择风险应对方案有重要的作用。工程风险估计通常采用统计法、分析法和推断法，一般需要一系列可信的历史统计数据和相关数据以及足以说明被估计的对象特性和状态的数据作保证。当资料不全时往往依靠主观推断来弥补，此时项目管理人员掌握科学的工程风险估计方法、技巧和工具就显得格外重要。

3.1.2 工程风险估计的作用

① 进行工程风险估计有助于管理者加深对工程项目自身和所处环境的理解，为进一步制定工程项目实施方案提供更可靠信息。

② 进行工程风险估计有利于明确不确定性因素对工程各方面产生的影响。决策者可以通过对风险估计发生概率高或者对工程项目影响程度大的风险因素制定应对措施，将潜在风险损失降到最低程度或者可接受程度。

③ 进行工程风险估计可以为分析整个工程风险或某一类风险的发生概率提供依据，并可以作为风险评价、确定风险应对措施和进行风险监控的基础。风险管理者可以根据风险发生的概率分布，结合损失程度的估计结果合理分配风险管理费用，并拟定相应的工程风险应对措施。

3.1.3 工程风险估计的过程

工程风险估计的过程如图3-1所示。

1. 收集与风险事件相关的数据和资料

这些数据和资料可以从过去类似工程的经验总结或记录中取得；可以从气象、水文、建设市场、社会经济发展的历史资料中取得；也可以从一些勘测和试验研究中取得；还可以在工程实施过程中取得。所收集的数据和资料要求客观、真实，最好具有可统计性。

由于工程项目具有单件性和固定性等特点，在某些情况下，有价值的、可供使用的历史数据资料不一定十分完备。此时，可采用专家调查等方法获得具有经验性的主观评价资料。

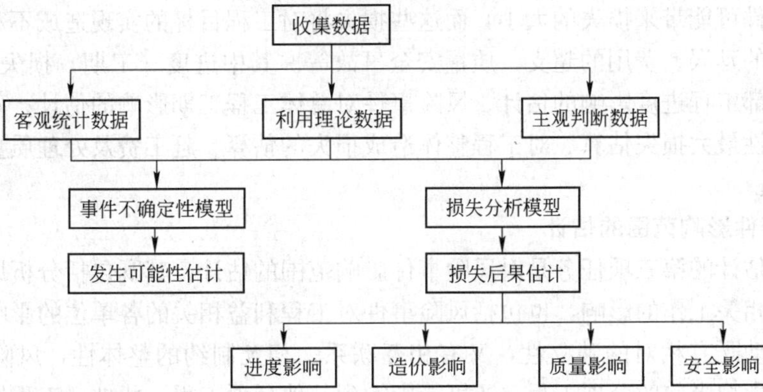

图3-1 工程风险估计过程

2. 建立工程风险模型

以取得的有关风险事件的数据资料作为基础,对风险发生事件发生的可能性和可能造成的损失给出明确量化的描述,即风险模型。该模型又分为风险发生概率模型和损失模型,分别用以描述风险因素与风险事件发生概率的关系及风险事件与其可能产生损失的关系。

3. 估计风险发生的概率和后果

工程风险模型建立后,就可用适当的方法去估计每个风险事件发生的概率和可能造成的后果。通常用概率来表示风险事件发生的可能性,用费用损失、建设工期滞后和质量缺陷等表示可能造成的后果。

4. 按风险事件对工程的影响程度进行初步排序

根据风险事件发生的概率和可能产生的后果,可以量化风险事件对工程影响程度的大小,并按其影响程度的大小进行初步排序。

3.1.4 工程风险估计的内容

工程风险估计的主要内容包括以下几个方面。

1. 风险事件发生可能性的估计

工程风险估计的首要任务是估计风险事件发生的概率,并统计分析风险事件的概率分布,这是工程风险分析估计中最为重要的一项工作,往往也是最困难的一项工作。其主要原因在于:一方面与风险事件有关的数据资料的收集工作比较困难;另一方面是由于工程项目的单件性或一次性,就项目本身和最终成果而言,没有与这项任务完全相同的另一项任务,且不同工程项目差异性较大,用类似工程项目数据推断当前工程风险事件发生的概率,其误差可能比较大。一般来讲,风险事件的概率分布应当根据历史资料来确定。如果当前管理人员没有足够的资料来确定风险事件的概率分布时,可以利用理论概率分布来进行风险估计。

2. 风险事件后果严重程度的估计

工程风险估计的第二项任务是分析和估计工程风险事件的发生对工程目标的影响程度,

即工程风险事件可能带来损失的大小，而这些损失将对工程目标的实现造成不利影响。这些影响包括工期的延误、费用的超支、质量安全事故等。其中进度（工期）损失的估计包括：风险事件对局部工程进度影响的估计、风险事件对总体工程工期影响的估计；费用损失的估计包括：一次性最大损失估算、对工程整体造成损失的估算、赶工费及处理质量事故而增加费用的估算等。

3. 风险事件影响范围的估计

工程风险估计的第三项任务是对风险事件影响范围的估计，其既包括分析风险事件对当前工作和其他相关工作的影响，也包括风险事件对工程利益相关的各单位的影响。由于工程项目各作业活动既有相对的独立性，又有相互联系、相互制约的整体性，风险事件一旦发生，不仅仅会影响当前的分项工程，还可能影响到其他分项工程。此外，工程风险事件不仅会对业主、承包商造成影响，还会对其他利益相关者造成影响，如对监理单位的影响、社会影响等。因此要结合风险事件的发生概率和影响程度，对所有可能影响的工作和利益相关者进行全面估计。

4. 风险事件发生时间的估计

从风险事件控制角度来说，风险事件的控制应根据风险发生的先后顺序进行控制。一般来说，较早发生的风险优先控制，而较迟发生的风险应对其进行跟踪、观察，并适时进行干预，达到降低风险发生概率或减少风险损失的目的。而在工程的实施过程中，也可以通过合理安排或者调整工作内容的实施时间，来降低风险发生概率或减少其带来的后果。因此对风险事件发生时间的估计，即风险事件在项目的哪个阶段、哪个环节、何时发生，也是风险估计的重要内容。

3.1.5　风险估计的理论基础

1. 大数定律

有些随机事件无规律可循，但不少随机事件是有规律的，并且重复出现呈现几乎必然的特性，这个规律就是大数定律，又称为"大数法则"或"平均法则"。通俗地说，这个定律是指在试验条件不变的情况下，重复试验多次，随机事件的频率近似于它的概率。大数法则为风险估计奠定了理论基础，它是指只要被观察的风险单位数量足够多，就可以对风险事件发生的概率和损失的严重程度做出相对准确的估计；而且被观察的单位数越多，估计值就越精确。如在掷钱币时，每次出现正面或反面是偶然的，但大量重复投掷后，出现正面（或反面）的次数与总次数之比必然接近常数 $1/2$。

2. 概率推断的原理

单个风险事件是随机事件，它发生的时间、空间、损失严重程度都是不确定的。但就总体而言，风险事件的发生又呈现某种统计的规律性。因此，采用概率论和数理统计方法，可以求出风险事件出现状态的各种概率。如可以运用二项分布、泊松分布来衡量风险事故发生次数和概率。

3. 类推原理

数理统计学为从部分推断总体提供了非常成熟的理论和有效的方法。利用类推原理进行风险估计的优点在于，能弥补风险事件统计资料不足的缺陷。但实际上，进行风险估计时，往往没有足够的损失统计资料，且由于时间、经费等许多条件的限制，很难、甚至不可能取得所需要的足够数量的统计资料。因此，根据事件的相似关系，从已掌握的实际资料出发，运用科学的估计方法进行推理而得到的数据，可以基本符合实际情况，满足预测的需要。

4. 惯性原理

惯性原理是指利用事物发展具有惯性的特征去估计风险。它通常要求系统是稳定的，因为只有稳定的系统，事物之间的内在联系和基本特征才有可能延续下去。但实际上，系统的状态会受各种偶然因素的影响，绝对稳定的系统是不存在的。因此，在运用惯性原理时，要求系统处于相对稳定状态。但应特别注意的是，即使系统处于相对稳定状态，系统的发展也绝不会是历史的重复，事物的发展不可能是过去状态的简单延续，而只是保持其基本发展趋势。在实务上，当运用过去的损失资料来估计未来的状态时，一方面要抓住惯性发展的主要趋势，另一方面还要研究可能出现的偏离和偏离程度，从而对估计结果进行适当的技术处理，使其更符合未来发展的实际结果。

3.2　工程风险发生概率的估计方法

估计分析风险事件发生的概率及其概率分布是进行工程风险估计的首要内容。风险发生的概率分为客观概率和主观概率。一般而言，风险事件的发生概率或概率分布应由历史资料和数据来确定，即客观概率。但在对工程的风险进行估计时，由于各种风险因素或风险事件是不可能完全重复的，可能有时没有足够的历史资料和数据来确定风险事件的发生概率或概率分布，这时就需要风险管理决策者及相关领域的专家对某些风险因素或风险事件发生的概率进行主观的估计，即主观概率。

主观概率是对某事件是否发生的主观认识，一般选取 0～1 之间的数值来描述事件发生的可能性。主观概率虽然是由专家利用较少的统计信息做出的估计，但它是根据个人或集体的隐性知识而做出的合理判断，加上一定的信息、经验分析而得，这种认识适合于复杂事件、可用信息资料严重不足或根本无可用信息资料等情况。应用主观概率对项目风险进行估计称之为主观估计。

在传统的风险分析过程中，多数研究集中在客观风险上，这种风险比较容易识别和估计。而在实践中，由于工程建设的复杂性和动态变化性，以及风险后果的多样性，客观估计往往难以"客观"，因而人们逐渐开始关注风险主体行为的风险因素研究，并且常常用主观概率估计做出决策判断，这种以个人经验做出的概率估计，虽然其准确程度劣于客观的概率估计，但其在一定程度上反映了工程项目风险的规律特征。

3.2.1 利用已有数据估计法

当工程的某些风险事件或其影响因素积累了较多的数据资料时，就可通过对这些数据资料的整理分析，从中找出工程风险的某种规律性，确定风险因素或风险事件的概率分布。数据资料的统计分析一般形成频率直方图或累积频率分布图，然后由此可找到与形状接近的函数分布曲线，如正态分布，进而可得到诸如期望值、方差、标准差等信息。

3.2.2 理论概率分布估计法

在工程实践中，有些风险事件的发生是一种较为普遍的现象，很多专家学者已做了许多的探索或研究，并获得这些风险事件随机变化的规律，即分布规律。对这种情况，就可利用已知的理论概率分布，根据工程的具体情况去求解风险事件发生的概率。

工程风险估计中常用的概率分布有以下几种形式。

1. 正态分布

如果根据客观数据和专家经验估计得出的风险事件的发生概率在一定区间内，并且有某一概率值出现的机会最大，大于或小于该概率值出现机会均等，则可以用正态分布来描述。正态分布的概率密度函数为

$$f(x) = \frac{1}{\sigma\sqrt{2\pi}} e^{-\frac{1}{2}\left(\frac{x-\mu}{\sigma}\right)^2}, \quad -\infty < x < +\infty, \quad \sigma > 0 \tag{3-1}$$

其概率密度曲线即正态分布图如图 3-2 所示。

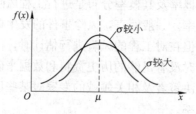

图 3-2　正态分布图

2. 泊松分布

泊松分布是一种在统计与概率学中常见的离散概率分布，由法国数学家西莫恩·德尼·泊松在 1838 年时发表，主要用于描述单位时间内随机事件发生的次数。其概率密度函数如下：

$$f(x) = \begin{cases} \dfrac{e^{-\lambda}\lambda^x}{x!}, & x = 0, 1, 2, \cdots \\ 0, & \text{其他} \end{cases} \tag{3-2}$$

泊松分布的均值为 λ，方差也为 λ。工程建设中很多随机事件的发生服从泊松分布，可以用该分布进行概率估计。例如，单位时间内机械设备出现故障的次数，某段时间内发生自然灾害的次数等。

3. 均匀分布

如果对风险因素或风险事件的认识比较模糊，一般采用均匀分布来表示其发生的可能性大小。均匀分布的概率密度函数如下：

$$f(x) = \frac{1}{b-a}, \quad 若\ a \leqslant x \leqslant b \tag{3-3}$$

其概率密度曲线如图 3-3 所示，在工程项目风险估计中，均匀分布概率估计模型可以应用于人员伤亡的索赔、工程事故的损失等风险事件的估计。

4. 指数分布

指数分布可以用来表示独立随机事件发生的时间间隔，其密度函数为

$$f(x) = \lambda e^{-\lambda x}, \quad x \geqslant 0 \tag{3-4}$$

指数分布的均值为 $\frac{1}{\lambda}$，方差为 $\left(\frac{1}{\lambda}\right)^2$，其概率密度曲线如图 3-4 所示，随着 x 的增加，概率密度逐渐减小。指数分布具有无记忆性的特征，即当前时间对未来结果没有影响，故常用于设备故障风险和工程结构可靠性的监测中。

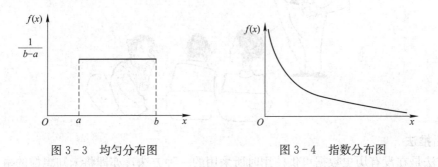

图 3-3　均匀分布图　　　　　　图 3-4　指数分布图

3.2.3　主观概率估计法

单件性或一次性是工程项目的最主要特征，工程项目不同于其他工业生产项目的批量性，也不同于其他生产过程的重复性。因此，不同工程项目的风险来源和风险特性往往差异很大，有时甚至很少有可以利用的历史数据和资料。在这种情况下，项目管理决策人员就只能根据自己或者相关专家的经验猜测风险事件发生的概率。当然，利用主观概率分析工程风险时应注意到，每个人的主观认识能力、知识水平、工作经验、判断能力等都有所不同，在对专家进行求证时，应根据专家的专业方向、知识水平等对专家的估计值赋予一定权重（所赋权重总和应等于1），以保证主观概率的可靠性和有效性。

3.2.4　综合推断法

综合推断法是将已有数据与主观分析判断相结合的一种风险发生概率估计方法。综合推

断法又分为前推法、后推法和旁推法。

1. 前推法

前推法是从历史的经验和数据出发，向前推测未来事件可能发生的概率，是一种被普遍采用而又行之有效的风险概率预测方法。例如，兴建一个化肥厂，需要考虑大雨成灾的风险。为此，可以根据该地区的水灾事件的历史记录进行前推。如果历史记录呈现出明显的周期性，那么前推可认为是简单的历史重现，也就是将历史数据系列投射到未来，作为未来风险的估计。但是历史数据往往是有限的，或者看不出什么周期性，那么可以认为已获得的数据只是更长的关于水灾历史数据系列的一部分，并假设它服从某一曲线或函数的关系再进行前推。

2. 后推法

后推法是在没有历史数据可供使用时所采用的一种方法，亦即将未知想像的事件及后果与某一已知事件及其后果联系起来，也就是把未来风险事件归算到有数据可查的造成这一风险事件的初始事件上，在时间序列上由前向后推算。由于工程项目的一次性和不可重复性，所以在工程风险评估和分析时常用后推法。如对于水灾这一例子，如果没有关于水灾的直接历史数据，可将水灾发生的概率与一些水文数据（如年降水量等）联系起来考虑。根据降水量数据和该地区的排水设施的能力，对水灾的发生进行估计。

3. 旁推法

旁推法是利用类似工程的数据资料对本工程可能遇到的风险事件的发生概率进行估计，当然估计的同时也要重视分析本工程的特殊性和特定环境下的各种影响。如可以收集一些类似地区的水灾数据以增加本地区的数据，或者使用类似地区一次大雨的情况来估计本地区的水灾出现的可能性等。

应当说，旁推法在我国工程界早已被采用。例如，在进行工程项目建设中，如果选择新的建筑材料或新的工程结构时，常采用的试点、由点到面的方法，就是工程中较为典型的一种旁推法。此外用某一项目取得的经验数据去预测其他工程项目的状态，也是工程风险估计常用的方法之一。

3.3　工程风险损失的估计

3.3.1　工程风险损失的内容

工程风险损失估计是工程风险估计的一个重要方面，其估计的精度直接影响到工程项目的决策和风险应对措施的选择。工程风险损失估计主要有：标的损失估计、进度损失估计和费用损失估计。

1. 工程风险标的损失估计

工程风险损失就是风险事件发生后，对工程建设产生的不利影响。从工程项目的标的角度看，包括以下 4 个方面。

① 进度拖延，即各阶段工作的延误或工期的滞后。如恶劣的天气可能会引起施工中断；基坑塌陷，可能会导致项目的停工；由于工程质量不达标，而进行返工，从而导致工期延误等。

② 费用超标，即工程的实际投资额超出工程的计划投资目标。如材料价格上涨引起项目成本超支，加快施工进度造成费用超支，不利自然条件增加施工难度导致施工成本增加等。

③ 质量不达标，即工程的建设质量不满足质量要求或相关专业技术标准。应注意的是为了使工程的质量达标，业主或质监部门一般都要求返工，返工则会导致工程费用的增加或工期的延误。

④ 安全事故，在工程建设中，由于操作者的失误、操作对象的缺陷以及环境因素的影响等，造成人员伤亡、财产损失和第三者责任等的损失。

上述四类损失虽属于不同的性质，但是往往相互交织。一般来说进度属于时间范畴，用延长的工期来衡量；费用超支用货币来衡量；安全与质量事故既涉及经济损失，又导致工期的延长，较为复杂，但一般可归纳为费用超支或工期的延长来加以衡量；当然工期的延长也可以用费用超支的多少加以衡量。

2. 进度损失的估计

进度损失的估计有两方面内容：一是风险事件对工程项目局部进度影响的估计；二是风险事件对整个工程工期影响的估计。

（1）风险事件对局部进度影响的估计

局部进度影响的估计是工程整体进度影响估计的基础。局部进度影响分析既要估计风险事件发生的时间，又要估计局部施工活动拖延的时间。对影响局部进度风险事件发生的时间可以根据工程整体进度计划和建设环境变化做出分析。而风险事件发生后对局部作业活动延误时间的计算要根据工程实际情况进行。如质量事故发生，对局部施工活动延误时间的计算应包括质量事故调查分析所需要的时间、事故处理的时间和事故处理后验收的时间等。一般来说，质量事故对局部施工活动延误的时间应包括从发出暂停施工令到发出复工令这段的时间。

（2）风险事件对整个工程工期影响的估计

当风险事件对局部工程的影响基本确定后，可以根据项目实施的关键路径，确定风险事件对项目总工期的影响。一般而言，对关键路线上的施工活动，其时间上的滞后即为整个工期滞后的时间；而对非关键线路的施工活动时间的滞后要进行具体分析，有些非关键线路上的施工活动虽然滞后，但是对整个工期的完成没有产生影响。

3. 费用损失估计

费用损失估计在风险估计中也占有很重要的地位。费用损失估计包括一次性最大损失估计和项目整体损失的估计。

（1）一次性最大损失估计

一次性最大损失是指某风险事件发生后，对工程项目一次性造成的最大损失。一次性最大损失包括在风险事件发生后，对工程各方面造成的损失，包括费用的、质量的、安全的和第三者责任等引起的损失。一次性损失对工程项目来说具有十分重要的影响。假若数额很大的损失一次性落在某一个工程项目上，项目可能会因流动资金严重亏空而被迫下马。但是如果同样数额的损失在较长的时间内分几次发生，工程项目管理单位可以采取措施，设法进行弥补，使工程能够进行下去。

（2）项目整体损失的估计

有些风险事件除造成一次性损失外，同时还会对后续阶段项目的实施产生影响，所有风险损失合计就是风险对工程整体造成的损失。在进行风险管理中，不仅需要估计工程风险事件发生后的一次性风险损失费用，还要顾及对后续阶段工程项目实施带来的损失。

（3）风险损失的具体估算

① 因经济因素而增加的费用估算。这些影响因素包括价格、汇率、利率的波动等。可直接用货币加以表现。

② 因赶进度而增加的费用估算。由于加快工程建设进度而引起工程费用的增加主要包括以下两个方面。

一是资金的时间价值。例如，对建设单位来说，赶进度会使资金提前支付，从而在利率作用下引起经济损失。

二是赶工的额外支出。为赶进度而增加的成本，包括工人加班费用、机械使用费和相应增加的管理费等。

③ 因处理质量事故而增加的费用估算。发生质量事故后，一般会采取相应的补救措施，因此会增加额外费用的支出，主要包括修补措施的费用；返工费用；引起工期拖延而发生的经济费用；项目永久性拖延对使用功能造成的经济损失；第三者责任引起的损失等。

④ 因处理安全事故而增加的费用估算。主要包括由安全事故造成的伤亡人员的医疗费、丧葬费用等补偿费用；材料、设备损失的费用；工期延误带来的损失费用；为恢复正常的施工而发生的费用；第三者责任引起的损失费用等。

(4) 损失估计应注意的问题

一是损失费用与工程估价的计算口径应尽量保持一致，包括基础单价标准、费率标准、工程计量方法等。

二是在对风险事件损失估计时，要结合本工程的实际情况，包括工程施工条件、地区气候特点等，而不能完全参照类似工程的风险事件的损失情况而定，这主要是因为不同的工程类型差异性较大，即使是同样或类似的工程，在不同的环境条件下其造成的损失也会有较大的差异。

三是计算不同方案的风险损失时方法要保持一致性，如参数的选择、工程计量方法、基础单价标准等方面要统一，这样才具有可比性。

3.3.2　确定型风险损失估计

工程风险损失的估计分为确定型风险损失估计和不确定型风险损失估计。

一般而言，工程风险是由工程的某些不确定性引起的，但如果可以根据历史数据或统计资料对工程项目未来状态有确切性的判断，从而预计各种风险因素对工程造成的损失，在这种情况下，风险损失的估计就属于确定型风险损失估计。

确定型风险损失估计具有以下 4 个特征：

① 存在决策者希望达到的一个明确目标，如利润最大，或亏损最小；

② 只存在一个确定的自然状态；

③ 存在着可供决策者选择的两个或两个以上的行动方案；

④ 不同的行动方案在确定状态下的损益值可以计算得出。

1. 盈亏平衡分析

盈亏平衡分析研究项目产品的产量、成本和利润三者之间的关系，以收益与成本之间的平衡，即利润为零时的情况为基础，测算项目的生产负荷状况，计量项目的风险承受能力。盈亏平衡点越低，表明项目适应市场变化的能力越强，承受风险的能力越大。

设项目正常运转时每年向市场提供产品或服务的数量为 Q，单价为 p，单位成本（变动成本）为 w，单件产品的税费为 r，年固定成本为 F。于是

项目年总收入为 $$T_r = pQ \qquad (3-5)$$

年总成本为 $$T_c = (w+r)Q + F \qquad (3-6)$$

年总利润为 $$P = T_r - T_c = (p-w-r)Q - F \qquad (3-7)$$

1) 盈亏平衡点

设年总利润 P 等于 0，且 P、w、r、Q、F 其中任意四个变量已知，则可求出另外一个变量，此时，这一变量的取值称为盈亏平衡点或盈亏界限。以产量的盈亏平衡点为例，由式

（3－7）可得出产量的盈亏平衡点 Q_b，如式 3－8 所示。

$$Q_b = F/(p-w-r) \tag{3-8}$$

项目年总收入 T_r 和年总成本 T_c 同产量 Q 的关系以及产量盈亏界限 Q_b 表示如图 3－5 所示。

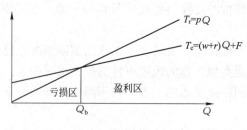

图 3－5　盈亏平衡图

从图 3－5 中可以看出，当实际年产量达不到产量盈亏界限 Q_b 时，项目就要亏损；达到盈亏界限时，项目的利润为零；超过产量盈亏界限时，项目就能盈利。从风险管理的角度，项目管理单位要设法确保项目的产出达到甚至超过产量盈亏界限。

2）项目生产负荷率

设项目的年设计产出能力为 Q_t，则盈亏平衡点 Q_b 与年设计产出能力 Q_t 的比值

$$\text{BEP}(Q) = Q_b/Q_t \tag{3-9}$$

叫做项目的生产负荷率。生产负荷率是衡量项目生产负荷状况的重要指标。在项目的多种方案比较中，生产负荷率越低，则项目的风险系数越小。因为 BEP（Q）越低，则表明 Q_b 接近或者小于 Q_t，项目产量容易达到或者超过产量盈亏平衡点。一般认为，当生产负荷率不超过 0.7 时，项目能够承受较大风险。

在盈亏平衡分析中，项目年总收入和年总成本一般都是产量 Q 的线性函数，所以又叫线性盈亏平衡分析。有些项目年总收入和年总成本也可以是产量 Q 的非线性函数，这时盈亏平衡分析叫非线性盈亏平衡分析。

2. 敏感性分析

敏感性分析是考察工程项目的单个或多个风险因素变化时对项目投资相关指标的影响程度，然后根据各变量因素的敏感性进行排序，为工程风险评价和风险决策提供依据。一般在工程项目投资决策阶段的可行性研究中使用敏感性分析，决策者通过对影响工程目标的主要因素进行敏感性分析，从而发现影响工程目标实现的比较敏感的因素，使得项目决策尽可能合理并具有针对性。

（1）单因素敏感性分析

单因素敏感性分析是研究项目的一个变量发生变动，而其他变量或假设不变时，项目投资价值指标发生的相应变化程度，并找出项目的敏感因素，确定其敏感程度。

通过单因素敏感性分析，可以知道是否需要用其他方法做进一步的风险分析。如果单因

素敏感性分析表明，项目的某一风险因素即使发生很大的变动，项目的投资价值指标都不会出现太大的变化，就没有必要花费大量的时间、精力对其进行进一步风险评估。

例如，某地区计划新修一座电厂，就需要对项目的经济指标进行分析，而项目的内部收益率是考察项目经济指标的重要内容，因此也是项目决策者所需要掌握的重要信息。项目决策者在进行决策时，需要掌握风险因素的变动对内部收益率指标的影响。现从经营成本、煤价、发电量等三个方面对项目的内部收益率指标的影响进行分析，具体影响程度如图 3-6 所示。

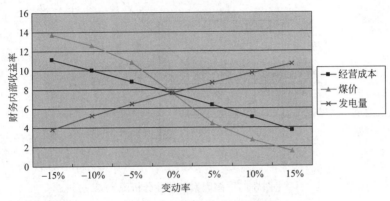

图 3-6　单因素敏感性分析图

由图 3-6 可见，经营成本、煤价、发电量在变动率相等的情况下，煤价变动引起财务内部收益率的变动幅度最大。因此说煤价是影响项目内部收益率最敏感的因素，项目管理单位在项目决策和实施过程中，应对煤炭的供应方、运输方式等作充分的考察。

3. 多因素敏感性分析

单因素敏感性分析一次只让一个因素变动，但实际情况一般是几个因素同时变动。为了反映这种现实，各因素的变动幅度可以取不同的组合，然后计算它们同时变动时项目价值指标的变化，这种分析方法就是多因素敏感性分析。不难想像，如果风险因素的变量比较多，则组合方式将数不胜数。在实际应用时，可以根据经验，选择有限的几种组合进行计算。一般情况下，多因素敏感性分析的难度较大，所以在使用多因素敏感性分析时一般都假定同时变动的因素是相互独立的。

例如，某项目固定资产投资为 17 万元、年销售收入为 3.5 万元、年经营费用为 3 000元、项目寿命周期为 10 年、期末固定资产剩余值为 2 万元、基准折现率为 13%。现从初始投资和年销售收入两方面对项目的净现值进行双因素敏感性分析。

假设 X 为初始投资变化的百分数，Y 表示年销售收入变化的百分数，则根据净现值 NPV 定义可知该项目的净现值 NPV 的表达式如下。

$$NPV = -170\,000(1+X) + 35\,000(1+Y) \times (P/A, 13\%, 10) -$$

$$3\,000(P/A, 13\%, 10) + 20\,000(P/F, 13\%, 10) \qquad (3-10)$$

如果上式所求净现值 NPV 大于 0，则表示在基准折现率为 13% 情况下，该项目可盈利。

根据式 3-10，当 NPV＝0 时可求得 $-0.895\ 1X+Y-0.050\ 2=0$。将此直线绘于图 3-7 中。易知当 $X＝Y＝0$ 时 NPV＞0，并且该点位于直线斜上方。所以直线斜上方区域表示 NPV＞0，斜下方区域表示 NPV＜0。

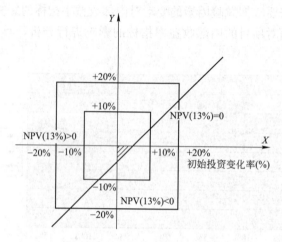

图 3-7　多因素敏感性分析图

从图中可以看出，但直线 $-0.895\ 1X+Y-0.050\ 2=0$ 向斜下方平移时得另一直线 $-0.895\ 1X+Y-0.050\ 2=h$，并且随着直线向斜下方移动，h 值越来越小，即 NPV 越来越小。反之，随着直线向斜上方平移，NPV 越来越大。因此，可以根据各点所对应的净现值的大小，判断出 X、Y 变化对净现值的影响程度。

当同时变化的风险因素扩大到三个以上时，则需要列出三维的敏感性分析数学表达式，当然也可以通过降维的方法来简化表示，此处就不再赘述。

3.3.3　不确定型风险损失估计

在工程风险估计中，有些风险事件发生的概率或者其对工程造成的损失是难以估计的，此类风险称为不确定型风险。进行不确定型风险损失估计问题通常要遵循如下原则：等可能原则、悲观原则、乐观原则、遗憾原则、最大数学期望原则。

1. 等可能原则

当决策者无法确定每一种需求量出现的概率时，采用对所有自然状态一视同仁的态度，即认为所有自然状态出现的概率是相同的。这种由法国数学家拉普拉斯首先提出的衡量准则又称为拉普拉斯原则。

2. 悲观原则

悲观原则是一种悲观、保守的估计态度。根据这个原则，决策者总是考虑每个行动方案中最悲观的结果，并在所有最悲观的结果中选择一个收益值最大的方案作为最合理的方案，所以该原则又称最大最小原则。

3. 乐观原则

乐观原则是先在各方案收益值中找出最大的，然后在这些最大值中找出最大收益值，则其对应方案为最优方案。应用乐观原则是冒很大风险的，要十分慎重。一般只有在没有损失或损失不大时才可采用。

4. 遗憾原则

遗憾原则是决策者在制定决策后，若事实未能符合理想状态，必将有后悔的感觉，这个准则的实质是后悔最小的方案为最合理的方案。利用这个准则进行决策，首先要求计算出每个方案在每种自然状态下的后悔值，后悔值为每种状态的最高值与其他值之差。

3.3.4　工程风险影响程度的度量方法

1. 影响值

影响值是风险对工程项目目标影响的程度。一般由专家积累的经验，根据掌握的信息，将工程项目各目标受风险影响的程度分为几个等级作为影响值。影响值可以采用顺序度量法或基数度量法来表示。顺序度量法是指将风险影响后果按照严重程度分为一个顺序列，如非常低、低、中、高和非常高。基数度量法是将不同的权值作为影响值对应不同的影响程度。这些值可以是线性的，也可以是非线性的。具体采用那种方法取决于决策主体的风险态度。表 3-1 是某个工程的风险影响值评级。

表 3-1　某个工程的风险影响值评级

项目目标	非常低	低	中	高	非常高
	评估一个风险对项目主要目标的影响（顺序尺度和非线性尺度）				
成本	不明显的成本增加	成本增加小于5%	成本增加介于5%~10%	成本增加介于10%~20%	成本增加大于20%
进度	不明显的进度拖延	进度拖延小于5%	项目整体进度拖延5%~10%	项目整体进度拖延10%~20%	项目整体进度拖延大于20%
质量	质量等级降低几乎觉察不到	只是某些苛求的工作受到影响	质量的降低需得到业主的批准	质量降低不被业主接受	项目产品实际上不能使用

2. 风险指标

在分析风险事件对项目目标的影响程度时，单一地考量风险损失的均值不足以清晰地认识风险因素的重要性。在此引入风险损失的标准差和变异系数，利用这些风险指标来衡量风险后果的严重性。其计算公式分别如下：

（1）标准差

$$\sigma = \sqrt{\sum_{i=1}^{n} \left[(E_i - E)^2 p_i \right]} \qquad (3-11)$$

式中（E_i-E）为每个可能出现的结果 E_i 减去期望值 E 的偏差，p_i 为每个可能结果值 E_i 出现的概率。标准差越小，概率分布就越密集，风险的程度也就越小。

（2）变异系数

$$CV = \sigma/u \qquad\qquad (3-12)$$

式中 σ 为标准差，u 为均值。变异系数越大，则风险因素的影响程度越大。

3. 等风险图法

等风险图法用风险系数来表示风险程度的大小，包括风险发生的概率和风险的后果两个因素。用 P_f 和 P_s 分别表示风险发生和不发生的概率，于是有 $P_f=1-P_s$。再用 C_f 和 C_s 分别表示决策者对风险发生的效用值和风险不发生的效用值。根据效用理论（效用理论的具体内容将在第 5 章详细介绍）可知：

$$C_f+C_s=1, \quad 0\leqslant C_f\leqslant1, \quad 0\leqslant C_s\leqslant1$$

等风险图法用风险系数评价风险水平。风险系数用 R 表示，其定义是

$$R=1-P_sC_s=1-(1-P_f)(1-C_f)=P_f+C_f-P_fC_f, \quad 0\leqslant R\leqslant1 \qquad (3-13)$$

将 R 看作常量，公式 3-13 可以转化为

$$P_f=1+(R-1)/(1-C_f)$$

分别取 $R=0.1$，0.2，0.3，0.4，0.5，0.6，0.7，0.8，0.9，0.95 代入式中，做出一系列关于 P_f 和 C_f 关系的图像，因为在同一曲线上的风险系数都是相等的，所以把这一系列曲线所形成的图叫做等风险图，如图 3-8 所示。

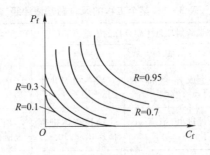

图 3-8　等风险图

在等风险图中，曲线越靠近坐标原点，表示风险越小，反之越大。同一条风险线上的风险具有相同的风险系数。另外，还可以根据曲线离坐标原点的距离，将风险曲线分为高、中、低三类，并用不同颜色表示。

复习思考题

1. 简述工程风险估计的内涵和作用。

2. 简述工程风险估计的主要内容。

3. 风险估计中常用的理论概率分布有哪些？

4. 简述综合推断法三种不同方法的基本思路。

5. 从进度、费用、质量、安全方面概括说明工程风险损失的主要内容。

6. 简述确定型风险损失估计几种常用方法的基本思路。

7. 简述不确定性风险损失估计的基本原则。

8. 分析工程风险影响程度的常用方法的优缺点。

第4章 工程风险的评价

工程风险评价是借助定量或定性的方法，分析风险对工程的影响程度，并根据风险等级对其进行排序。目前，常用的工程风险评价的方法主要有层次分析法、蒙特卡罗法、模糊评价法等。蒙特卡罗（Monte Carlo）方法的思想很早以前就被人们利用。早在17世纪，人们就知道用事件发生的"频率"来决定事件的"概率"。20世纪40年代电子计算机的出现，使得用数学方法在计算机上大量、快速地模拟事件发生概率的试验成为可能。近年来，计算机行业的快速发展促进了蒙特卡罗方法的广泛应用。

1965年，美国学者L. A. Zadeh首次提出模糊集合的概念，并对模糊行为和活动建立模型。模糊综合评价法从此开始逐步应用于工程项目风险管理中。此外，20世纪70年代美国数学家A. L. Saaty教授提出的层次分析法将定性分析与定量分析相结合，也为工程项目风险的多目标决策提供了科学的方法。

4.1 工程风险评价概述

4.1.1 工程风险评价的内涵

1. 工程风险评价的定义

工程风险评价即指在风险识别、风险估计的基础上，对工程风险进行综合分析，并根据风险对工程目标的影响程度对风险等级进行排序。工程风险评价目的是根据风险评价找到工程的关键风险，确定工程的整体评价水平，为制定风险应对计划提供依据。工程风险评价的主要内容是确定风险的等级，并根据风险对工程目标的影响程度，提出预防、减少、转移或消除风险损失的初步方法，并将其列入风险管理阶段要进一步考虑的各种方法之中。

2. 工程风险评价的作用

（1）确定风险影响程度的先后次序

风险估计主要考察工程中各风险对工程目标的影响程度，包括风险出现的概率和造成后果。在此基础上，风险评价运用定性或定量方法对风险影响程度的先后顺序进行排序，为后续进行风险决策和风险应对与监控提供依据。

（2）明确各风险事件之间的内在联系

工程中各风险不是相互独立的，因为联系是普遍的、客观的、多样的，所以工程中的各种风险事件也必然存在着一定的联系。通过工程风险评价，对各风险进行分解、剖析，挖掘风险事件的成因，便可以找到某一些风险事件的风险源是相同的或有着密切的关联。

（3）分析各风险事件之间的相互转化条件，将风险转移出去

　　工程风险事件之间存在一定联系，风险承担者可以根据风险事件的转化关系，将部分风险转移，从而降低自身的风险。例如，承包商在选择承包业务范围时（总承包或分项承包），采用总承包方式可能存在更大的风险。如果承包商把不熟悉的子项目分包出去，可能会降低工程的风险，这样总承包商就可能回避潜在的风险。

　　（4）对已识别风险进行进一步的精确估计，减小风险分析中的不确定性

　　通过风险评价，可进一步认识已估计的风险发生的概率和引起损失的大小。当发现原估计有较大差异时，可根据工程的进展情况，对已做出的估计（包括风险发生的概率和可能造成的后果）进行修改。

3. 工程风险评价的依据

　　工程风险评价的主要依据包括以下几个方面：一是工程风险的识别，以确定工程所包含的风险因素。二是工程的实施进度。工程的风险具有可变性，是动态变化的，随着工程的开展，工程风险出现的概率和影响程度等都会出现一定的改变。如一些工程风险在建设初期出现的概率比较小，随着工程的实施进度的发展，风险出现的概率会明显增加。三是项目的类型。一般来讲，新建项目的风险相比改扩建项目存在较高的风险。四是风险的概率与影响程度。风险产生的概率和风险对工程目标的影响程度是风险估计的主要内容，并且也是进行风险评价的基本依据。

4.1.2　工程风险评价的步骤

1. 确定工程风险的评价标准

　　工程风险的评价标准就是工程风险承担者根据风险事件发生可能造成的后果，确定的可接受水平。不论单个风险和整体风险都应确定评价标准，分别称为单个评价标准和整体评价标准。由于项目的目标多种多样，如时间最短、利润最大、成本最小和风险损失最小等，这些目标可以进行量化，成为评价标准。例如，某电厂计划建设 2×300 MW 机组，计划工期 24 个月，设定该项目的工期评价标准为 10%，即 26.4 个月，则项目在 26.4 个月内完成就认定为可接受进度风险。

2. 确定工程的风险水平

　　工程的风险水平取决于工程中存在风险的多少和风险对工程目标的影响程度。一般来说，工程中存在的风险多或者风险事件对工程影响大，则说明工程的风险水平的等级较高。工程的风险水平包括单个风险水平和整体风险水平。工程整体风险水平是工程单个风险的有机结合体。要确定工程的整体风险水平，必须弄清单个风险之间的关系、相互作用以及转化关系。例如，项目的单项工程工期由单位工程的工期确定，各子项目存在相关的先后顺序和作用关系，关键子项目的工期的风险水平会影响到项目的整体风险水平。

3. 比较风险水平与评价标准

　　将工程单个风险水平与单个评价标准、整体风险水平与整体评价标准进行比较，确定它们是否在可接受的范围之内，进而确定该项目采取何种应对措施。单个风险水平与单个评价

标准的比较一般较为简单，而整体风险水平与标准的比较应该要考虑两者的可比性，即要求所得整体的风险评价水平和制定整体风险评价标准的原则、方法等要保持一致，否则比较就缺乏实际意义。

工程项目的风险水平与评价标准的比较一般会出现以下几种结果：一是整体风险不能被接受，其中主要的单个风险也不能被接受，则项目的风险水平不能被接受；二是整体风险可以接受，主要的单个风险也可以接受，则项目的风险水平可以被接受；三是项目整体风险可以接受，而非主要的单个风险不能被接受，则可以采取一定的应对措施，使项目的风险水平可以被接受；四是项目的整体风险可以接受，而主要的单个风险不能被接受，则需要进一步研究，讨论项目的机会成本与风险损失的期望，并根据项目决策者的偏好，最终确定工程项目的是否可行。

4. 确定风险等级

根据风险发生的概率以及对工程目标的影响程度，采用定性或者定量的方法进行分析，确定不同风险对工程目标的重要性进行排序，为项目决策提供依据。

4.1.3　工程风险的评价标准

大多数情况下，工程达到了事先设定的目标，就可以认为工程成功。而工程目标是多种多样，如工期最短、利润最大、成本最小、风险损失最小、树立最好形象、使服务质量达到最好、提高公司知名度、员工最大的满意、生命和财产损失最低等。这些目标中有的可以计量，有的不可量化，但都可以通过文字或者数学进行描述，在制定评价标准时，应注意以下几个方面。

1. 不同项目主体有不同的项目风险评价标准

就同一个工程项目而言，不同项目主体有其不同的项目管理目标。如对同一工程项目，项目业主的管理目标是以最少的投资实现较好的工程质量，而承包商的管理目标是追求利益的最大化。

2. 项目风险评价标准和项目目标的相关性

工程项目风险评价标准应和项目目标相关，不同的项目目标应具有不同的风险评价标准，最常用到的是单个风险评价标准和整体风险评价标准。

3. 工程项目风险评价标准分为计划风险水平和可接受风险水平两个层次

计划风险水平，即在项目实施前分析估计得到的或根据以往的管理经验得到的，并认为是合理的风险水平。对这一风险水平，在不需要采取特别应对措施的条件下，工程项目目标基本上能得以实现。可接受风险水平是项目主体可接受的，通过采取一定的风险应对措施能够实现的风险水平。

4.2　工程风险的评价方法——定性分析

定性分析是对研究对象进行质的分析，是运用归纳和演绎、分析与综合以及抽象与概括等方法，对获得的各种信息进行加工，最终达到对其本质的认识。这种分析方法是凭借分析者的直觉、经验，以及研究对象的历史数据或相关统计资料，对分析对象的性质、特点、发展变化规律做出判断的一种方法，是一种感性的、相对直观与简便的分析方法，与定量分析相比较更接近于人们的思维方式。

工程风险的定性分析是对已识别风险的发生概率和影响程度进行分析的过程，并根据风险对工程目标可能产生影响的严重性进行排序。

通过定性分析，可以把握工程风险所具有的特征及性质，从而帮助项目管理单位针对不同的风险制定相应管理计划和应对措施。

4.2.1　专家打分法

1. 专家打分法的内涵

专家打分法是指通过向有关专家征询意见，对专家意见进行统计、处理、分析和归纳后，客观地综合专家的主观判断，对大量难以采用技术方法进行定量分析的因素做出合理估计的方法。专家打分法是一种最常用、最简单的风险评估方法，又称综合评估法或主观评分法。

2. 专家打分法步骤

专家打分法主要工作内容包括三部分：一是识别工程项目可能遇到的所有风险，并制定风险表；二是将风险表提交给相关专家，专家凭借经验值对风险的重要性进行评估；三是收集专家的评估意见，并进行计算分析，最后确定工程的风险排序，掌握整个工程的风险概况。具体步骤如下。

① 利用风险识别和风险估计的结果，根据风险因素对工程的影响程度，确定每个风险因素的权重。

② 确定每个风险的等级值，如非常大，比较大，一般，不大，较小等，再按照等级值确定分值。

③ 将每项风险的权重与等级值得分相乘，求出该风险的综合得分。得分越高者表示风险水平越高，对工程的影响也越大。在此基础上，确定工程风险的排序。

另外，专家调查法还可以按照专家的经验、对所评估项目的了解程度、知识领域等赋予相应的权重值。最后各风险的得分为每位专家的风险评分乘以该专家的权重值的总和，再除以总权重。具体公式如下：

$$r_i = \frac{\sum\limits_{j=1}^{m} W_{ij} S_{ij}}{\sum\limits_{j=1}^{m} W_{ij}} \qquad (4-1)$$

式中，r_i——风险 i 的得分

W_{ij}——赋予 j 专家对风险 i 的权重

S_{ij}——j 专家对风险 i 赋予的等级值

m——参与打分的专家数

3. 专家打分法的适用性

专家打分法比较适用于工程项目的前期决策，这一时期由于缺乏项目的具体资料，往往要根据专家的经验和决策者的主观意向来进行风险分析与估计。由于该方法实际操作性强，且专家丰富的工程经验、扎实的专业知识使评估结果具有一定的可靠性，所以在工程风险评估中的应用较为广泛。

4. 案例分析

【例4-1】 某大型集团公司承揽一国际工程项目，但由于金融危机肆虐全球，并且该项目涉及一些新技术的应用，项目决策者为了评价这些风险，计划采用专家打分法对项目各类风险进行分析，确定风险控制顺序。

具体实施步骤如下。

首先，项目单位聘请8位专家，人选包括金融专家、技术经济专家、工程项目管理专家等，对项目的融资方案、技术方案等风险因素进行评价，对每个风险因素按危害程度在0～10之间进行打分，0为无危害，10为危害性最大。然后考虑专家的权威性，给每个专家一个权重值，范围在1～5之间，权威最高取5，权威最低取1，然后把每个风险因素的评价值计算出来，进行排序。以政治风险为例，用S_{1j}、W_{1j}分别表示j专家对风险危害程度的评分值和专家的权重值，用r_1表示政治风险的危害程度，则$r_1 = \dfrac{\sum\limits_{j=1}^{8} W_{1j}S_{1j}}{\sum\limits_{j=1}^{8} W_{1j}} = \dfrac{4\times4+3\times3+\cdots+7\times1}{4+3+\cdots+1} = 4.12$。

专家打分、权重值和计算结果如表4-1所示。

表4-1　某项目风险专家评分表

风险分类	专家	A	B	C	D	E	F	G	H	结　果
政治风险	评分值	4	3	3	4	5	4	5	7	4.12
	权　重	4	3	2	5	4	5	1	1	
融资风险	评分值	7	6	8	8	7	6	7	5	6.57
	权　重	3	2	1	4	3	5	5	5	
环境影响风险	评分值	3	4	4	5	6	4	6	4	4.43
	权　重	4	3	2	1	4	3	3	3	
技术风险	评分值	8	7	6	7	5	9	10	7	7.32
	权　重	3	2	4	1	5	5	3	2	

根据计算结果，风险排序如下：技术风险、融资风险、环境影响风险、政治风险，也就意味着对于该项目实施应首先考虑技术风险和融资风险，最后考虑环境影响风险和政治风险。

4.2.2　层次分析法

层次分析法（Analytical Hierarchy Process，AHP）是美国数学家 A. L. Saaty 教授于

1970 年在《层次分析法 AHP》一书中第一次提出来的。它是一种能将主客观因素有机结合，定性分析与定量分析相结合的灵活、易懂、实用的多目标决策方法。

层次分析法是根据问题的性质和要求达到的总目标，将问题分解成不同的分目标、子目标，并按目标间的相互关联程度与隶属关系分组，形成多层次的结构，通过两两比较的方式确定层次中诸目标的相对重要性，同时运用矩阵运算确定子目标对其上一层目标的相对重要性。这样层层下去，最终确定出子目标对总目标的重要性。在工程风险管理中，层次分析法既可应用于评价招投标等单项的风险水平，又可应用于评价工程项目不同方案的综合风险水平。

1. 层次递阶模型

层次分析法的理论核心是将一个项目的评价目标分解为若干层次和若干因素，这些因素按属性不同分成若干组，每个因素又受到一系列子因素的影响，根据目标、因素及子因素相互间的支配关系构成一个递阶层次结构。这种递阶层次结构可以清楚地揭示各个因素的性质及相互之间的关系，如果这些因素或子因素是风险及风险因素，那么这个层次结构图便成为一个风险层次结构图。

在层次模型中，自上而下通常包括目标层、准则层、方案层等。目标层反映的是层次结构图中的最高层次，是最终需要评价的目标；准则层是用以判别目标结果的标准，也称要素层、约束层；方案层也称对策层，是指可实行的方案。此外，准则层还可以细分为子准则层、亚准则层等。

层次模型根据方案层和准则层的相互关联关系可以分为三种递阶层次模型：完全相关结构图、部分相关结构图、完全独立结构图。

完全结构的风险递阶层次模型如图 4-1 所示，部分相关结构的风险递阶层次模型如图 4-2 所示，完全独立结构的风险递阶层次模型如图 4-3 所示。

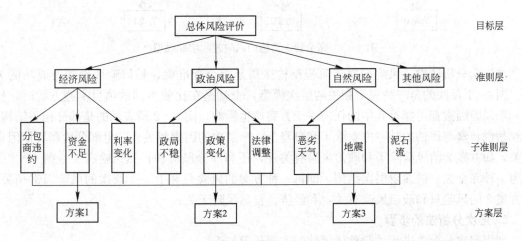

图 4-1　完全相关结构的风险递阶层此模型

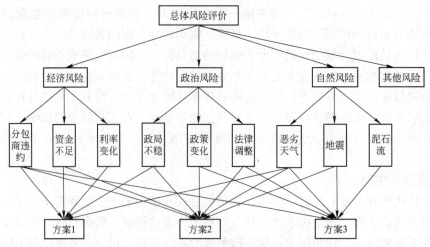

图 4-2　部分相关结构的风险递阶层此模型

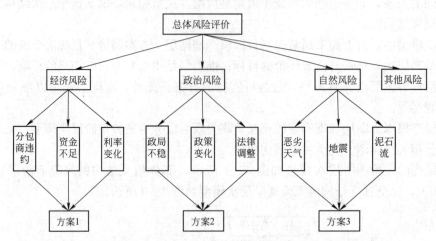

图 4-3　完全独立结构的风险递阶层此模型

　　在层次分析法中，风险层次递阶模型构造得是否合理准确，是风险评价能否成功的关键。图 4-1 反映的是一种完全相关的层次模型，也就是在比较不同的项目实施方案时，任何一个风险因素都可能对其中的任何一个方案产生影响；图 4-2 所表示的是部分相关结构，也就是说，参与评估的某一方案除了和自身上一个层次的因素相关外，也部分地和其他因素相关，如方案 2 的风险除了和政治风险有关外，还和部分经济和自然风险有关；图 4-3 所示为一种完全独立的递阶层次结构，即每一种方案的风险只和上一个层次的风险因素相关，如方案 2 的风险只和政治风险有关，和经济、自然风险无关。

2. 层次分析法的步骤

　　利用层次分析法进行风险整体评估的主要步骤如下。

（1）构建风险评价模型

根据风险识别确定的风险（因素）清单对风险（因素）进行分类，确定待评价对象的目标、准则、方案，然后构造影响工程活动目标的风险框架图，即风险递阶层次结构。

（2）对风险因素两两比较，构造各个风险因素和子因素的判断矩阵

由于同一层次各因素对上层次目标的影响程度不同，需要赋权重值加以反映，因此一般会请专家将各层因素两两比较。两两因素间相对重要性评估准则及其赋值如表 4 - 2 所示，由此两两比较所形成的矩阵，即判断矩阵 A 的赋值如表 4 - 3 所示。

表 4 - 2　因素两两间相对重要性评估准则及其赋值

标度（b_{ij} 赋值）	含　义
1	i、j 两因素同样重要
3	i 因素比 j 因素稍微重要
5	i 因素比 j 因素明显重要
7	i 因素比 j 因素强烈重要
9	i 因素比 j 因素极端重要
1/3	i 因素比 j 因素稍不重要
1/5	i 因素比 j 因素明显不重要
1/7	i 因素比 j 因素强烈不重要
1/9	i 因素比 j 因素极端不重要
2、4、6、8、1/2、1/4、1/6、1/8	上述两相邻判断的中间值，如"2"为属于同样重要和稍微重要之间

表 4 - 3　判断矩阵 A 的赋值

判断分 a_{ij}	A_1	A_2	A_3	⋯	A_n
A_1	a_{11}	a_{12}	a_{13}	⋯	a_{1n}
A_2	a_{21}	a_{22}	a_{23}	⋯	a_{2n}
⋮	⋮	⋮	⋮	⋮	⋮
A_n	a_{n1}	a_{n2}	a_{n3}	⋯	a_{nn}

（3）对专家评判所得的矩阵进行一致性检验

如果检验不通过，则请专家重新进行评价，调整其评价值，直至一致性检验指标 CR＜0.1 为止。

$$CR = CI/RI \qquad (4-2)$$

$$CI = \frac{\lambda_{max} - n}{n - 1} \qquad (4-3)$$

式中　n—判断矩阵的阶数；λ_{max}—判断矩阵的最大特征值。

随机性指标 RI 的经验数值可从表 4 - 4 中查出。

表 4 - 4　随机性指标的取值

n	1	2	3	4	5	6	7	8	9	10	11
RI	0	0	0.58	0.9	1.12	1.24	1.32	1.41	1.45	1.49	1.51

矩阵的最大特征值计算步骤如下。

① 计算判断矩阵每一行元素的乘积 M_i。

$$M_i = \prod_{j=1}^{n} a_{ij} \quad (i = 1, 2, \cdots, n) \tag{4-4}$$

② 计算 M_i 的 n 次方根 $\overline{w}_i$。

$$\overline{w}_i = \sqrt[n]{M_i} \tag{4-5}$$

③ 对向量 $\overline{w} = [\overline{w}_1, \overline{w}_2, \cdots, \overline{w}_n]^{\mathrm{T}}$ 归一化。

$$w_i = \frac{\overline{w}_i}{\sum\limits_{i=1}^{n} \overline{w}_i} \tag{4-6}$$

则 $w = [w_1, w_2, w_3, \cdots, w_n]^{\mathrm{T}}$，即为所求的特征向量。

$$\lambda_{\max} = \sum_{i=1}^{n} \frac{(Aw)_i}{nw_i} \tag{4-7}$$

上式中，$(Aw)_i$ 为向量 (Aw) 的第 i 个元素。

（4）最后，进行层次总排序，在单准则层排序的基础上，计算同一层次所有因素对于最高层的相对重要性的排序权值

其计算过程是自上往下将各层次的权重矩阵相乘，得到各层次的组合权重，并最终计算出各方案的综合评分。各层次的总排序结果仍需要进行一致性检验。层次总排序一致性比率为

$$CR = \frac{\sum\limits_{j=1}^{m} a_j CI_j}{\sum\limits_{j=1}^{m} a_j RI_j} \tag{4-8}$$

其中，a_j 表示第 j 个准则的组合权重值。

类似地，当 CR<0.1 时，可认为层次总排序结果具有满意的一致性，否则需要重新调整判断矩阵的元素值。

3. 层次分析法的特点

① 层次分析法能很好地解决多因素、多层次的风险评价问题。

② 层次分析法不仅适用于存在不确定性和主观信息的情况，还允许以合乎逻辑的方式运用经验、洞察力和直觉。

③ 层次分析法是定性与定量相结合一种决策方法。

4. 案例分析

【例 4-2】 长期以来，由于受到公路技术等级低、道路不畅等影响，某地区许多丰富的矿产、旅游资源和农副产品一直"待字闺中"。为让这些资源优势变成了当地的经济优势，该地区计划对某交通要道进行改造或新建其他高速公路。该项目已识别出三种风险：经济风险、生态风险、社会风险。经济风险主要指项目的总投资以及投资回收期等；生态风险指项目的实施对其周边地质、生物、环境的影响等；社会风险指项目实施对周围居民影响。决策

者计划利用层次分析法分析那种方案的风险大,以便做出科学合理的决策。

解 (1) 构造递阶层次结构模型。根据所给的信息及决策目标、评价准则构建项目的递阶层析结构模型,如图 4-4 所示。

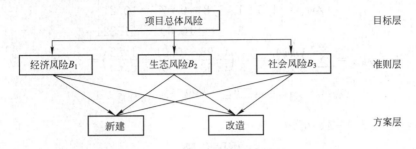

图 4-4 项目的风险评价模型

(2) 构造比较判断矩阵。根据两两比较标度,确定各层次不同风险的重要性权数。从目标层到准则层,将三大风险两两比较,得到判断矩阵 A。从准则层到方案层,针对每一风险,有一个判断矩阵,即两方案在对经济风险、生态风险、社会风险三个方面比较分别得到判断矩阵 B_1,B_2 和 B_3。

$$A = \begin{bmatrix} 1 & 5 & 1/2 \\ 1/5 & 1 & 1/8 \\ 2 & 8 & 1 \end{bmatrix} \quad B_1 = \begin{bmatrix} 1 & 4 \\ 1/4 & 1 \end{bmatrix} \quad B_2 = \begin{bmatrix} 1 & 1/5 \\ 5 & 1 \end{bmatrix} \quad B_3 = \begin{bmatrix} 1 & 5 \\ 1/5 & 1 \end{bmatrix}$$

(3) 对专家所评判所得的矩阵进行一致性检验。按照前面介绍权重确定的方法,分别计算判断矩阵 A、B_1、B_2、B_3 的特征向量,分别用 w_A、w_{B1}、w_{B2} 和 w_{B3} 表示。

根据矩阵 $A = \begin{bmatrix} 1 & 5 & 1/2 \\ 1/5 & 1 & 1/8 \\ 2 & 8 & 1 \end{bmatrix}$ 可计算得矩阵的如下参数。

① 各行元素的几何平均值:

$$\overline{w}_1 = \sqrt[3]{1 \times 5 \times (1/2)} \quad \overline{w}_2 = \sqrt[3]{(1/5) \times 1 \times (1/8)} \quad \overline{w}_3 = \sqrt[3]{2 \times 8 \times 1}$$

② 将 $\overline{w}$ 归一化,并计算 w_i:

$$w_1 = \frac{\overline{w}_1}{\sum \overline{w}_i} = 0.33 \quad w_2 = 0.07 \quad w_3 = 0.60$$

经计算求得特征向量 $w_A = [0.33, 0.07, 0.60]^T$,可见,在三种风险中,社会风险的权重最大,其次是经济风险,最小的是生态风险。

同理,可求出 B_1、B_2、B_3 三个判断矩阵的特征向量,其结果如下:

$$w_{B1} = \begin{bmatrix} 0.8 \\ 0.2 \end{bmatrix} \quad w_{B2} = \begin{bmatrix} 0.17 \\ 0.83 \end{bmatrix} \quad w_{B3} = \begin{bmatrix} 0.83 \\ 0.17 \end{bmatrix}$$

可见,从经济风险的角度看,新建公路风险较旧路改造方案风险大;从技术风险角度看，公路改造方案的风险较大；从社会风险角度看，新建公路风险较大。

对于判断矩阵 **A**，先求最大特征值，再进行一致性检验。

$$Aw_A = \begin{bmatrix} 1 & 5 & 1/2 \\ 1/5 & 1 & 1/8 \\ 2 & 8 & 1 \end{bmatrix} \begin{bmatrix} 0.33 \\ 0.07 \\ 0.60 \end{bmatrix} = \begin{bmatrix} 0.98 \\ 0.21 \\ 1.82 \end{bmatrix}$$

$$\lambda_{max} = \sum_{i=1}^{3} \frac{(Aw)_i}{3 \times w_i} = \frac{1}{3}\left(\frac{0.98}{0.33} + \frac{0.21}{0.07} + \frac{1.82}{0.60}\right) = 3.006$$

$$CI = \frac{\lambda_{max} - n}{n - 1} = \frac{3.006 - 3}{3 - 1} = 0.003$$

根据 $n=3$，查表 4 - 4，可知

$$RI = 0.58$$

$$CR = \frac{CI}{RI} = 0.005\ 2 < 0.1$$

故 **A** 比较判断矩阵具有满意的一致性，计算的权重可以接受。

B_1、B_2、B_3 为二阶判断矩阵，满足一致性要求，不必检验。

（5）计算各方案的综合评分，并进行层次总排序一致性检验

$$w = w_B w_A = \begin{bmatrix} 0.8 & 0.17 & 0.83 \\ 0.2 & 0.83 & 0.17 \end{bmatrix} \times \begin{bmatrix} 0.33 \\ 0.07 \\ 0.60 \end{bmatrix} = \begin{bmatrix} 0.773\ 9 \\ 0.226\ 1 \end{bmatrix}$$

对计算结果进行一致性检验。

由上步计算结果可知 $CI_{B1}=0$，$CI_{B2}=0$，$CI_{B3}=0$

由随机性指标表 4 - 4 可知 $RI_{B1}=RI_{B2}=RI_{B3}=0$，

由式 4 - 8 可知 $CR = \dfrac{\sum\limits_{j=1}^{m} a_j CI_j}{\sum\limits_{j=1}^{m} a_j RI_j} = \dfrac{0.33 \times 0 + 0.07 \times 0 + 0.6 \times 0}{(0.33 + 0.07 + 0.6) \times 0} = 0 < 0.1$

所以，最终结果满足一致性检验要求。

可见，从总目标来看，新建公路的风险比旧公路改造的风险大，从风险角度考虑，决策者应选择风险小的方案，即实施公路改造方案。

4.3 工程风险的评价方法——定量分析

4.3.1 决策树法

决策树法是进行风险定量评价的有效方法，是一种直观的图解方法。利用决策树可以将工程的不同风险分解开来，根据风险的发生概率和对工程的影响程度，计算各方案的实施可

能造成的损失或带来的收益，以此为依据进行工程的风险评价和不同方案的比选。决策树法具有层次清晰、不遗漏、不易错的优点。一个工程项目可能会发生各种各样的情况，在已知各种情况发生概率的条件下，通过构建决策树来评价项目风险、判断项目的可行性是十分有效的。决策树法还被广泛应用于不同方案的决策中，它不仅可以用来解决单阶段的决策问题，而且可以解决多阶段的决策问题。

决策树的结构比较简单，一般由决策点、状态点、方案枝和概率枝组成。决策树的起点为决策点，用矩形表示；然后由决策点引出若干分支，代表不同的备选方案，称为方案枝；方案枝的末端称为状态节点，用圆圈表示；再由状态节点引出若干分支，称为概率枝，概率枝末端为结果节点；如此连接而形成的一种树状结构就是决策树，如图4-5所示。

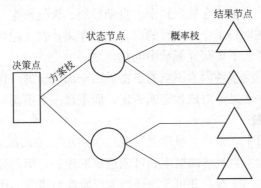

图4-5 典型决策树结构图

【例4-3】 某建筑企业承担了一项紧急工程，因工期紧急，且若延误工期需对业主方进行赔偿5万元，当然如工期提前将获得一定补偿。该建筑企业对此项工程规划了两套施工组织计划A方案和B方案，A方案有70%的概率提前完工，但需要花费赶工费10万元；B方案有80%的概率提前完工，需要赶工费15万元。企业主管计划对两方案进行比选。

首先构建目标决策树，如下图4-6所示。

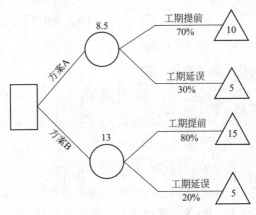

图4-6 施工方案决策树

然后根据决策树分析，在不考虑提前完工所获得奖励的基础上，方案 A 可能造成的损失为 8.5 万元，方案 B 可能造成的损失为 13 万元。所以决策者按照最小损失原则会选择 A 方案，将风险损失降到最低。

4.3.2　模糊综合评价法

在经济评价过程中，很多影响因素的性质和活动无法用数字来定量地描述，它们的结果也是含糊不定的，无法用单一的准则来评判。为解决这一问题，美国学者 L. A. Zadeh 于 1965 年首次提出模糊集合的概念，对模糊行为和活动建立模型。近 30 年来模糊数学以崭新的理论和独特的方法，冲破了精确数学的局限，巧妙地处理了客观世界中存在的模糊现象，被广泛地应用于实践中。目前，在管理科学、自动控制、天气预报、商品质量评估等自然科学和社会科学的许多领域取得了令人瞩目的成果。近年来，在工程项目风险管理方面，也得到了非常广泛的应用，成为了该研究领域中的热点之一。

模糊综合评价法是对受多种因素影响的事物做出全面评价的一种十分有效的多因素评价方法，其特点是评价结果不是绝对地肯定或否定，而是以一个模糊集合来表示。

1. 模糊的概念及度量

在工程项目风险评价中，常用"风险大"或"风险小"等词汇来描述工程的风险水平，这种描述虽没有给出风险发生具体的概率和可能造成的损失，但通过这种描述风险管理者也可以对工程的风险有基本的了解，并可考虑适当的风险应对措施。用"大、中、小"来衡量风险的大小，只是一种定性的分析，为了能定量地描述这种模糊的概念，可引进隶属度的概念，并用 A 表示隶属度。

2. 模糊运算法则

模糊数学的运算规则较多，在综合评估中，主要应用到模糊矩阵的运算，包括了模糊集合的并运算、交运算和乘积运算等，在此对其运算规则做简单的介绍，设有模糊矩阵 R 和 S。

$$R=\begin{bmatrix} 0.8 & 0.2 \\ 0.7 & 0.5 \end{bmatrix} \qquad S=\begin{bmatrix} 0.7 & 0.4 \\ 0.5 & 0.6 \end{bmatrix}$$

则定义 R 和 S 的并运算为两中取大，即

$$R \cup S=\begin{bmatrix} 0.8 \cup 0.7 & 0.2 \cup 0.4 \\ 0.7 \cup 0.5 & 0.5 \cup 0.6 \end{bmatrix}=\begin{bmatrix} 0.8 & 0.4 \\ 0.7 & 0.6 \end{bmatrix}$$

并定义 R 和 S 的交运算为两中取小，即

$$R \cap S=\begin{bmatrix} 0.8 \cap 0.7 & 0.2 \cap 0.4 \\ 0.7 \cap 0.5 & 0.5 \cap 0.6 \end{bmatrix}=\begin{bmatrix} 0.7 & 0.2 \\ 0.5 & 0.5 \end{bmatrix}$$

模糊矩阵的乘积定义为 $C=R \cdot S$，其计算方法类似矩阵的乘法，定义为：

$$c_{ij} = \bigcup_k (r_{ik} \cap s_{kj})$$

$$\boldsymbol{C} = \boldsymbol{R} \cdot \boldsymbol{S} = \begin{bmatrix} (0.8 \cap 0.7) \cup (0.2 \cap 0.5) & (0.8 \cap 0.4) \cup (0.2 \cap 0.6) \\ (0.7 \cap 0.7) \cup (0.5 \cap 0.5) & (0.7 \cap 0.4) \cup (0.5 \cap 0.6) \end{bmatrix} = \begin{bmatrix} 0.7 & 0.4 \\ 0.7 & 0.5 \end{bmatrix}$$

3. 模糊综合评估法的步骤

① 确定评估指标体系。在多因素的风险综合评估体系中，风险指标体系的建立是前提条件，是整个评估问题的核心，风险因素指标的选取应结合风险的识别和风险估计的结果来进行。

② 建立风险集 U，$U = \{U_1, U_2, \cdots, U_n\}$。如根据某工程风险识别的结果确定其风险集合为 $U = \{$技术风险，经济风险，$\cdots$，政治风险，自然风险$\}$。

③ 建立风险评价集 V，$V = \{V_1, V_2, \cdots, V_n\}$。风险评价集主要反映的是各风险的等级，如某风险属于高风险，还是属于中风险，或者是低风险。

④ 利用德尔菲法、专家打分法等方法确定风险集合中各风险对项目整体目标的影响程度，并确定各风险的权重，确定权重矩阵 $\boldsymbol{R}$。

⑤ 同样采用德尔菲法、专家打分法等方法确定各风险的等级，最后得到各风险的隶属度，确定隶属度的模糊矩阵 $\boldsymbol{S}$。

⑥ 利用模糊综合评价确定各风险因素进行综合评价，一般用 $\boldsymbol{C} = \boldsymbol{R} \cdot \boldsymbol{S}$ 来描述。

4. 案例分析

【例 4 - 4】 以国内 A 公司计划对 B 国的供水工程进行投标为例，结合投标风险分析的步骤，应用模糊综合评价确定拟投标项目的风险程度，决定是否投标。

1) 投标风险分析

投标小组在进行投标环境和项目情况调查中，主要从以下几方面的分析中找出主要的风险因素。

（1）国家层次风险

① 政治风险。

该工程位于 B 国中部，印度河右岸，与我国西部新疆接壤。军事角度上讲该地域从属于安全地带，且两国有着长期的政治和民间的友好往来，不存在政治风险。B 国内政局虽略有波动，但对该工程的影响不大，国内骚乱的风险小，因此政治风险发生的可能性较小。

② 经济风险。

该国通货膨胀严重，由于近年来该国没有强有力的经济发展政策，货币连年贬值，物价上涨幅度超过正常规律。招标文件中的合同条款虽然规定了价格调值公式，但也很难完全弥补将来工程实施时材料费上涨所造成的损失。

③ 社会风险。

该国的社会治安比较混乱，工程的安全保卫费将是一笔不小的开支。

（2）行业层次的风险

① 市场波动风险。

经分析，本工程受市场波动的影响较大。

② 法律法规风险。

资金转移困难。该国虽未实行外汇垄断，但在货币兑换方有一些明显的限制条件，而且外汇转移有很多的约束，附加税费颇多，该国对工程承包业征收的税收种类繁多，程序繁杂，不易进行合理避税；而且该国工程因其自身的特殊性，政府对此还有其他特殊规定和要求。

③ 标准和规范差异风险。

该工程规模大，要求标准高，但中国承包商在此领域中的经验比较丰富，相对而言风险不是很大。

④ 合同体系风险。

工程合同采用以 FIDIC 条款为基础的合同条款，略有修改，但整体来看，比较规范。

（3）参与者层次的风险

① 业主或雇主风险。

该国与中国政府的关系良好，比较在意国际形象，业主一般不会利用其有利地位迫使中方签订不利合同。但是，业主对于工程项目的一些规定不是很明确，需要事后按实际发生确认，可能会产生一些风险。

② 设计师引起的风险。

设计由我国某大型设计院承担，该设计院多次承担 B 国的工程项目，对该类项目比较熟悉，也多次与 A 公司合作，而且配合良好。

③ 分包商引起的风险。

分包商具有类似项目的施工经验，并且多次与该公司合作，配合良好。

④ 供应商风险。

由于供应商的材料供应不及时或供应材料、设备存在缺陷而引发的风险，项目单位与供应商合作已久，此风险较低。

⑤ 企业内部因素引起的风险。

由本企业自身内部管理问题而引发的风险，因该企业长期从事国际项目，内部管理水平较高，风险较小。

（4）项目本身的风险

该项目所在地地质情况良好。该工程地处区域气候干燥，降雨量为 100～250 mm，现场道路交通比较便利，主要是公路运输，除 1995 年通车的国家级高速公路外，还具备区域道路交通网，并有航班定期飞往首都及其他城市，两国接壤，陆路运输便利，许多国内公司在此承接项目都由国内陆路经新疆运送施工机械、设备和生活必需品。供电无保证，该国电力资源缺乏，国家供电大多数情况下保证不了工程需要，现场施工用电要考虑自备能力。气候条件差劣，工程所在区域气候干燥炎热，给施工带来诸多不便，而且中国施工人员抗热耐力远不及当地工人。由此估计项目自身未来延误工期的风险较大，成本超支的风险次之，由于施工技术成熟，质量风险较小。

2) 指标体系的确定

按照项目基本情况建立指标体系，以其一二级指标作为本案例分析的指标体系，如图 4-7 所示。

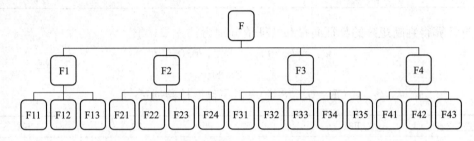

图 4-7 项目风险评价指标体系

注：F1：国家层次风险　F2：行业层次风险　F3：参与者层次风险　F4：项目本身风险

　　F11：政治风险　　F12：经济金融风险　F13：社会风险

　　F21：市场风险　　F22：法律法规风险　F23：标准规范风险　F24：合同体系风险

　　F31：业主风险　　F32：设计风险　　F33：分包商风险　　F34：供应商风险

　　F35：内部因素引起的风险

　　F41：质量风险　　F42：计划延误风险　F43：成本超支风险

3) 用层次分析法来确定各风险因素权重

层次分析法在前文中已经做了详细的介绍，在此不再重复，由专家按照各类风险对承包商的影响程度比较各指标互相之间的重要性，运用层次分析法确定评价指标体系中各指标的权重。

① 构造第二层相对于第一层的判断矩阵：

F-Fx	F1	F2	F3	F4
F1	1	3	7	7
F2	1/3	1	5	5
F3	1/7	1/5	1	1
F4	1/7	1/5	1	1

通过计算得判断矩阵的特征向量和特征值分别为：

$$w_1 = [0.580, 0.284, 0.068, 0.068]^T \quad \lambda_{max} = 4.073$$

对判断矩阵进行一致性检验，即计算 CI 和 CR：

$$CI = 0.024 \quad RI = 0.920 \quad CR = 0.027 < 0.1，一致性检验通过$$

说明判断矩阵的一致性可以接受。

② 同理可以构造第三层各元素相对于第二层元素的判断矩阵：

F1 - F1x	F11	F12	F13
F11	1	1/3	7
F12	3	1	9
F13	1/7	1/9	1

通过计算得判断矩阵的特征向量和特征值分别为：

$$w_{11} = [0.290, \ 0.655, \ 0.055]^T$$

$$\lambda_{max} = 3.080$$

CR＝0.028＜0.1，一致性检验通过

F2 - F2x	F21	F22	F23	F24
F21	1	3	7	5
F22	1/3	1	5	3
F23	1/7	1/5	1	1/3
F24	1/5	1/3	3	1

通过计算得判断矩阵的特征向量和特征值分别为：

$$w_{12} = [0.564, \ 0.263, \ 0.055, \ 0.118]^T$$

$$\lambda_{max} = 4.117$$

$$CI = 0.039$$

CR＝0.043＜0.1，一致性检验通过

F3 - F3x	F31	F32	F33	F34	F35
F31	1	3	3	1	7
F32	1/3	1	1	1/3	5
F33	1/3	1	1	1/3	5
F34	1	3	3	1	7
F35	1/7	1/5	1/5	1/7	1

通过计算得判断矩阵的特征向量和特征值分别为：

$$w_{13} = [0.347, \ 0.135, \ 0.134, \ 0.347, \ 0.037]^T$$

$$\lambda_{max} = 5.094$$

$$CI = 0.023$$

CR＝0.021＜0.1，一致性检验通过

F4－F4x	F41	F42	F43
F41	1	1/5	1/3
F42	5	1	3
F43	3	1/3	1

通过计算得判断矩阵的特征向量和特征值分别为：

$$\boldsymbol{w}_{14} = [0.105，0.637，0.258]^{\mathrm{T}}$$

$$\lambda_{\max} = 3.239$$

$$\mathrm{CI} = 0.019$$

$$\mathrm{CR} = 0.033 < 0.1，一致性检验通过$$

将 w_{11}、w_{12}、w_{13}、w_{14} 进行归一化可计算得层析总权重向量 $\boldsymbol{R} = [0.168，0.380，0.032，0.160，0.075，0.016，0.033，0.024，0.009，0.009，0.024，0.003，0.007，0.044，0.018]$

$$\mathrm{CR} = 0.052 < 0.1，一致性检验通过$$

4) 子因素层的模糊评判

在对风险子因素进行评判的时候，利用专家调查法，（以国家层次风险因素为例）采用如表 4－5 的专家咨询卡进行专家征询。通过咨询 10 位从事国际工程承包的项目经理和 10 位专业国际工程咨询人员，就该类风险水平进行模糊估计，即对各类风险发生的严重程度和发生概率进行综合估计，不做不同风险间的横向比较。然后对这 10 位专家的子因素评判结果用概率和数学期望值方法进行统计，合理取舍，形成风险子因素的评判矩阵。

表 4－5　风险子因素专家评判表（国家层次风险）

风险子因素	风险水平评语				
	很高	较高	中等	较低	很低
政治风险					
经济与金融风险					
社会风险					

经统计：有 10％的人认为政治风险水平很高，10％的人认为政治风险水平较高，30％的人认为政治风险水平为中等，40％的人认为政治风险水平较低，10％的人认为政治风险水平很低。因此政治风险的模糊评判向量为 [0.1，0.1，0.3，0.4，0.1]。同样统计出：经济与金融风险的模糊评判向量为 [0.1，0.2，0.2，0.4，0.1]；社会风险的模糊评判向量为 [0.1，0.2，0.2，0.2，0.3]。因此，国家层次风险因素的评判矩阵为：

$$\boldsymbol{S}_1 = \begin{bmatrix} 0.1 & 0.1 & 0.3 & 0.4 & 0.1 \\ 0.1 & 0.2 & 0.2 & 0.4 & 0.1 \\ 0.1 & 0.2 & 0.2 & 0.2 & 0.3 \end{bmatrix}$$

同理，行业层次风险因素的判断矩阵为：

$$S_2=\begin{bmatrix} 0.1 & 0.2 & 0.3 & 0.3 & 0.1 \\ 0.1 & 0.1 & 0.2 & 0.3 & 0.3 \\ 0.0 & 0.1 & 0.1 & 0.3 & 0.5 \\ 0.1 & 0.1 & 0.2 & 0.4 & 0.2 \end{bmatrix}$$

参与者层次风险因素的判断矩阵为：

$$S_3=\begin{bmatrix} 0.1 & 0.1 & 0.3 & 0.3 & 0.2 \\ 0.2 & 0.2 & 0.4 & 0.1 & 0.1 \\ 0.1 & 0.1 & 0.2 & 0.3 & 0.2 \\ 0.1 & 0.2 & 0.3 & 0.3 & 0.1 \\ 0.1 & 0.1 & 0.2 & 0.2 & 0.4 \end{bmatrix}$$

项目本身层次风险因素的判断矩阵为：

$$S_4=\begin{bmatrix} 0.0 & 0.1 & 0.3 & 0.3 & 0.3 \\ 0.1 & 0.2 & 0.3 & 0.3 & 0.1 \\ 0.2 & 0.2 & 0.3 & 0.2 & 0.1 \end{bmatrix}$$

项目总体风险因素的判断矩阵为：

$$S=\begin{bmatrix} S_1 \\ S_2 \\ S_3 \\ S_4 \end{bmatrix}=\begin{bmatrix} 0.1 & 0.1 & 0.3 & 0.4 & 0.1 \\ 0.1 & 0.2 & 0.2 & 0.4 & 0.1 \\ 0.1 & 0.2 & 0.2 & 0.2 & 0.3 \\ 0.1 & 0.2 & 0.3 & 0.3 & 0.1 \\ 0.1 & 0.1 & 0.2 & 0.3 & 0.3 \\ 0.0 & 0.1 & 0.1 & 0.3 & 0.5 \\ 0.1 & 0.1 & 0.2 & 0.4 & 0.2 \\ 0.1 & 0.1 & 0.3 & 0.3 & 0.2 \\ 0.2 & 0.2 & 0.4 & 0.1 & 0.1 \\ 0.1 & 0.2 & 0.2 & 0.3 & 0.2 \\ 0.1 & 0.2 & 0.3 & 0.3 & 0.1 \\ 0.1 & 0.1 & 0.2 & 0.2 & 0.4 \\ 0.0 & 0.1 & 0.3 & 0.3 & 0.3 \\ 0.1 & 0.2 & 0.3 & 0.3 & 0.1 \\ 0.2 & 0.2 & 0.3 & 0.2 & 0.1 \end{bmatrix}$$

5）项目风险因素的总体模糊评判

$$C=R \cdot S=[0.100\ 6,\ 0.167\ 8,\ 0.245\ 1,\ 0.351\ 6,\ 0.136\ 9]$$

根据"最大隶属度"原则，在"很高、较高、中等、较低、很低"五级风险影响程度评语中，本项目风险属于"较低"级别，说明本项目可以投标。

4.3.3　蒙特卡洛模拟方法

1. 蒙特卡洛模拟方法

蒙特卡洛模拟方法又称随机抽样技巧或统计试验方法，是估计经济风险和工程风险常用的一种方法。它借助人的主观概率估计及计算机模拟，直接估计各风险的发生概率，并以概率分布的形式进行表示。

应用蒙特卡洛模拟方法的主要优点在于：可以将每个风险发生的概率，通过多次模拟试验，最终以比较满意的概率分布的形式表示出来；克服了单因素敏感性分析受一维元素变化的局限性，这种方法分析了所有元素受风险不确定性的影响；另外，通过计算机软件对模型进行处理，大大节约了统计时间。

2. 蒙特卡洛模拟方法的步骤

使用蒙特卡洛模拟技术分析工程风险的基本过程如下。

第一步：编制风险识别清单，把已识别出来的影响项目目标的重要风险构造成一份标准化的风险清单。在这份清单要能充分反映出风险分类的结构和层次性。

第二步：采用专家调查法确定各风险发生概率和对工程的影响程度。

第三步：采用模拟技术，对各风险的发生概率进行模拟试验，一般来说，模拟的次数越多，所得结果越准确。然后，根据模拟试验的结果绘制各工程风险的概率分布曲线。

第四步：分析与总结。通过模拟技术可以得到工程风险的概率分布曲线，并将模型试验结果加以解释，最终写成书面报告供决策使用。

3. 案例分析

【例 4-5】　图 4-8 中网络只有三个工序。设三个工序时间都是离散型随机变量。根据历史统计数据，确定出这三个随机变量的概率分布，结果如表 4-6 所示。试用蒙特卡洛模拟方法评价此工程网络的进度风险。

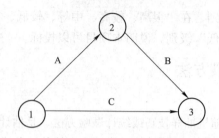

图 4-8　工序网络图

表 4-6　工序时间的概率分布及其随机数

工序	工序时间/周	概率	代表工序时间取值的随机数
A	20	0.5	0, 1, 2, 3, 4
	30	0.5	5, 6, 7, 8, 9
B	15	0.6	0, 1, 2, 3, 4, 5
	25	0.4	6, 7, 8, 9
C	40	0.5	0, 1, 2, 3, 4
	50	0.5	5, 6, 7, 8, 9

　　确定了工序时间的概率分布之后，就可以从 0～9 这十个数中随机抽样。由于有三个工序，所以每次抽三回。第一、第二和第三回抽到的数分别代表工序 A、B 和 C。每抽一次，就组成一个三位随机数，百、十和个位上的数分别代表工序 A、B 和 C。

　　工序 A 抽到的数若是 0～4，则表示工序的时间是 20 周，若抽到 5～9，则表示工序的时间是 30 周。B、C 工序的表示方法类似于 A 工序。详细概率分布及其随机数如表 4-6 所示。

　　例如，554 这个随机数代表 A、B 和 C 工序的时间分别取 30、15 和 40 周。因此关键路线是 A—B。

　　上述产生随机数的过程反复进行多次，次数尽可能的多，达到一定次数之后，对抽样结果统计，进而对项目时间进度风险进行评价。表 4-7 就是 20 次模拟抽样的结果。从表中可以看出，工序 A、B 组成关键路线占模拟抽样的 55%，工序 C 为关键路线占模拟抽样的 45%，具体抽样数据如表 4-7 所示。

表 4-7　20 次模拟抽样的结果

模拟抽样编号	抽样产生的随机数	A 工序时间/周	B 工序时间/周	C 工序时间/周	关键路线	总工期/周
1	554	(30)	(15)	40	A, B	45
2	135	20	15	(50)	C	50
3	575	(30)	(25)	50	A, B	55
4	697	(30)	(25)	50	A, B	55

模拟抽样编号	抽样产生的随机数	A 工序时间/周	B 工序时间/周	C 工序时间/周	关键路线	总工期/周
5	563	(30)	(25)	40	A，B	55
6	729	30	15	(50)	C	50
7	848	30	15	(50)	C	50
8	431	20	15	(40)	C	40
9	767	(30)	(25)	50	A，B	55
10	416	20	15	(50)	C	50
11	025	20	15	(50)	C	50
12	896	(30)	(25)	50	A，B	55
13	462	(20)	(25)	40	A，B	45
14	700	(30)	(15)	40	A，B	45
15	077	20	25	(50)	C	50
16	007	20	15	(50)	C	50
17	000	20	15	(40)	C	40
18	585	(30)	(25)	50	A，B	55
19	543	(30)	(15)	40	A，B	45
20	553	(30)	(15)	40	A，B	45

注：括号内数字表示该工序成为关键工序时的时间

从表 4-7 中还可以得出项目总工期 t 的概率分布，如表 4-8 所示。

表 4-8　项目总工期 t 的概率分布

项目总工期 t/周	模拟结果/次	概率估计	概率估计累计值
40	2	0.10	0.10
45	5	0.25	0.35
50	7	0.35	0.70
55	6	0.30	1.00

若限定工期 $S_d = 50$ 天，则从表 4-8 可以得出 $P\{t < 50\} = 0.70$ 即该项目在 50 天内完工的概率是 70%。

由于案例中模拟次数仅为 20 次，因此，累计概率曲线存在一定的误差，从理论上讲，模拟的次数越多结果越准确，但实际模拟次数越多，整理计算结果也费时费力。因此，一般模拟次数达到 200～500 次时，模拟的可靠性将大大提高。

4.3.4 计划评审技术法

1. 计划评审技术的内涵

计划评审技术（Program Evaluation and Review Technique，PRET）就是把工程项目当作一种系统，用网络图或者表格或者矩阵来表示各项具体工作的先后顺序和相互关系，以时间为中心，找出从开工到完工所需要时间的最长路线，并围绕关键路线对工程项目进行统筹规划，对各项工作的完成进度进行严密的控制，以达到用最少的时间和资源消耗来完成工程预定目标的一种计划与控制方法。

在工程项目施工过程中，根据施工的工艺要求和施工组织的要求，每个施工活动的逻辑关系是确定的，而且在合同管理的环境下，这种逻辑关系是不允许改变的；然而，由于各项施工活动的时间是不确定的，但完成工程项目的工期是规定的。因此工程项目施工进度存在着风险。因此，用 PRET 技术来评价工程项目进度风险是十分必要的。

2. 计划评审技术的步骤

（1）确定项目持续时间的概率分布并计算项目工期的期望和方差

工程项目实施过程存在很多不确定性因素，各项活动的实施会受到气候、经济环境等的变化而变动。但根据历史统计数据或专家经验可以对各项活动的持续时间加以估计，包括最可能时间、乐观时间、悲观时间等。一般地，项目的持续时间符合正态分布。PRET 技术中每道工序有 3 种时间估计：最可能时间、乐观时间、悲观时间。工序工期的期望 t_e，方差 $\sigma_{t_e}^2$。

$$t_e = \frac{a + 4m + b}{6} \tag{4-9}$$

$$\sigma_{t_e}^2 = \left(\frac{b-a}{6}\right)^2 \tag{4-10}$$

式中，

a——乐观活动时间；

b——悲观活动时间；

m——最可能活动时间。

（2）计算项目计划工期

首先绘制工程网络图，把各工序的期望工期当作固定值，确定项目活动的关键路线，最后确定项目的计划工期 T_E，即关键路径上各工序的平均活动时间的总和。

（3）计算项目进度风险率

由于项目工期服从均值为 T_E，方差为 $\sigma_{T_E}^2$ 的正态分布，由概率论可知：

$$P\{X \leqslant A\} = \Phi\left(\frac{A - T_E}{\sigma_{T_E}}\right) \tag{4-11}$$

其中 T_E 为关键路径上各工序 t_e 的和；$\sigma_{T_E}^2$ 为关键路径上各工序 $\sigma_{t_e}^2$ 的和。

通过查询正态分布表，最终可以确定项目进度的风险率。

（4）确定项目整体风险水平

根据项目完工时间的风险概率,分析项目的进度风险水平,再考虑是否加大或缩小资源的投入,是否重新修订施工方案等。

3. 案例分析

某分项工程的工序网络图如图 4-9 所示,各工序的活动时间如表 4-9 所示,现运用 PRET 法分析项目在 38 个单位时间内完成的概率。

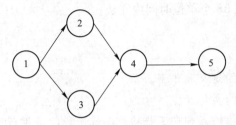

图 4-9　工序网络图

表 4-9　工序活动时间表

工序	a	m	b
1—2	8	13	22
1—3	15	20	30
2—4	10	16	20
3—4	3	6	12
4—5	3	5	8

(1)根据表 4-9 提供的活动时间计算各工序的期望值和方差,并绘制工期双代号图。如表 4-10 和图 4-10 所示。

表 4-10　各工序参数表

工序	a	m	b	t_e	$[(b-a)/6]^2$
1—2	8	13	22	14	5.44
1—3	15	20	30	21	6.25
2—4	10	16	20	16	2.78
3—4	3	6	12	7	2.25
4—5	3	5	8	6	0.69

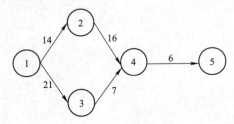

图 4-10　工期网络图

（2）根据工期网络图可以求出项目的计划工期为 36 个单位时间，关键路线为①→②→④→⑤。

（3）计算项目在 38 个单位时间内完成的概率：

$$P\{X \leqslant 38\} = \Phi\left(\frac{38-36}{\sqrt{5.44+2.78+0.69}}\right) = \Phi\left(\frac{2}{\sqrt{8.91}}\right) = \Phi(0.67) = 0.748\ 6，意味着存在$$

74.86% 的可能使得项目在 38 个单位时间内完成。

复习思考题

1. 简述工程风险评价的定义和作用。

2. 简述工程风险评价的具体步骤。

3. 分析专家打分法的优缺点和在工程项目实施阶段的适用范围。

4. 概括说明层次分析法和模糊综合评价法的基本步骤。

5. 简述风险决策树的编制依据和基本思路。

6. 简述蒙特卡洛模拟法的基本步骤。

7. 分析常用的工程风险评价方法的优缺点。

第 5 章　工程风险的决策

2009 年 11 月 5 日下午，我国内地第一条海底隧道——翔安隧道左线隧道完成"最后一爆"，迎来隧道的全面打通。翔安隧道起自厦门岛五通古渡口，接厦门岛内仙岳路（城市快速干道）和环岛公路，以海底钻爆法暗挖隧道方式穿越厦门岛东侧海域，止于厦门市翔安区西滨，接翔安大道和规划建设的窗东路。翔安隧道将于 2010 年 4 月通车，正式通车以后，厦门市岛内与翔安区的车程将从一个半小时缩短至 15 分钟。工程全长 8.69 公里，其中海底隧道长约 6.05 公里，跨越海域宽约 4 200 米，是我国大陆地区第一座海底隧道，它规模之大、标准之多、经验之少、难度之高，都在全国创下先例。

可为什么不在厦门岛内与翔安区之间建大桥而建隧道呢？至今还有许多人有着这样的疑问。中国隧道界泰斗级人物、中科院资深院士孙均指出，综合当时多方面风险因素，相比跨海大桥等诸多方案，隧道是最为合适的方案。原因有以下几点：厦门岛四面环海，高崎海堤、厦门大桥、海沧大桥，写下了岛内外互通的历史。然而每年到了台风季节，这三条通道尽数封锁，岛内的菜价都会变贵。而翔安隧道则是"全天候"的，它安静地穿行于海底，任何天气均不影响出行。再说到港口发展。五通、刘五店这两个古渡口，目前已经兴建海空联运码头、滚装码头等。兴建大桥未尝不可，但却限制了船只进入港口。孙均院士曾风趣地说："若满足一般船舶通过桥下，大桥就得建得比摩天轮还高。那么引桥起码得建几公里，车要开到湖边水库才能下桥吧。"几公里的引桥，对于能源的消耗也是惊人的。从环境保护方面说，桥墩施工带来的噪音污染，很可能将厦门引以为豪的中华白海豚"赶走"，而翔安隧道则最终成为一条可持续发展之路。

5.1　工程风险决策概述

世界著名经济学家、美国科学家赫·阿·西蒙提出："管理就是决策。"决策是人们为实现一定的目标而制定行动方案、并准备实施的活动，是提出问题、分析问题并解决问题的过程。正如著名管理学家罗宾斯所说，"决策对管理者的重要性是怎么强调也不过分的"，决策的最终结果将直接关系着事件或项目的成败。

5.1.1　工程决策

一、工程决策的概念

随着国内外建筑业的发展，工程建设投资规模在不断增大，建设周期越来越长，不确定性因素也相应增多，因此决策对工程建设越来越重要，一旦决策失误就可能会带来不可估量的损失。工程决策是指管理人员为实现工程管理的目标，根据工程项目的建设环境和条件，采用合理的科学理论和方法，对所有可能的各个方案进行系统分析、评价和判断，从中选出最优方案的过程。决策是工程管理的核心，从工程的可行性研究到工程的竣工验收都离不开决策，决策贯彻于工程管理工作的各个方面，是保证工程顺利运行的基础。

一项工程决策的做出一般需要具备下列要素。

① 决策人，即工程管理人员，包括工程项目经理及一般管理人员，或项目管理团队。这取决于决策的对象和对项目管理人员的授权。

② 决策目标，即决策行动所影响的工程范围和期望达到的效果。

③ 决策信息，及时提供完备的、可靠的、与决策目标相关的工程信息是决策行动的前提条件，也是做出科学决策的基础。

④ 决策方法，即进行工程决策所依据的科学理论和方法。

二、工程决策的分类

工程决策从不同的角度可以分为不同的类别，下面重点介绍 3 种分类方式。

（1）根据决策目标数量，工程决策可以分为：单目标决策和多目标决策。

单目标决策是指决策行动只力求一种目标，因此是相对比较简单的决策。相比来说，多目标决策就是指决策行动需要实现多个目标。比如修建一条铁路，不仅要达到方便运输的目标，还要综合促进经济发展等多个目标。又如，在工程施工方案风险决策过程中，不仅要保证工程质量和安全，还要考虑工程成本和进度等诸多目标。

（2）根据决策者在工程建设中的地位和承担的责任，项目决策又可以分为：高层决策、中层决策和基层决策。

高层决策主要是由工程建设项目所属企业或投资单位的上层领导所作出的决策。这类决策多数属于战略性决策，也包括部分战术决策。它主要是解决项目投资方向、项目筛选、目标评估、资金预算、工期等重大问题，也包括部分工程建设中的重大组织问题和重大技术问题等。例如，工程项目立项前的投资决策就是为了确定投资方向、选择项目、确定投资方案，这多由高层领导做出，基本上属于高层决策。

中层决策是指为保证工程的顺利进行，企业中层领导所作的决策。相对高层决策具有局部短期性，属战术性决策。而基层决策则是由基层领导作出的决策，主要内容是对工程项目具体实施计划的制定及作业安排、建设过程中出现的非正常性情况和偶发事件的处理等。工程项目从立项到工程建设结束期间的决策主要包括优化实施方案、解决建设问题、保证项目目标顺利实现的决策工作，大多数属于中层决策和基层决策。

（3）根据决策问题的可控制程度，工程决策还可以分为：确定型决策和非确定型决策。

确定型决策是指在决策所面临的条件和因素是确定的情况下所做出的决策。然而，在许多情况下，工程项目决策者所能得到的决策信息往往具有不完备性，或是通过预测分析所得到的信息具有不确定性，如进行投标报价决策时，一方面需要得到竞争对手的报价和标底，另一方面还要得到盈利水平方面的信息。但事实上，前者的信息是商业机密，一般是得不到的；后者的信息一般是通过估算得到的，也并不完全准确。因此，工程项目的许多决策问题都是属于在信息不全面情况下的决策，这种决策称为非确定型决策。

5.1.2   工程风险决策

在建筑业领域内，工程项目由于建设周期长、投资规模大、施工过程复杂等多种因素，面临着许多的不确定性因素，因此工程决策问题大多属于非确定型决策。而非确定型决策一般又分为完全不确定型决策和风险型决策，如图 5-1 所示。这里的工程风险决策主要是指非确定型决策中的风险型决策。

决策类型 { 确定型决策
非确定型决策 { 完全不确定型决策
风险型决策

图 5-1   工程决策分类图

1. 完全不确定型决策

完全不确定型决策是指决策者在对工程未来环境出现某种状态的概率难以估计，甚至对可能出现的状态和后果都不知道的情况下所做出的决策。比如在国际工程投标中，缺乏国际投标和施工经验的投标单位对工程建设所在国的政治环境和经济环境都是难以预测的。在这种情况下，决策者所做出的决策都属于完全不确定型决策。

2. 风险型决策

风险型决策是指决策者凭借掌握的许多客观资料和自身实践经验可以估计工程未来各种状态出现的概率。这类决策的关键在于衡量各备选方案成败的概率，权衡各自的利弊，做出选择。如，在安装工程中，最新研发的建筑材料一般无法确定足够安全，但可以通过试验等方式发现其应用时的潜在风险并得到风险发生的概率。因此在决定是否采用新材料时，要多方面考虑其风险及风险发生的概率，只有在达到安全标准时方可采用。

在工程决策中，完全不确定型决策和风险型决策并没有非常明确的界限。因为在进行完全不确定型决策时，人们仍可以主观地给出概率。因此在有些文献中，对不确定型决策和风险型决策不作过多的区分。

5.1.3   工程风险决策的基本原则

由于工程风险具有客观性、偶然性和多变性，因此工程风险决策具有区别于其他一般决策的特点。为增进对风险本质和风险程度的了解，并做出正确的决策，在进行工程风险决策时应该坚持以下 4 个原则。

1. 全面性原则

工程面临的风险多种多样，而且工程风险管理的目标也细分为多个目标。要实现不同的目标，决策者就需要在全面周到的基础上对可供选用的对策仔细分析，权衡比较，采用最适合的决策方案和措施。当然，在进行工程风险决策时，还应当注意信息资料的收集工作，对所掌握的资料去粗存精，去伪存真，才能准确地分析把握工程的建设情况，从而做出尽可能准确的决策，达到满意的结果。

2. 成本效益原则

在进行工程风险决策时，要以成本效益原则作为权衡决策的依据。即在选择决策方案时，既要看到方案实施后产生的效益；又要考虑方案实施的成本，最终选择综合期望值最大的方案作为最优方案。

3. 可行性原则

具有不同财务实力的工程决策者对风险的承受能力是不同的，即使同一决策者在不同的发展时期对风险的承受能力也是不同的，因此工程项目决策者必须明确自身对风险后果的承受水平，以保证风险发生所造成的后果在自身的可接受范围之内。

5.1.4 工程风险决策的关键要素

在工程风险决策过程中，决策者要想取得满意的结果，需要对工程风险决策的关键因素进行详细分析，以保证决策的科学合理性。工程风险决策的关键要素主要包括以下几个方面。

（1）掌握的信息量

工程建设中存在很多不确定性因素，决策者所掌握信息的多少会对工程风险决策产生很大的影响。信息越完备，决策的风险性就会越小。

（2）决策者的风险态度

决策者的风险态度会对工程的风险决策产生直接的影响，如冒险型决策者追求高收益，可能会投资一些风险高同时收益也较高的工程。而保守型决策者则谨小慎微，只会投资一些风险较小的工程。

（3）决策者的阅历和经验

在建筑业领域内，决策者越是见多识广，知识和经验越丰富，其进行风险决策的能力也就越强。

（4）工程本身的特性

工程建设项目自身的特点会对风险决策产生很大的影响，比如建一个核电厂和一个煤电厂，它们所面临的风险就千差万别，风险决策时要考虑的因素也要各有侧重。

（5）风险成本

风险成本是指工程项目决策者选择某一决策方案后所要付出的成本。

（6）风险收益

跟风险成本相对应，风险收益是指工程决策者对所做决策方案收益的估计。

5.1.5　工程风险决策的程序

工程风险决策不是在瞬间内做出决定，而是一个多阶段、分步骤的判断过程。要做出科学合理的决策，应遵循一定的程序和步骤。工程风险决策的基本程序如图 5-2 所示。

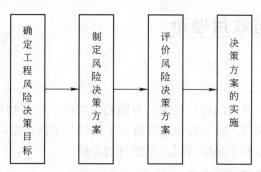

图 5-2　工程项目风险决策的基本程序

1. 确定工程风险决策目标

指决策者通过选取风险决策方案并实施后所期望达到的综合目标。工程决策者在进行风险决策时，首先需要确定工程风险决策的总目标。工程风险决策的总目标是以风险管理目标为前提，通过选取最佳的风险决策方案，以最小的成本来控制或降低风险，使风险处于风险承担单位可承受的水平。

其次，决策者还必须在风险识别、风险估计和风险评价的基础上，根据工程的实际概况将工程风险决策总目标分为三种：必须目标、理想目标和不可实现目标。这三种目标一定要区别清楚，必须目标是必须达到的，如工程质量的控制目标；理想目标是希望达到的，但不做强制要求；不可实现目标是可能因为工程现有条件等因素所不能达到的，在必要时可以舍弃或者通过其他方式进行转换。

2. 制定风险决策方案

在工程风险决策目标确定之后，决策者要结合工程的具体情况，应用现代科学理论与技术对决策方案进行详细的技术设计，最后拟定可供选择的决策方案。

3. 评价风险决策方案

评价决策方案是工程风险决策过程中最重要的一个环节。各种决策方案制定出以后，就要根据各方案估计的后果，按一定准则评价各方案的优劣。首先，根据工程风险决策的目标，将包含不可实现目标的方案舍弃掉。其次，分析各种方案实施后可能所付出的代价或带来的效益，并用期望目标值去衡量。期望目标值越大，其排序越优先。最后，根据不同的评价指标选择最适宜的方案。

4. 决策方案的实施

决策方案的实施是工程风险决策的最后一步，同时也是非常重要的一个环节。决策方案能否按照计划实施将直接影响工程风险决策的最终结果。因此，在决策方案实施前，工程项目决策者要制定详细的进程计划，健全机构，做好相关人员的落实工作。同时在实施过程中，还要及时检查与反馈实施情况，并根据反馈的信息对决策方案进行适当地调整，使决策方案取得满意的效果。

5.2 风险态度与效用理论

5.2.1 风险态度

风险态度是决策者对风险的偏好程度。不同的人对同一件事物的认识和感知是不同的，应对风险的态度也是不同的。在工程风险管理中，可以从不同类型决策者的风险态度和工程项目参与单位的风险态度两个角度对风险态度进行分析。

一、不同类型决策者的风险态度

在工程风险管理中，决策者的经验、胆略、知识和判断能力等主观因素都会对决策产生不可忽视的影响。著名诺贝尔经济学奖获得者阿罗（Arrow）将人们对风险的态度分为三种：第一种是"回避风险"的保守型；第二种是"喜欢冒风险"的冒险型；第三种是"漠视风险"的中立型。不同类型的决策者对待工程项目的风险态度不同，做决策时所采用的策略和方案也会有所不同。

1. 保守型决策者

保守型决策者不喜欢冒险，对损失的反应比较敏感，面对收益的反应比较迟钝，是一种谨小慎微、不求大利、厌恶风险的决策者。保守型决策者在选择决策方案时，更倾向于损失最小的方案，而且为了降低自身风险，往往会购买工程保险，将风险转移给保险人。

2. 冒险型决策者

与保守型决策者相反，冒险型决策者喜欢冒险，对损失的反应比较平淡，而对收益的反应比较敏感，是一种敢作敢当、追求大利、勇冒风险的决策者。冒险型决策者在选择决策方案时，更倾向于收益最高的方案。

3. 中立型决策者

中立型决策者介于保守型决策者和冒险型决策者之间，是一种循规蹈矩的稳妥型决策者。在选择决策方案时，倾向于损益期望值最大的方案。

在工程风险管理的实践过程中，大部分决策者一般属于保守型，而冒险型决策者和中立型决策者则相对较少。但是，决策者的风险态度也不是一成不变的，这与决策者所处的环境以及所遇到的工程风险的性质也有着密切的联系。

二、工程项目参与单位的风险态度

工程项目建设涉及众多的参与单位，主要包括业主、承包单位、勘察设计单位及监理单位等，由于参与单位所承担的任务及面临的风险不同，所以对工程的风险态度也不尽相同。工程项目建设的 4 个主要参与单位的风险态度如下。

1. 业主或项目法人

业主或项目法人是工程风险最主要的承担者，其可通过合同等手段与其他参与方分担风险。如果业主是保守型的决策者，则他可能通过合同的手段将自身的风险更多地转移到其他参与方。如果业主是冒险型的决策者，则他可能会通过自身承担更多的风险来获取更大的利益。在我国目前的条件下，工程项目投资的失控一般不会过多地追究有关人的责任，但工程项目质量的严重失控则要追究有关人员的责任。因此工程项目法人大都愿意增加一些投资来尽可能避免风险的发生，对工程决策一般还是趋于保守。

2. 承包单位

承包单位对风险的态度较为复杂，不同的承包单位对风险的态度各不相同，上述三种类型风险态度的承包单位都存在。承包单位的风险态度一方面取决于其自身的经验、胆略和判断能力，另一方面取决于企业的经营现状和建设市场的状况。在招投标阶段，当企业经营状况较好，可投标的工程较多时，承包单位会冒险对一些风险较高同时收益也较高的工程进行投标，或者为了追求更大的利润，敢冒不能中标的风险，采用高报价方案；反之，当企业经营状况较差，为了维持企业的正常运转，避免不能中标带来的损失，承包单位可能会采用中等或低报价方案积极争取中标。在工程建设阶段，承包单位为了获得较高的经济效益，会在进度和质量方面敢于冒险，此时承包单位是冒险型决策者。

3. 勘察设计单位

在我国目前的工程建设管理环境下，工程勘察单位和设计单位在决策上绝大多数属于保守型决策者。因为勘察人员和设计人员在工程勘察和设计上承担者很大的风险和主要的责任，他们主要着眼于保证决策方案的可行性和安全性。当然，也有不少设计者会冒一定的风险积极地进行技术方面的革新和创造，属于冒险型决策者。但在我国目前的设计管理环境下，设计费通常以工程设计概预算为基础按比例提取，使得设计者缺乏进行设计优化的动力。因此，勘察和设计单位所做的决策往往都是保守型的决策。

保守型设计师　　　　　　冒险型设计师

4. 监理单位

监理单位受业主的委托为其提供监理服务，并从这种服务中取得在监理合同中约定的薪酬，而薪酬的多少主要和服务的数量、质量有关。在监理过程中，监理单位为了保证工程的进度和质量、控制工程造价，要做出很多决策并对这些决策负责，为了回避自身的风险，做出的决策往往偏于保守。

5.2.2　效用理论

效用理论是关于决策者个人的心理和行为反映的定性决策理论，是研究不确定性条件下如何合理进行决策的理论基础。因为工程风险的后果经常是很难去计算的，即使能够去计算，同样的结果在不同人的心目中，其地位也是不一样的。所以为了反映决策者风险态度的差异，有必要引进效用和效用函数。

1. 效用

效用是经济学的概念，它是指消费者通过消费一定数量的商品而获得的满足或满意程度。例如，在生活中，同样数量的经济收入将会给穷人带来的满足远大于对富人的满足。在工程风险决策中，可以借用效用的概念来度量工程风险的后果，即效益或损失。例如，在工程风险决策中，各个决策人对待风险的态度不一样，对同一个问题，不同的决策者所选择的方案往往也不同。有的偏于保守，有的又过于冒险。即使是同一个决策者处理同一个问题，由于所处的环境及当时的精神状态不一样，他的选择也可能不一样。效用一般用效用值来表示，但由于效用值与决策者的态度和素质有关，这就使效用值具有一定的主观特性。效用值是一个相对的概念，没有量纲，一般用 0 至 1 之间的数字表示。通常规定决策者最愿意接受的收益对应的效用值为 1，而最不愿意接受的损失对应的效用值为 0。

关于效用值的性质有以下规定：

① 决策者对某种结果越满意，其效用值就越高。例如，在相同的风险情况下获取 30 万元收益比获取 10 万元收益的效用值高。

② 如果决策者在结果 A 和 B 中喜欢结果 A，在结果 B 和 C 中喜欢 B，那么结果 A 的效用值高于结果 C。

③ 如果决策者对两种及两种以上结果的满意程度是一样的，那么它们的效用相同。

④ 在风险决策时，因为信息的不完备，决策方案实施后的损益值很难确定，因此可以采用决策的期望效用假定作为依据，对可选方案进行决策。

例如，假设某项特定方案有两种可能结果，结果 A 的概率为 $P_A = p$，结果 B 的概率为 $P_B = 1 - p$。如果我们将 A 的效用值用 $U(A)$ 表示，B 的效用值用 $U(B)$ 表示，该方案的期望效用 $E(U) = U(A) \cdot p + U(B) \cdot (1 - p)$。

2. 效用函数和效用曲线

在应用效用理论量，一般用 x 表示风险事件带来的损益值，不同的损益值在同一个决策者的心目中有不同的效用值，因此效用值可以表示为损益值 x 的函数，称其为效用函数，并用 $U(x)$ 表示。在实际应用中，效用函数 $U(x)$ 一般由经验给出，并不是简单的线性关系。

根据确定的效用函数，可以在平面直角坐标系里绘制效用曲线，其中，以横坐标表示损益值，纵坐标表示效用函数值。根据决策者对待风险的不同态度，可以简单绘制三类决策者的效用曲线，分为保守型、中立型和冒险型 3 种，如图 5-3 所示。

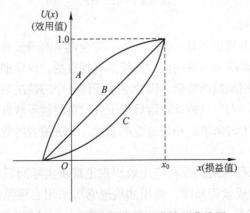

图 5-3　不同决策者的三类效用曲线图

(1) 曲线 A 是保守型决策者的效用曲线

该效用曲线是一凸曲线,从图中可以看出,随着损益值的增加,其效用值也在递增,但递增的速度在降低。这是因为效益一般与风险成正比,收益越多所面临的风险也就越大,而保守型决策者讨厌风险,因此对损失的反应比较敏感,而对于收益的反应则比较退缓,导致效用值递增的速度降低。在损益值较小时,决策者有一定的冒风险的胆略,但一旦损益值增大到一定程度时,决策者就显得谨慎,采用了比较保守的策略。保守型的决策者难于接受风险的不利后果,对追求高的收益兴趣不大,决策时不求大利,谨慎小心,只求避免风险。

这类效用函数一般可以用对数函数表示,即

$$U(x) = \log_a(bx + c)$$

其中,$a > 0$ 且 $\neq 1$,c 与 b 均为常数。

(2) 曲线 C 正好和曲线 A 相反,是冒险型决策者的效用曲线

该曲线是一凹曲线,从图中可以看出,随着损益的增多,不但效用值在递增,而且递增的速度也在上升。该函数反映了冒险型决策者对收益的反应比较敏感,而对损失的反应则比较迟缓。即当收益仅仅增加很少时,效用值就增加很多。而当损失尽管减少很多,但效用值却增加不多。冒险型的决策者甘冒风险、谋求大利,而较少在意亏损。

这类效用函数一般可以用指数函数表示,即

$$U(x) = be^{\gamma x}$$

其中,$\gamma > 0$,b 为常数。

(3) 曲线 B 是介于曲线 A 和 C 之间的中立型决策者的效用曲线

该曲线是一条直线,表示决策者对风险的态度是中立的。中立型决策者对损失或收益表现平淡,是一种循规蹈矩的决策者。因此,在决策时不必利用效用函数,可以直接采用损益期望值作为评价和选择方案的标准。

这类效用函数一般可以用线性函数表示,即

$$U(x) = a + bx$$

其中,$b > 0$,a 为常数。

此外,决策者的风险态度也不是一成不变的,它会随着自身及外界条件的变化而改变。在实际应用时,大部分决策者的决策效用函数曲线是有拐点的,保守型、冒险型和中立型决策效用函数可以看作是决策效用函数的特例。因为对于任何一个理性决策者而言,一般在风险后果还不十分严重时敢于冒险,而一旦估计冒险后果十分严重时就不敢冒险,即损益值较小时采取冒险的态度,而损益值较大时采取的却是避险的态度。此决策者的效用函数如图 5-4 所示。

3. 效用函数的确定

通过上文的介绍,工程风险决策在应用效用理论解决实际问题时,最重要的一点就是需要确定决策者的效用函数或效用曲线。效用曲线通常可采用心理测试、数学模型和问卷调查等方法获得。其中"N-M"心理测试法和数学模型法是两种较为常用的方法。

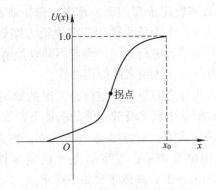

图 5 - 4　普通决策者的效用曲线图

1)"N - M"心理测试法

诺伊曼（Johnson Neumann）和摩根斯坦（Oskar Morgenstein）于 1944 年在《赌博和经济行为的理论》（*Theory of Games and Economic Behavior*）一书中，共同创立的"N - M"心理测试法，也称"标准赌术法"，就是通过心理测试来求得与风险型期望损益值等价的确定型损益值，用来作为一次性决策的标准。

在国外，"N - M"心理测试法是目前确定效用函数较为常用的测试方法，它的实质是通过对决策者进行反复多轮的提问，来了解决策者对随机事件与确定事件在效用值上的等价关系，得出确定型事件下的该收益值（损失值暂不考虑）的效用值，最终通过多个效用值点来确定决策效用函数或者效用曲线。

"N-M" 心理测试法的具体应用步骤如下。首先，选定收益值的两个临界值，将决策方案最小收益值的效用值定为 0，作为最小效用。将决策方案最大收益值的效用值定为 1，作为最大效用。然后，通过对决策者进行提问，确定不同收益情况下的效用值。最后，根据得到的效用值，通过描点等方法得出决策者的效用曲线。

确定介于最小收益与最大收益之间所有其他收益情况的效用值是 "N-M" 心理测试法的关键一步。在已知两个收益值发生概率及效用值的前提下，为确定两者之间某一收益情况下的效用值，首先假设两种决策方案——方案 A 和方案 B：方案 A 是个随机事件，且已知其实施后不同收益值下的效用值及概率；方案 B 是个确定事件，只取得一种收益值（未知），发生概率自然为 1，效用值待求，具体步骤如下所示：

方案 A：以 p 概率获得收益值 x_1，以 $(1-p)$ 的概率获得收益值 $x_2(x_1 < x_2)$，并且已知收益值 x_1、x_2 分别对应的效用值为 $U(x_1)$、$U(x_2)$。

方案 B：以 100% 的概率获得未知收益值 x_3，且 $x_1 < x_3 < x_2$。

如何确定未知收益值 x_3 的效用值呢？这里采用了效用等效的基本思想，让决策者从两个方案中进行选择。在进行提问时，收益值 x_3 一般从 x_1 开始增加，当决策者选择方案 A 时，就要继续增加收益值 x_3。当选择方案 B 时，则要减少收益值 x_3。直到决策者认为方案 A 和方案 B 的效用相等。此时可以得到收益值 x_3 的效用值 $U(x_3)$，即

$$U(x_3) = p \times U(x_1) + (1-p) \times U(x_2)。$$

这一步的基本思想也十分类似于数学中的二分法，可以用如下的流程框图来清晰地表示这一过程，如图 5-5 所示。

下面通过一个例子来介绍 "N-M" 心理测试法的应用。假设某房地产开发商开发一幢小型商业写字楼，其收益值在 0~500 万元。

第一步是将收益值为 0 时的效用值定为 0，而收益值为 500 万元的效用值定为 1，即

$$U(0) = 0，U(500 \text{万}) = 1$$

第二步是确定其他收益情况下的效用值。首先决策者要在以下两种方案间进行选择。

方案 A：假定获得收益 $x_1 = 0$ 元的概率 $p = 0.5$，同时获得收益 $x_2 = 500$ 万元的概率 $1-p = 0.5$，而且它们相应的效用值分别为 0 和 1。

方案 B：以 100% 的概率获得收益 $x_3(0 < x_3 < 500 \text{万})$。

然后将方案 B 的收益值 x_3 从 0 开始增加，通过提问决策者，当方案 B 的收益值为 140 万元时，对决策者来说，方案 A 和方案 B 没有区别，那么 140 万元就是方案 A 和方案 B 之间的等效点，方案 B 的效用等于方案 A 的期望效用：

$$U(140 \text{万}) = p \times U(0) + (1-p) \times U(500 \text{万})$$
$$= 0.5 \times 0 + 0.5 \times 1$$
$$= 0.5$$

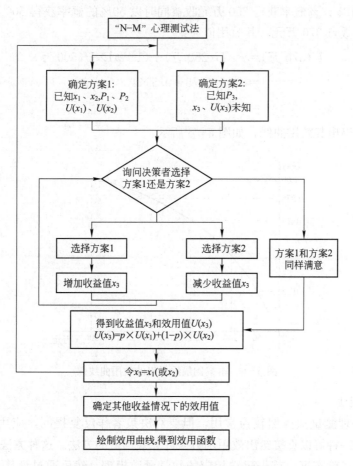

图 5-5 "N-M"心理测试法的应用步骤

按照以上的步骤重复对决策者进行提问，就可以确定更多收益情况下的效用值。比如决策者认为获得 60 万元收益的方案 B 与以 50％概率获得 140 万元收益同时以 50％的概率获得 0 元收益的方案 A 等效，便可以得出 60 万收益情况下的效用值：

$$U(60\ \text{万}) = p \times U(140\ \text{万}) + (1-p) \times U(0)$$
$$= 0.5 \times 0.5 + 0.5 \times 0$$
$$= 0.25$$

当方案 A 为以 50％概率获得 140 万元收益同时以 50％的概率获得 500 万元收益，可以找出方案 B 的等效点 250 万元，其效用值为：

$$U(250\ \text{万}) = p \times U(140\ \text{万}) + (1-p) \times U(500\ \text{万})$$
$$= 0.5 \times 0.5 + 0.5 \times 1$$
$$= 0.75$$

当方案 A 为以 50% 概率获得 250 万元收益同时以 50% 的概率获得 500 万元收益，可以找出方案 B 的等效点 370 万元，其效用值为：

$$U(370 万) = p \times U(250 万) + (1-p) \times U(500 万)$$

$$= 0.5 \times 0.75 + 0.5 \times 1$$

$$= 0.875$$

最终，可以得出其效用曲线，如图 5-6 所示。

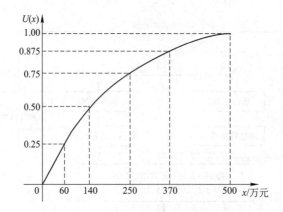

图 5-6 本案例最后得出的效用曲线图

2）数学模型法

"N-M"心理测试法虽然较为常用，但要对决策者作反复提问，应用起来比较麻烦，而数学模型法是一种可以直接给出效用函数来计算效用值的方法。这种方法的基本思想是根据不同决策者的风险态度，首先建立相应的数学函数模型，然后通过计算最终得出效用函数。数学模型法只需要对决策者进行几轮提问即可，因此简便易行。数学模型法的具体应用步骤如下。

（1）确定函数模型

通过与工程项目决策者的谈话及查阅其以往的经历，确定该决策者的风险态度。确定决策者的风险态度后，就要选择恰当的效用函数类型。为了得到较为准确的效用函数，往往假设两个或两个以上符合决策者类型的函数模型。常用的效用函数模型有以下几种。

① 冒险型效用函数。

常用的冒险型效用函数主要是指数型函数。

其函数形式为：$U(x) = a + b^{rx}$

其中，$b > 1$，$r > 0$，a 为常数。

② 保守型效用函数。

a. 指数型效用函数。

函数形式为：$U(x) = a - b^{rx}$

其中，$b > 1$，$r < 0$，a 为常数。

b. 对数型效用函数。

函数形式为：$U(x) = \log_a (bx + c)$

其中，$a > 0$ 且 $\neq 1$，c 与 b 均为常数。

c. 二次效用函数。

函数形式为：$U(x) = x - ax^2$

其中，$x < \dfrac{1}{2a}$，$a > 0$。

③ 中立型效用函数。

中立型效用函数较为简单，可以直接采用一次函数代替，其函数形式可以表示为：

$$U(x) = a + bx$$

其中，$b > 0$，a 为常数。

以上三种决策者常用的函数模型并非全部，只是平时较为常用的几种。而且这些函数形式也不是固定的，函数的类型和参数的多少可以根据实际需要进行变化，尽可能符合决策者的实际情况。

（2）求解函数参数

同"N-M"心理测试法一样，首先根据已知条件确定两个效用值的端点值，即最大效用值和最小效用值。将决策方案最小收益值的效用值定为 0，作为最小效用。将最大收益值的效用值定为 1，作为最大效用。

然后，对决策者用"N-M"心理测试法进行提问，提问的次数由设定的函数模型中参数的多少决定。假设函数模型中共有 m 个参数，那就提问 $m-2$ 轮（因为两个端点是已知的），最后将测试的效用值带入函数模型，求解得到参数值从而求出效用函数。

（3）确定最终效用函数

第一步已经提到，在应用过程中，经常会假设多个函数模型。在求解出具体的函数后，就需要通过进一步的检验确定最终的函数模型。在检验时，继续用"N-M"心理测试法对决策者进行提问，随后将得出的效用值带入函数模型进行检验，不断修正，最终确定效用函数。

课 堂 案 例

学生可以参照效用函数的确定方法，两个人为一组，对以下的案例进行模拟，实际体验效用函数的求解方法。

假设同学甲是投资家，同学乙是咨询师，现要决定是否投资一个风险高但收益也高的项目，在此之前需要确定同学甲的风险态度和效用函数，试用已学过的知识进行案例的设计并做出决策。

5.3 单目标风险决策方法

在工程风险管理中，最简单的决策就是单目标风险决策，在决策时决策者往往只需要考虑一个最主要或者最重要的因素即可，然后通过科学合理的决策方法做出最终的决策。单目标风险决策方法有很多种，此处主要介绍两种常用的决策方法：损益值决策法和效用值决策法。

5.3.1 损益值决策法

当决策者决策时，最常用最简便的方法就是估计各种决策方案带来的收益或风险发生后产生的损失，通过比较选出其中期望收益值最大（或期望损失值最小）的方案作为最优方案，这种方法称为损益值决策法。

具体来讲，假设每种决策方案实施后产生的结果可以用损益值来表示，由于未来的不确定性，每种决策方案实施后会产生不同的损益值，然后根据经验和有关资料可以得出其相应的概率，最后不同的损益值与其概率乘积之和即为决策方案的期望损益值。假设 x_{ij} 表示实施方案 i 后出现结果 j（$j=1,2,\cdots m$）时对应的损益值，$P(\theta_{ij})$ 为第 i 决策方案的 j 风险结果出现的概率值，$E(d_i)$ 为第 i 个方案的期望损益值，则

$$E(d_i) = \sum_{j=1}^{m} x_{ij} P(\theta_{ij}).$$

对于决策者来说，期望收益值最大或期望损失值最小的决策方案即为决策者应该选择的方案。

下面通过一个例题来介绍损益值决策法的具体应用。

假设某承包商面临两个工程项目的投标决策，但由于条件限制，只能选择其一进行投标。根据以往经验和业主提供的信息，可以得到两个工程项目未来的收益或损失以及对应的概率，如表 5-11 所示。请用期望损益值决策法决定选择哪个工程项目。

表 5-1 两个工程项目的利润表

	项目 1			项目 2		
利润（万元）	-50	100	300	-100	150	350
概率	0.2	0.5	0.3	0.1	0.7	0.2

解：投资项目 1 的期望收益值

$$E(d_1) = -50 \times 0.2 + 100 \times 0.5 + 300 \times 0.3 = 130（万元）$$

投资项目 2 的期望收益值

$$E(d_2) = -100 \times 0.1 + 150 \times 0.7 + 350 \times 0.2 = 165（万元）$$

由于 $E(d_1) < E(d_2)$，所以承包商应该选择项目 2。

在工程管理决策中，损益值决策法是较为传统简便的决策方法，但其也有一定的局限性。因为损益值决策的过程中并没有考虑不同决策者的风险态度这一因素，所以最终得出的

方案对任何决策者都是最优的。显然，这在很大的程度上违背了客观规律，不同的项目决策者对待风险的态度不同，即使面临同样情况下的风险，最后做出的风险决策也大不相同。与损益值决策法相对应，下面介绍另一种方法——效用值决策法。

5.3.2　效用值决策法

效用理论在工程风险决策中有着广泛的应用，既适用于单目标风险决策，也适用于多目标风险决策。损益值是指决策方案实施后带来的收益或损失，而效用值是决策者对方案实施结果的主观评价，根据效用理论，最优的方案是期望效用值最大的方案，而不是期望损益值最大的方案。对于单目标的风险决策，可直接利用期望效用最大的决策准则选择决策方案，期望效用值最大的方案即为最优决策方案。假设 $U(x_{ij})$ 为第 i 决策方案的 j（$j=1, 2, \cdots, m$）风险结果的效用值，$P(x_{ij})$ 为第 i 决策方案的 j 风险结果出现的概率值，则 EUV_i 为第 i 个方案的期望效用值，则

$$\mathrm{EUV}_i = \sum_{j=1}^{m} [U(x_{ij}) \cdot P(x_{ij})]$$

期望效用值最大的方案即为决策者选择的最优方案。

面对同一工程风险决策，由于决策者的风险态度不同，所以不同工程项目决策者的期望效用值也不同，最终也会选择不同的最优方案。效用理论用定量的方法描述决策者的风险态度，将其结合决策的过程中，具有很重要的实际意义。效用值决策法的应用步骤如下。

① 首先，求出决策者的效用函数，或者建立决策者的效用曲线，一般通过提问或问卷调查的方式得出。

② 其次，根据效用函数或效用曲线确定决策者关于决策方案不同结果的效用值，从而计算出期望效用值。

③ 最后，根据期望效用值的大小进行判断，期望效用值最大的方案即为最优方案。

下面通过一个简单的案例来说明效用理论在单目标风险决策中的应用。

某国需要在隔海相望的两地之间建立运输通道，现有三种建设方案供政府决策者考虑：跨海大桥（方案1），轮渡（方案2），海底隧道（方案3）。这三个方案各自的风险不同，最终产生的利润也不尽相同。通过风险咨询公司提供的信息，三个方案的开发利润和发生概率如表5-2所示。

表 5-2　不同方案的利润表

跨海大桥（方案1）		轮渡（方案2）		海底隧道（方案3）	
利润/万元	概率	利润/万元	概率	利润/万元	概率
−300	0.30	−200	0.15	−100	0.5
0	0.30	−100	0.25		
200	0.10	100	0.40	200	0.5
400	0.30	300	0.20		

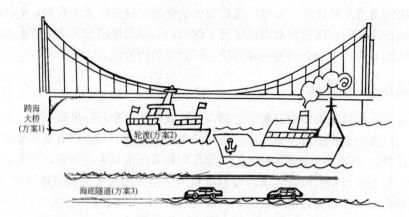

跨海
大桥
(方案1)

轮渡(方案2)

海底隧道(方案3)

本案例将分别对持三种不同风险态度的政府决策者进行分析，进一步验证决策者的风险态度不同，所选择的决策方案也不尽相同。首先通过上节所讲的"N-M"心理测试法，可以得到不同类型决策者的效用曲线，此处不再详细介绍。

（1）当政府决策者是典型的冒险型者时，可以得出决策者对不同利润的效用值，如表5-3所示。

表5-3　冒险型决策者的效用值表

利润/万元	−300	−200	−100	0	100	200	300	400
效用值	0	0.01	0.07	0.20	0.32	0.44	0.60	1

根据上表，可以分别求出该政府决策者对于三个方案的期望效用值：

方案1的期望效用值为

$$\mathrm{EUV}_1 = \sum_{j=1}^{m} [U(x_{1j}) \cdot P(x_{1j})]$$

$$= U(-300) \cdot P(-300) + U(0) \cdot P(0) + U(200) \cdot P(200) + U(400) \cdot P(400)$$

$$= 0 \times 0.30 + 0.20 \times 0.30 + 0.44 \times 0.10 + 1 \times 0.30$$

$$= 0.404$$

方案2的期望效用值为

$$\mathrm{EUV}_2 = \sum_{j=1}^{m} [U(x_{2j}) \cdot P(x_{2j})]$$

$$= U(-200) \cdot P(-200) + U(-100) \cdot P(-100) + U(100) \cdot P(100) + U(300) \cdot P(300)$$

$$= 0.01 \times 0.15 + 0.07 \times 0.25 + 0.32 \times 0.40 + 0.60 \times 0.20$$

$$= 0.267$$

方案3的期望效用值为

$$\mathrm{EUV}_3 = \sum_{j=1}^{m}[U(x_{3j}) \cdot P(x_{3j})]$$

$$=U(-100) \cdot P(-100)+U(200) \cdot P(200)$$

$$=0.07 \times 0.50+0.44 \times 0.50$$

$$=0.255$$

按照期望效用值最大的方案即为最优方案的决策准则，冒险型决策者选择的最优方案为方案 1。

（2）当政府决策者是典型的保守型者时，可以得出决策者对不同利润的效用值，如表 5-4 所示。

表 5-4　保守型决策者的效用值表

利润/万元	-300	-200	-100	0	100	200	300	400
效用值	0	0.55	0.75	0.85	0.92	0.97	0.99	1

根据上表，可以分别求出该政府决策者对于三个方案的期望效用值：

方案 1 的期望效用值为

$$\mathrm{EUV}_1 = \sum_{j=1}^{m}[U(x_{1j}) \cdot P(x_{1j})]$$

$$=U(-300) \cdot P(-300)+U(0) \cdot P(0)+U(200) \cdot P(200)+U(400) \cdot P(400)$$

$$=0 \times 0.30+0.85 \times 0.30+0.97 \times 0.10+1 \times 0.30$$

$$=0.652$$

方案 2 的期望效用值为

$$\mathrm{EUV}_2 = \sum_{j=1}^{m}[U(x_{2j}) \cdot P(x_{2j})]$$

$$=U(-200) \cdot P(-200)+U(-100) \cdot P(-100)+U(100) \cdot P(100)+U(300) \cdot P(300)$$

$$=0.55 \times 0.15+0.75 \times 0.25+0.92 \times 0.40+0.99 \times 0.20$$

$$=0.836$$

方案 3 的期望效用值为

$$\mathrm{EUV}_3 = \sum_{j=1}^{m}[U(x_{3j}) \cdot P(x_{3j})]$$

$$=U(-100) \cdot P(-100)+U(200) \cdot P(200)$$

$$=0.75 \times 0.50+0.97 \times 0.50$$

$$=0.86$$

按照期望效用值最大的方案即为最优方案的决策准则，保守型决策者选择的最优方案为方案 3。

（3）当政府决策者是典型的中立型者时，可以得出决策者对不同利润的效用值，如表5-5所示。

表5-5　保守型决策者的效用值表

利润/万元	−300	−200	−100	0	100	200	300	400
效用值	0	0.14	0.29	0.43	0.57	0.71	0.86	1

根据上表，可以分别求出该政府决策者对于三个方案的期望效用值：

方案1的期望效用值为

$$EUV_1 = \sum_{j=1}^{m} [U(x_{1j}) \cdot P(x_{1j})]$$
$$=U(-300) \cdot P(-300)+U(0) \cdot P(0)+U(200) \cdot P(200)+U(400) \cdot P(400)$$
$$=0×0.30+0.43×0.30+0.71×0.10+1×0.30$$
$$=0.50$$

方案2的期望效用值为

$$EUV_2 = \sum_{j=1}^{m} [U(x_{2j}) \cdot P(x_{2j})]$$
$$=U(-200) \cdot P(-200)+U(-100) \cdot P(-100)+U(100) \cdot P(100)+U(300) \cdot P(300)$$
$$=0.14×0.15+0.29×0.25+0.57×0.40+0.86×0.20$$
$$=0.493\ 5$$

方案3的期望效用值为

$$EUV_3 = \sum_{j=1}^{m} [U(x_{3j}) \cdot P(x_{3j})]$$
$$=U(-100) \cdot P(-100)+U(200) \cdot P(200)$$
$$=0.29×0.50+0.71×0.50$$
$$=0.50$$

按照期望效用值最大的方案即为最优方案的决策准则，中立型决策者选择的最优方案为方案1或方案3。

5.4　多目标风险决策方法

在实际的工程风险管理过程中，决策者面临的大都是多目标风险决策问题，例如投资决策时要综合考虑工期、造价、环境保护等多种目标。而且风险管理的决策方案往往也不是唯一的，如基础开挖中的降水过程，既可以采用井点式降水，也可以采用地下连续墙挡水。多目标风险决策问题不同于单目标风险决策问题。在单目标风险决策中，评价一个方案优劣的目标只有一个，只要根据方案的目标评价值，就能得出最优的方案。而在多目标决策中，对方案的评价需从多个目标入手，而且各个目标之间关系不确定，有可能相互制约，也有可能毫无关联，因此将单目标最优解的概念平移到多目标决策问题中是不恰当的。多目标风险决策在选择实施方案时应综合考虑不同方案的各个目标，采用适当的决策方法，最终得出最优方案。在理论上，多目标风险决策方法很多，但在工程风险管理中可以应用的却很少。下面介绍实际应用中常用的两种多目标决策方法：效用值决策法和优劣系数法。

5.4.1　效用值决策法

效用值决策法较为简单，也容易理解，它的理论基础依然是效用理论，其基本原理就是将多目标风险决策问题转化为单目标风险决策问题。首先是将各种评价目标进行量化，确定单个目标的效用值，然后通过加权求和等方法得出各个方案的综合效用值，最后根据期望效用值最大原则选出最优方案。

具体来讲，假设某一风险决策问题共有 i 个方案，每个方案的评价目标共有 $j(j\geqslant 2)$ 个，第一步先确定不同方案下各个评价目标的效用值 DV_{ij}，然后根据函数关系求得各个方案的综合效用值。方案 i 的综合效用值可表示如下：

$$U_i = U(\mathrm{DV}_{i1},\ \mathrm{DV}_{i2},\ \cdots,\ \mathrm{DV}_{ij})$$

当决策问题中的各个评价目标相互独立时，可以通过加权求和的方法求得综合效用函数，设方案 i 的评价目标 j 的重要性系数为 k_{ij}，则方案 i 的综合效用函数为：

$$U_i = k_{i1}\mathrm{DV}_{i1} + k_{i2}\mathrm{DV}_{i2} + \cdots + k_{ij}\mathrm{DV}_{ij}$$

最后选取期望效用值最大的方案作为最优方案，从而解决多目标效用决策问题。

在很多情况下，如果各评价目标相互独立，从而采用"加性效用函数模型"就能够取得较高的可靠度。而当各评价目标不相互独立时，多目标效用函数还可以采用其他的形式，如乘积形式等，它们都在实践中具有较广的应用范围。

5.4.2 优劣系数法

优劣系数法（Electre）是由贝纳尤恩（Benayoun）等人提出的，主要通过制定一个评价准则，逐步淘汰各个方案，从而最后确定一个较为满意的有效方案。由于优劣系数法可操作性较强，并综合了专家参与以及数据模型的优点，所以在工程项目投资风险决策中应用较为广泛。

优劣系数法的基本思想是：先对备选方案进行两两比较，计算出各方案的优系数和劣系数。然后根据优系数和劣系数的大小，通过逐步降低优系数标准和逐步提高劣系数标准，而逐一淘汰不理想的方案，最后剩下的方案即为最优方案。其具体步骤可分为以下五步。

① 确定方案各评价目标的重要性系数。

通过风险分析和风险评价，易得各方案评价目标的重要性系数。

② 数据归一化处理。

因为各评价目标取值的计量单位不一样，所以在进行运算之前要进行数据的归一化处理，将各个值都化为 1～100 之间的数量目标值。现共有 i 个决策方案，评价目标用 $k(k=1, 2, \cdots, p)$ 表示，则方案 i 的评价目标 k 的评价结果为 y_{ik}，进行归一化处理后的评价值为 Y_{ik}。规定如下，在各方案中，对于评价目标 k，决策者最为满意的方案的原评价值为 A，归一化后的值为 100；决策者最为不满意的方案的原评价值为 B，归一化后的值为 1。且规定计算式如下所示：

$$Y_{ik}=\begin{cases} 1 & \text{当 } y_{ik}=B \text{ 时} \\ 100 & \text{当 } y_{ik}=A \text{ 时} \\ \dfrac{99(y_{ik}-B)}{A-B}+1 & y_{ik} \text{ 为目标 } k \text{ 下方案 } i \text{（除最优和最差方案）的原评价值} \end{cases}$$

③ 计算优系数。

所谓优系数，是指方案 i 优于方案 j 的评价目标的重要性系数之和，用 C_{ij} 表示。由定义易得，$C_{ij}+C_{ji}=1$。优系数的最好标准是 1。

优系数只方案 i 优于方案 j 的目标个数，以及这些目标的重要性，而不反映方案 i 优于方案 j 的程度。为了综合比较各方案的优劣，还需计算劣系数。

④ 计算劣系数。

所谓劣系数，是根据方案 i 和方案 j 的优极差和劣极差来计算，它等于劣极差除以优极差与劣极差之和，用 D_{ij} 表示。优极差是指方案 i 优于方案 j 的那些目标中评价值相差最大者，用 L_1 表示；而劣极差则指方案 i 劣于方案 j 的那些目标中评价值相差最大者，用 L_2 表示。则方案 i 劣于方案 j 的劣系数 $D_{ij}=\dfrac{L_2}{L_1+L_2}$。由定义可得，$D_{ij}+D_{ji}=1$。劣系数只反映目标劣的程度，不反映劣的目标数。劣系数的最好标准是 0。

⑤ 选择最优方案。

优劣系数法是根据优劣系数逐步淘汰不理想的方案。假设方案 A 和方案 B 相比较，当方案 A 对于方案 B 的优系数大于 P 值，劣系数小于 q 值时，则淘汰方案 B。然后再同步逐一地减少 p 值，增大 q 值，并逐步淘汰方案，最后即可得到最优方案。

下面通过一个案例来介绍一下优劣系数法在工程投资风险决策中的应用。

某承包商新建一化工厂，提出了三种方案：A、B、C。根据以往的经验，承包商列出了 4 个最需要考虑的评价目标：造价，工期，利润率，环境污染程度（共分 1—5 等级，5 为最重，1 为最轻）。其权重分别为 0.3，0.3，0.25，0.15。三种方案的评价目标情况如表 5 - 6 所示。

表 5 - 6 三种方案的四种评价目标情况表

	造价/万元	工期/年	利润率/%	环境污染程度
方案 A	100	6	20	2
方案 B	80	5	25	3
方案 C	70	4	14	5
权重	0.30	0.30	0.25	0.15

由于本案例中已经给出了各个评价目标的重要性系数，所以下面直接从数据归一化入手。

① 数据归一化。

以造价为例，在三个方案中，方案 C 造价最低，只有 70 万元，故其评价值 $Y_{31}=100$。方案 A 造价最高，共 100 万元，故其评价值 $Y_{11}=1$。则根据归一化原则方案 B 的评价值

$$Y_{21}=\frac{99(y_{21}-B)}{A-B}+1=\frac{99\times(80-100)}{70-100}+1=67$$

同样的，对于工期来言，方案 C 最短，仅为 4 年，所以其评价值 $Y_{32}=100$。方案 A 工期最长，故 $Y_{12}=1$。方案 B 的评价值 $Y_{22}=\frac{99(y_{22}-B)}{A-B}+1=\frac{99\times(5-6)}{4-6}+1=50.5$

同理可得三个方案关于利润率和环境污染程度的评价值。

由此可以得到经过归一化处理的评价目标表，如表 5 - 7 所示。

表 5 - 7 归一化后的评价目标表

	造价/万元	工期/年	利润率/%	环境污染程度
方案 A	1	1	55	100
方案 B	67	50.5	100	67
方案 C	100	100	1	1
重要性系数	0.30	0.30	0.25	0.15

② 计算优系数。

首先以方案 A 与方案 B 为例，从上表中可得，方案 A 仅有第四目标（环境污染程度）

优于方案 B，故 $C_{AB}=0.15$，则 $C_{BA}=0.85$。方案 A 与方案 C 相比，方案 A 第三目标（利润率）和第四目标（环境污染程度）优于方案 C，故 $C_{AC}=0.40$，则 $C_{CA}=0.60$。方案 B 与方案 C 相比，方案 B 第三目标（利润率）和第四目标（环境污染程度）优于方案 C，故 $C_{BC}=0.4$，则 $C_{CB}=0.6$。

通过上述分析可得到优系数计算表，如表 5-8 所示。

表 5-8 优系数表

优系数	方案 A	方案 B	方案 C
方案 A	—	0.15	0.40
方案 B	0.85	—	0.4
方案 C	0.60	0.6	—

③ 计算劣系数。

还是先以方案 A 与方案 B 为例，方案 A 仅有第四目标（环境污染程度）优于方案 B，所以优极差 $L_1=100-67=34$；方案 A 的第一、第二、第三目标都劣于方案 B，所以劣极差 $L_2=\max\{(67-1),\ (50.5-1),\ (100-55)\}=66$。故方案 A 劣于方案 B 的劣系数 $D_{AB}=\dfrac{L_2}{L_1+L_2}=\dfrac{66}{34+66}=0.66$，则 $D_{BA}=0.34$。

比较方案 B 与方案 C，优极差 $L_1=99$，劣极差 $L_2=49.5$，故 $D_{BC}=0.33$，则 $D_{CB}=0.67$。

比较方案 A 与方案 C，优极差 $L_1=99$，劣极差 $L_2=99$，故 $D_{AC}=0.50$，则 $D_{CA}=0.50$。

通过上述分析可得到劣系数计算表，如表 5-9 所示。

表 5-9 劣系数表

劣系数	方案 A	方案 B	方案 C
方案 A	—	0.66	0.50
方案 B	0.34	—	0.33
方案 C	0.50	0.67	—

④ 选择最优方案。

先选定数对（0.8，0.4），由优系数和劣系数表可知，方案 B 和方案 A 相比，优系数（$C_{BA}=0.85$）大于 0.8，劣系数（$D_{BA}=0.34$）小于 0.4，因此淘汰方案 A。然后逐步减少优系数值，增大劣系数值至（0.5，0.7），此时比较方案 C 和方案 B，优系数（$C_{CB}=0.6$）大于 0.5，劣系数（$D_{CB}=0.67$）小于 0.7，故淘汰方案 B，最后得到方案 C 为最优方案。

复习思考题

1. 工程风险决策的定义及关键要素是什么？

2. 简述工程风险决策的程序。

3. 决策者对待风险有哪几种态度？工程项目不同参与单位是怎么对待工程风险的？

4. 效用曲线的分类有哪几种？各有什么特点？

5. 效用函数的确定方法通常有哪两种？试归纳"N-M"心理测试法的应用步骤。

6. 单目标风险决策方法一般有哪两种？单目标效用决策方法的应用步骤是什么？

7. 多目标风险决策与单目标风险决策有什么不同？多目标风险决策方法有哪些？

8. 优劣系数法的基本思想是什么？是如何在实际工程风险决策中应用的？

第 6 章　工程风险的应对与监控

上海轨道交通六号线某车站围护结构采用明挖顺作法施工。在开挖过程中，通过远程风险监控系统发现该基坑测斜数据出现明显的踢脚现象，至 2005 年 3 月 7 日，处于同一横断面的 CX31 和 CX32 孔墙脚出现明显位移，且呈加速破坏情况。监控中心及时地将信息反馈给施工现场，现场技术人员根据以往的工程经验和数据挖掘的成果判断，基坑处于十分危险的状况。再由当天的测斜数据得知 CX31 和 CX32 的型钢弯矩安全储备值接近设计弯矩，与数据评判的最危险点相符，验证了该处存在工程危险。相关职能部门得到监测报告后，立即实施相应的风险应对计划，成功有效地阻止了工程事故的发生。

6.1　工程风险的应对

6.1.1　工程风险应对计划

1. 工程风险应对计划概述

工程风险应对计划是继风险识别、风险估计、风险评价与决策之后，为降低风险的负面效应而制订风险应对策略和技术手段的过程。风险应对计划必须与风险发生的时间、概率、可能造成的后果，以及成功实现项目目标的有效性相适应。一般而言，针对某一风险通常先制定几个备选的应对策略，然后从中选择一个最优的方案，或者进行组合使用。有时由于条件的变化，也可以先保留多个理论可行的应对策略，将来根据具体情况进行选择。

2. 制定风险应对计划的依据

1）风险管理计划

风险管理计划是规划和设计如何进行工程风险管理的文件。计划包括了工程风险的描述以及整个工程项目生命周期内的风险识别、风险估计与评价、风险应对策略等方面。

2）工程的特性

工程风险的应对措施主要是根据工程的特性制定的，如果施工技术比较成熟或客观环境比较稳定，则应对计划可以相对宽松一些。反之，如果施工技术比较新颖或工程项目所处环境较严峻，则应对计划应该尽可能细致一些。

3）风险的识别清单

风险的识别清单中记录了工程项目的大部分风险因素及其成因，对于制定风险应对计划具有不可替代的作用。要注意的是，想要通过风险识别得到工程的所有风险因素是不可能的。因此，在风险应对计划中还应该体现出残余风险及其他未识别风险的应对措施。

4）风险的评估清单

通过风险评估得到的风险量化结果是制定风险应对计划的重要依据。将风险按照发生概率、影响程度、损失大小进行排序，对于不同等级的风险分别提出相应的处理措施。

5）主体的抗风险能力

客观上主体的抗风险能力是指工程项目参与方承担风险的能力，如建设单位的财力、施工单位的管理水平等。一般来说，不同风险承担主体所采取的风险应对措施也有所不同。主观上主体的抗风险能力是指决策者对风险的理解和偏好程度，对于同样的风险水平，不同的决策者做出的感知往往不同。因此在制定应对计划时，既要考虑项目的风险水平，还要考虑参与方的风险承担能力及决策者的风险态度。

6）可供选择的风险应对措施

工程上常用的风险应对策略主要有四种：首先是从源头上切断风险发生的可能性，即风险回避；其次是通过一些恰当的途径将风险转移到其他主体上，即风险转移；如果风险一旦发生，则可以采取一些措施使风险损失尽可能地降低，即风险缓和；对于某些风险，决策者还可以采取风险自担的行为，即风险自留。在制定风险应对计划时，应该根据某一具体风险的特性及以往的决策数据，选择恰当的应对策略及具体的应对措施，可以是一种，也可以组合使用。四种应对策略将在接下来的几节中具体介绍。

3. 制定风险应对计划的原则

1）适当性

所选择的应对措施应该与工程的复杂度和风险的严重程度相匹配，既要避免措施不力的情况发生，也要避免实施风险措施时的资源浪费。

2）及时性

风险应对计划中所制定的各项应对措施应该能够及时有效地将风险降低至目标范围内。

3) 一致同意

涉及风险应对的各方都应该熟悉并认同应对计划中所提出的措施。

4) 责任明确

制定应对计划后，无论是风险分担还是风险自留，每种风险都应该有其相应的负责人。

5) 最佳方案

风险应对计划中应该体现出众多措施中最符合该风险的方案。

4. 制定风险应对计划应考虑的因素

1) 风险的分配

风险分配的合理与否将直接影响风险应对计划的实施效果，因此应该将其分配给能够对该风险进行有效控制并承担相应后果的一方。如果说风险是不可控制的，那么必须明确该风险由谁承担。

2) 残余风险

残余风险是采取了回避、转移和缓和应对措施后残留的风险。它包括已经被接受的和处置过的次要风险。在制定应对计划时，应考虑残余风险是否在可接受的范围内以及其处置方式。

3) 二次风险

二次风险是指由于实施某一风险的应对措施而导致的新风险。采取风险应对措施后，往往会改变工程原有的环境条件甚至施工技术，这就导致了二次风险的产生。在应对措施实施的过程中，应及时识别和评估二次风险，建立识别和评估清单，并制定相应的应对计划。二次风险给工程带来的影响可能比原风险还要大，因此在制定应对计划时，应避免或减少二次风险的产生。一旦产生，就应该引起足够的重视。

4) 合约和协议

为了避免或者减轻纠纷，在制定风险管理的一些合同、协议时应该尽可能地明确双方各自承担的责任，包括一些保险、服务方面的相互责任。合同、协议的条款也应该尽量清晰、具体。

5) 时间、成本及资源的消耗

风险应对计划涉及备用的时间、成本或资源的消耗，因此在制定成本分析、工期安排及资源需求计划时应将这些备用消耗考虑进去，以便于风险应对计划的顺利实施。

5. 风险应对计划的内容

工程风险应对计划是对工程风险应对的目标、任务、步骤、责任和措施等内容的全面概括。风险应对计划应该尽量详细并具有可操作性，一般包括以下内容。

① 对已识别的工程风险的基本信息进行描述，包括风险名称、风险编号、风险概率、风险等级等。

② 对风险的原因及其可能造成的损失进行描述，使风险管理者进一步了解该风险的情况。

③ 进行风险责任分配。明确各类工程风险的承担主体及其在风险管理中应承担的职责。风险的承担主体一般包括业主、设计方、承包商、监理、保险公司、银行等。

④ 针对每项风险，提出预防其发生所采取的应对措施，既可以是一种，也可以是多种。

⑤ 风险发生时采取的应对措施。

⑥ 残余风险及二次风险的处理方法。实施应对措施的同时，经常伴随着残余风险和二次风险的产生，在风险应对计划中应对其进行分析，并说明处理方法。

⑦ 实施应对措施所需资源的消耗，包括费用预算、时间进度和技术要求等方面。

针对每个具体风险可以制定相应的风险应对计划表，格式如表6-1所示。

表6-1 ××风险应对计划表

文档编号		填表人		填表日期	
项目名称				项目经理	
风险名称				风险编号	
风险提出人		提出日期		风险负责人	
风险概率				风险等级	
风险产生的原因					
风险影响的描述					
为防止风险发生所应采取的措施					
风险发生时的应对措施					
残留风险的处理方法					
二次风险的处理方法					
应对风险的资源安排					

6. 制定风险应对计划的基本程序

风险应对计划是指通过制定一系列的风险应对措施，为保证项目总目标如期进行而采取的一系列管理活动。制定风险应对计划一般遵循以下程序，如图6-1所示。

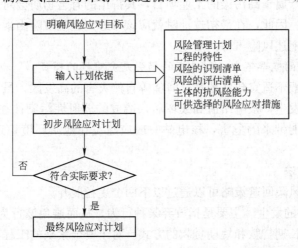

图6-1 制定风险应对计划的基本程序

① 明确风险应对目标。风险管理者首先应该明确工程建设的总体目标，在此基础上确定风险应对的目标。例如，实施风险应对措施后，残余风险应该控制在什么范围内。

② 输入风险应对的依据。包括风险管理计划、工程的特性、风险的识别清单、风险的评估清单、主体的抗风险能力及可供选择的风险应对措施等。

③ 制定初步的风险应对计划。

④ 判断风险应对计划是否符合工程的实际要求。如果是，则形成最终的风险应对计划。否则，对原来的应对计划进行修订完善，或者制定新的计划。

6.1.2 风险回避

1. 风险回避的内涵

风险回避是指风险潜在威胁发生的可能性较大、后果较严重、又没有其他策略可用时，通过主动放弃工程或变更项目计划来中断风险源，从而消除工程风险产生的条件，遏制风险事件的发生，保证工程建设目标的实现。

从风险管理的角度看，风险回避是一种最彻底地消除潜在风险影响的方法。须注意的是，工程建设中的风险是不可能全部消除的，但对某些特定风险而言，借助风险回避的方法仍可以避免某些特定风险的发生。

2. 风险回避的适用范围

风险回避并不是在任何条件下都可以使用的，当工程项目遇到以下几种情形时，可考虑采用风险回避策略。

1) 风险事件发生的概率很大且潜在损失很严重的项目

例如，陕西某冶炼企业建在一个人口密集的村庄附近，其工业生产排出的废水、废气等污染物致使村庄内上百名儿童血铅超标。对于这起事故，该冶炼项目的决策者负有不可推卸的责任。金属冶炼生产属于高污染的工业项目，其排出的有害物质会对周边的居民、动物及环境产生严重的危害。因此，在最初选址时就应该考虑到这些风险因素，将工厂建在人烟稀少的地方，从而避免上述风险事件的发生。

2) 风险事件发生的概率不大，但造成的损失是灾难性的项目

例如，核电站一般不适宜建在地震、海啸等自然灾害的高发区，虽说这些风险事件发生的概率不大，可一旦发生，核电站遭到破坏后，造成的放射性污染往往是灾难性的。因此，为了回避此类风险可能带来的危害，核电站一般应建设在地质环境稳定且远离城镇居民的地区。

3. 风险回避的方法

在工程建设中，风险回避策略可以通过以下两个途径展开。

① 避免风险事件的发生。主要是指放弃某种行为，从而避免该行为带来的风险。例如，项目融资通常可采取长期贷款和短期贷款的方式。对于资金紧缺的工程项目而言，应该尽量采用长期贷款，这在一定程度上可避免由于短期贷款而造成资金链断裂的风险。再如，在选

择施工技术时也应尽可能选择工艺成熟的方法，这样可以从源头上避免新方法应用失败带来的潜在风险。

②避免风险发生后可能造成的损失。在工程建设过程中，还应采取一些预防措施，以避免某种特定风险事件发生后所带来的损失和危害。例如，要求进入施工现场的人员必须佩戴安全帽，以防止高空坠物造成的伤害。

具体来说，风险回避策略可采取终止法、工程法、程序法和教育法等4种方法。

1）终止法

这是风险回避的基本方法，是指通过放弃、中止或转让项目以避免潜在风险的发生。

（1）放弃项目

在工程项目实施前，通过科学地分析发现该工程存在较大的潜在风险，因而放弃该项目的实施。例如，在某项国际工程的招投标过程中，某承包商经过调研和分析发现，该项目所在国的政治风险过大，因而主动拒绝了业主的招标邀请。

（2）中止项目

在工程项目的实施过程中，如果存在预期无法承担的风险事件或该类事件已经发生，此时应立即停止该项目的执行，从而避免遭受到更大的损失。例如，某承包商参与某城市供水系统改造项目的投标，开标后发现自己的报价远远低于其他承包商的报价，经仔细分析发现自身的报价确实存在严重的误算和漏算，因而决定拒绝与业主签订施工合同，将项目让与第二中标候选人。这种行为虽然会遭受到被业主没收投标保证金的惩罚，但其损失也远远小于执行项目后造成的严重亏损。因而这种做法也是合理可行的。

（3）转让项目

有时候工程项目前期投入较大，业主经过分析发现，放弃或停止项目的损失巨大，那么能将项目转让出去也是一个不错的选择。因为不同的企业有各自不同的优势，其风险承受能力也是不同的，因此相信会有其他企业接受该项目并且获得赢利。

2) 工程法

工程法是指在工程建设过程中，结合具体的工程特性采取一定的工程技术手法，避免潜在风险事件的发生。主要通过以下两种途经展开。

（1）通过技术手段避免风险事件的发生

例如，在基坑开挖的施工现场周围设置栅栏，洞口临边设防护栏或盖板，警诫行人或者车辆不要从此处通过，以防止发生安全事故。

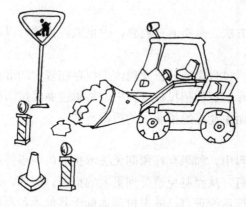

（2）通过技术手段消除已经存在的风险因素

例如，移走动火作业附近的易燃物品，并安放灭火器，避免潜在的安全隐患发生。

须注意的是，采用工程法回避风险时需要消耗一定的资源和费用。同时，任何工程措施均是在由人设计和实施的，因此在使用工程法的过程中要充分发挥人的主导作用。此外，任何工程技术手段都有其局限性，并不是绝对可靠或安全的。因此，应将工程技术手段和其他措施结合起来使用，以达到最佳的风险回避效果。

3) 程序法

程序法是一种无形的风险回避方法。是指通过具体的规章制度制定标准化的工作程序，对项目活动进行规范化管理，以尽可能避免风险的发生和造成的损失。例如，塔吊操作人员需持证上岗并严格按照操作规程执行任务。

宏观层面，我国已经形成一套较为完整的工程建设基本程序。对于所有工程而言，工程建设的每个阶段完成后，都需要进行严格的检查和验收，以防给工程主体留下质量和安全隐患。微观层面，工程项目的施工过程是由一系列作业组成的，有些作业之间存在着严格的逻辑关系，因此在工程施工中要求严格按照规定的工序施工，不能随意安排，以避免工程风险的发生。

4）教育法

教育法是指通过对项目人员广泛开展教育，提高参与者的风险意识，使其认识到工作中可能面临的风险，了解并掌握处置风险的方法和技术，从而避免未来潜在工程风险的发生。例如，在某个分项工程开工前安排施工人员接受专业技能培训及安全意识教育。

4. 风险回避的局限性

对于工程项目而言，风险回避可以从源头上避免风险发生，从而避免遭受损失。因为风险因素的复杂性和关联性，一个工程或工程方案可能面临多个风险因素且不可能完全消除，只能是根据风险事件的特性和发生的规律有选择性地回避。而且，某些情况下的风险回避是一种消极的风险处理方式，它的局限性体现在以下四个方面。

①回避风险的同时也可能会失去从中获益的可能性。俗话说，风险与收益成正比。特别是对于投机风险来说，如果中断与风险源的联系，往往也意味着失去了获得风险背后的收益。处处回避，事事回避，其结果只能是停止发展。例如，在涉外工程中，由于缺乏有关外汇市场的知识和信息，为避免承担由此而带来的经济风险，决策者决定选择本国货币作为结算货币，从而也失去了从汇率变化中获利的可能性。因此，如果企业想生存、图发展，又想回避其预测的某种风险，最好的办法是采用除回避以外的其他策略。

②中途停止工程建设或某项方案的实施，往往需要付出很大的代价。例如，2005 年巴基斯坦发生部族骚乱，我国在当地的一个水电工程受到严重影响，在当局的保护下我国 70 多名工程师回国，整个工程项目被迫中止，整个工程受到严重的损失。

③回避一种风险可能产生另一种新的风险。例如，为了避免新技术应用失败带来的风险而采取成熟的技术。但即使是相当成熟的技术也存在一定的不确定性，可能蕴含着新的风险。

④ 阻碍新技术的应用和创新思维的发展。任何新生事物都有逐渐完善并且日臻成熟的过程。例如，在新的建筑技术推广应用的初期，或多或少会有不确定性因素的存在，可能给工程项目带来难以预测的风险。但是决策者不应该因为风险的存在就完全放弃对新技术的采用，而应对其潜在风险进行深入全面的研究，并提出合理的应对措施。

6.1.3 风险转移

1. 风险转移的内涵

风险转移是指风险承担者通过一定的途径将应对风险的权利和责任转移给其他承担者。当有些风险无法回避、必须直接面对，而风险应对者又无力承担时，转移风险就是一种有效的策略。因此，选择适当、合理的风险转移策略，是一种高水平管理的体现。在工程建设过程中，可选择的风险转移的方法多种多样，如选择合同转移、进行工程分包、购买工程保险等。

2. 风险转移的原则

进行风险转移的目的并不是消除它，而是将风险的管理责任交给另一方。制定风险转移策略时应遵循三个原则。

1) 将风险转移给最有能力承担的一方或多方

根据交易理论，风险接受方的风险承担能力应大于风险转移方。因为只有这样，风险转移之后，才可能产生更好的应对效果，接受方甚至可有将风险转化为获利的机会。

2) 风险承担者能够得到相应水平的收益

风险转移并不意味着接受方肯定会遭受风险损失。在某些情况下，风险的转移者和接受者甚至都可能会得到回报。例如，许多发达国家实行强制工程保险制度，形成了工程建设的良性循环。建设单位将风险转移给保险公司，一方面，不仅可以获得保险公司提供的专业化风险管理服务，而且一旦风险事件发生，还可以向其进行理赔。另一方面，保险公司在进行正常理赔业务的同时，还可以在收取保险费后进行资金运作，使这笔基金增值，以赚取利润。

3) 风险转移的措施正当合法

风险转移措施应当遵守当前国家的法律规定。例如，在我国工程建设领域，非法转包或肢解分包的现象时有发生，这种行为不仅破坏了合同关系的稳定性和严肃性，还会导致建设工程管理秩序混乱，甚至造成重大的质量安全事故。

3. 风险转移的方法

工程风险的转移方法可分为保险转移和非保险转移两种方式。工程保险转移是借助第三方——保险公司来转移风险。同其他风险方式相比，工程保险转移风险的效率是比较高的。大多数发达国家普遍开展了工程保险制度，但国内工程投保比率并不高。随着建筑市场和保险市场的进一步发展，工程保险必将成为风险转移的主流方式。有关工程保险的知识将在下一章详细阐述。

在工程的建设过程中，还可以使用非保险转移的方法，如合同条款、工程担保、工程分包等来转移风险。

1）合同条款

合同转移是工程建设实践中采取较多的风险转移方式之一。例如，如果建设单位认为未来的通货膨胀风险难以推测，则可采取制订总价合同方式将其转移给施工单位。对于施工单位来说，为了避免在施工过程中承担非自身风险造成的损失，也可利用合同条款向业主索赔，弥补损失。此外，为了有效地进行索赔，还应在签订合同时将工程实施期间各种可能出现的问题及其解决办法做出详细规定，以便双方能清楚地认识到各自在施工合同中承担的义务和享有的权利，使工程风险通过合同在二者之间进行合理分配。

例如，某公路工程项目位于东非某国北部地区，由于该地区的安全状况不稳定，政府军和反政府武装之间的武装冲突时有发生，整个建设工期有 2/3 的时间处于军方实施的"半宵禁"状态，造成了严重的工程延期。为此，施工单位在合同规定的时间内向工程师提出了索赔，依据合同条款主张自己的权利，合理避免了由于拖延工期可能引起的惩罚。

与工程保险需向被转移方支付一定的保险费不同，合同转移不必支付额外的费用，因此其转移费用也相对较低。

2）工程担保

工程担保是指保证人按工程合同一方（债务人）的要求，向另一方（债权人）作出的书面承诺，当债务人无法完成合约中规定的承诺或义务，以致债权人遭受损失时，由保证人在一定期限内代为履约或付出其他形式的赔偿。工程担保涉及三方契约关系，承担保证的一方为保证人（Surety），主要为从事保证担保业务的担保公司、银行、保险公司等；接受保证的一方为权利人（Obligee），或称债权人；对于权利人具有某种义务的一方为被保证人（Principal），或称债务人。三方的关系如图 6 - 2 所示。

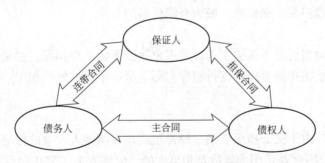

图 6 - 2　工程担保中三方关系图

目前国内工程建设领域实施的担保内容主要包括：承包商需提供的投标、履约、预付款和保修担保，业主需提供的支付担保，以及承包商和业主都应进一步向保证人提供的反担保。

（1）投标担保

投标人在投标报价截止日期前，需向业主提交投标保证金或投标保函，保证一旦中标则签订工程承包合同。建设单位通过投标担保的方式将招标失败的损失转移给了保证人或投标单位，因而能对投标单位的投标行为起到约束作用。投标担保金额应为标价总额的 1％～2％，对于小额合同可按 3％计算，在报价最低的投标人很有可能撤回投标的情况下，投标保证担保金额可以高达 5％。招标人与中标人签定合同后 5 个工作日内，应当向中标人和未中标的投标人退还投标保证金。

（2）履约担保

履约担保是为了保证承包商履行承包合同所作的一种承诺，可将承包商不履约的风险转移给保证人。如果承包商不能履行合同义务，且不承担对建设单位造成的损失，保证人则需代其作出相应的经济补偿。履约担保是最重要的工程担保之一，且其担保金额也较大，一般为合同价格的 10％～25％。例如，英国土木工程师协会 ICE 和 FIDIC 的合同条款中，履约保函金额一般为合同价格的 10％；世界银行对于履约保证担保金额通常定为合同价格的 25％～35％；美国联邦政府工程则规定履约保证担保金额必须为合同价格的 100％。

（3）预付款担保

在工程开工建设之前，业主需要预先支付一定数额的工程款以供施工单位周转使用。为了确保施工单位真正将这笔资金用于工程建设中，防止其将资金挪作他用或携款潜逃，需要有保证人为其提供预付款担保，这样建设单位就将该风险转移给了保证人。应注意的是，随着业主按照工程进度支付工程价款并逐步扣回预付款，预付款担保责任随之逐步降低直至最终消失。预付款担保金额一般为工程合同价格的 10％～30％。

（4）保修担保

在工程保修期内可能出现由施工单位造成的质量缺陷，为保证施工单位认真维修，承包商需向业主提供保修担保，保修金一般为合同价格的 5％。

（5）支付担保

支付担保是针对当前业主拖欠工程款的现象而设置的一种担保。如果业主不履行支付义务，则应由保证人承担担保责任。支付担保实际上是业主方的履约担保，是我国特有的一种担保形式。

（6）反担保

在工程项目中，由于保证担保金额一般都很高，而保证人收取的保证担保费一般不足保证担保金额的 5％，因此其承担的风险是相当大的。保证人为了防止向债权人赔付后不能从债务人处获得补偿，可以要求债务人以其自有资产、银行存款、现金、有价证券或通过其他保证人等方式提交反担保，作为保证人出具保证的前提条件。一旦出现代为赔付的情况，保证人可以通过反担保追偿因提供保证而导致的经济损失。

工程担保制度的实质是利用利益约束机制转移各类问题，它建立在被担保人的信用等级和履约能力上，依靠的是一种信用机制。目前，我国工程担保还处于初级阶段，未来的工程担保市场还有很大的发展空间。

3）工程分包

建设工程分包是社会化大生产条件下专业化分工的必然结果。在工程建设过程中，对某些特殊的施工项目，施工总承包单位可能由于自身施工技术经验不足，而面临较大的施工风险。在这种情况下，总承包单位可将其转移给专业化施工单位进行建设。这样一来，不仅可以更好地实现工程建设管理的目标，而且可转移潜伏在本项工程中的风险，因而对于总承包单位而言是一个很好的选择。

以三峡工程为例，该工程投资规模巨大，包括了土建工程、建筑安装工程、大型机电设备工程、大坝安全监测工程等专业工程。作为总承包单位，其专业技术水平毕竟是有限的，因此有必要选择一些分包单位进行工程分包。例如，仅三峡水利枢纽一期工程就包含了 374 个分包项目，由 12 个主要施工企业中标分包，总金额高达 47.4 亿元人民币。通过工程分包的方式，不仅可以充分发挥分包商的专业技术优势，而且还使总承包单位将施工过程中一些风险转移给分包单位。可以说，三峡工程的项目分包形式既是业主和总承包单位的要求，也是工程特点的要求。

由此看来，采用工程分包进行风险转移，主要有以下两方面的意义。第一，在建筑市场分工逐渐细化的背景下，将工程分包给专业施工单位可以充分发挥其技术优势，提高整个施工生产的效率。另一方面，承包单位将工程分包单位的同时，也将工程潜在风险转移出去。这种对原承包人具有风险的施工内容，对分包人不一定存在风险，甚至还可能有机会存在。

4. 风险转移的局限性

工程非保险风险转移是一种较为灵活的风险转移方式，几乎不需任何直接成本，但在某些方面也存在一些局限性。

① 工程非保险风险转移受到国家法律和标准化合同文本的限制。工程转包是一种十分典型的工程非保险风险转移的方式，但我国法律明确规定不允许工程转包；对于工程分包，我们国家法律法规也明确规定主体工程不能分包。因此，对这两种情况，在一定程度上限制了风险转移策略的应用，面对这些政策性限制，承包商还需采取其他策略。

② 工程非保险风险转移存在一定的盲目性。一方面，风险转移策略是建立在风险分析的基础上的，若所用的信息不准，盲目地转移风险，则可能会失去盈利机会。另一方面，若风险转移对象本身就没有足够的抗风险能力，最终可能会招致更大的风险。例如，选择分包商前未进行充分地了解，结果发现其施工经验，能力和信誉均较差。这就可能潜伏着比原来更大的风险。

③ 从理论上讲，工程非保险风险转移是十分经济的，但在某些风险转移中，可能会支付较高的费用。例如，由于法律或合同条款不明确，风险发生后导致相关单位发生争执且无法解决，最终需依靠法律程序处理，这势必要支付一笔可观的处理费用。

总之，工程非保险风险转移有其优点，也有其局限性。在具体应用这一策略时，应与其他应对风险的策略相结合，以取得最佳的效果。

6.1.4　风险缓和

1. 风险缓和的内涵

风险缓和，又称风险减轻，是通过一定的措施和手段将风险发生的概率和造成的损失降低到可接受的水平。风险缓和的前提是承认风险事件的客观存在，然后再采取适当措施来降低风险出现的概率或者消减风险所造成的损失，以确保工程项目管理目标的实现。

风险缓和要达到什么目标，将风险减轻到什么程度，要根据工程项目的具体情况、风险管理的要求和对风险的认识程度而定。对已识别出的风险，风险管理者可以采取相应措施加以控制。例如，管理者预见到工程项目工期可能会延后，此时应该在资源供应允许的范围内，通过调整施工活动的逻辑关系，压缩关键路线上关键工序的持续时间或加班加点等措施来缓解工程项目的进度风险。对于尚没有迹象表明将会发生的风险，风险管理者就需要进行深入的调查研究，明确风险出现的可能性和可能引起的损失，之后再确定具体的应对措施。

2. 风险缓和的内容

在工程风险管理中，当相关单位有能力消除风险时，一般希望采取措施消除它，当某风险不能消除时，则可考虑采用缓和的措施。风险缓和策略通常包括以下几方面内容。

① 降低风险事件发生的概率；

② 减少构成风险的因素；

③ 防止现存风险的进一步扩散；

④ 降低风险扩散的速度，限制风险的影响空间；

⑤ 在时间和空间上将风险因素和被保护对象隔离；

⑥ 迅速处理风险造成的损失。

3. 风险缓和的途径

在制定风险缓和措施时必须依据风险特性，明确风险发生的概率及造成的损失程度，从而确定风险缓和后的可接受水平。在实施缓和措施时，应尽可能将工程中需缓和的风险降低至可接受水平，从而减轻工程总体的风险水平。为了缓和工程风险，通常可以采取以下方式。

1）减少风险发生的概率

通过各种预防措施降低风险发生的可能性，是风险缓和策略的重要途径。这通常表现为一种事前的预防行为，即在工程建设开始之前，采用系统的项目管理方法和主动控制措施，识别未来潜在风险因素，并拟定具体应对措施，以降低潜在风险发生的概率。例如，施工单位在工程投标以及签订合同前，要对项目进行深入考察、对各种风险因素进行充分评估，在投标报价和拟定施工方案时制定有针对性的措施，这样才能有效地缓和工程实施过程中的风险。

2）减少风险造成的损失

在风险已经发生的情况下，相关单位应采取各种措施遏止所造成损失的继续扩大。例如，在施工过程中，当出现雨天无法进行室外施工时，可以安排各种人员从事室内作业；当工期延期时，可以调整施工组织工序或增加工程所需资源进行赶工；在工程质量事故发生后，采取结构加固、局部补强等技术措施进行补救。上述措施都是为了防止风险造成损失的进一步扩大。

3）分散风险

分散风险是指通过增加风险承担单位以减轻总体风险的压力。

联合体投标就是一种典型的分散风险措施。它是指两个以上法人或其他组织组成一个联合体，以一个投标人的身份共同投标。例如，大多数 BOT 项目都是由多家实力雄厚的公司组成一个投标联合体，共同参与投标，以发挥各承包商的优势，增加竞争实力。一旦投标失败，其造成的损失不需要单独的投标者承担，而是由联合体的各成员共同承担；如果中标，对于建设过程中的诸多风险，如政治风险、技术风险和经济风险等，多家承包商可以以联合体的形式共同承担，从而减轻各自面临的压力，甚至有将风险转化为发展机会的可能。由此

可见，联合投标不但可以提高中标概率，还可以分散投标风险及中标后在工程建设过程中的各种风险。

4. 风险缓和方法的局限性

须注意的是，在众多的风险应对措施中，风险缓和只是一种辅助措施，并不能够完全消除风险，有时甚至还会遗留一些危害较弱的风险——残余风险。在某种情况下，如果管理者忽略对残余风险的识别、管理及监控，这些残余风险可能转变为更大的风险，从而给项目带来更大的潜在危害。因此，在制定风险缓和措施之后，还应该重视对于二次风险或残余风险的管理。

6.1.5 风险自留

1. 风险自留的内涵

风险自留，又称风险接受，是指项目管理单位权衡了其他风险应对策略之后，出于经济性和可行性的考虑，仍将工程风险保留在主体内部，并采取内部控制等措施来化解风险，或者对这些保留下来的工程风险不采取任何措施，自行承担风险后果的一种风险应对策略。这种策略意味着项目主体不改变原有计划或不能找到其他适当的风险应对策略。采取风险自留应对措施时，一般需要准备一笔费用。风险一旦发生，则将这笔费用用于损失补偿；如果损失不发生，则这笔费用即可节余。

风险自留不同于风险回避，它不是设法避免风险，而是允许风险的发生，并承担风险损失；风险自留不同于风险转移，它不是将风险转移给他人，而是由自己承担；风险自留也不同于风险缓和，它不采取专门的预防措施。

2. 风险自留的分类

对于风险承担单位而言，风险自留可以是主动的、积极的，也可以是被动的、消极的。从风险主体的承受意愿出发，风险自留可分成两大类：主动风险自留和被动风险自留。

1）主动风险自留

又称计划性自留。对于某些风险，风险承担单位在识别风险及其损失，并权衡了其他风险处置技术后，主动决定自己承担风险损失的全部或部分，并适当安排一定的财力准备。例如，在工程中一般都设置非基金储备，用于应对工程风险一旦发生而增加的额外费用。主动风险自留的应用条件是，决策者充分把握了风险发生的可能性和损失后果，并且自留的风险不能超过工程主体的风险承载能力。

2）被动风险自留

又称非计划性自留。是指风险承担单位在没有充分识别风险及其损失，且没有考虑其他风险应对策略的条件下，不得不自己承担损失后果的风险应对方式。显然，被动风险自留是消极的应对行为。采取被动风险自留时，风险承担单位往往没有任何心理和财力上的准备，是一种行为上的不作为，而这往往会导致风险事件的发生，并使整个工程陷入危机。

3. 风险自留的适用范围

在工程建设的过程中，对于发生频率低、损失强度小的风险，往往采用风险自留的手段更为有利。风险自留主要适用于下列情况：

1）风险自留预留费用低于向保险公司投保需缴纳的保费

风险自留可以节省向保险公司缴纳的承保费、理赔管理费，从而减少由于保费而导致的期望现金流出。

2）工程风险最大期望损失较小

对于损失程度不太严重的风险，如果项目管理单位能够承担起风险损失，那么自留不失为最经济的方法。

3）短期内项目管理单位有承受最大期望损失的经济能力

项目管理单位的财务能力要足以承担由风险可能造成的最坏后果。一旦自留的风险发生且造成损失，项目管理单位应有充分的财务准备，这样才不会使企业的生产活动受到很大影响。

4）管理人员素质高，管理能力强

采用风险自留的策略对管理人员的要求也很高，决策者的风险态度以及对风险的判断和应对能力都会影响风险自留的实施效果。

5）无法采取其他有效的风险应对策略

有些风险既不能回避，又不能预防，且没有转移的可能性。在其他处理风险的方法都不可取的情况下，风险自留是最后的方法。

如实际情况与上述条件存在较大的偏差，则应放弃主动自留风险的决策。

4. 风险自留的途径

科学的风险自留虽然在事前对风险不加以控制，但有必要设置一定的预留费用，以应对风险事件发生后对工程项目产生的影响。具体来讲，项目管理单位可以采取以下措施应对自留的风险。

1）从现金净收入中支出

采用这种方式时，在财务上并不对自留风险作特别的安排，而是在损失发生后从现金净收入中支出，或将损失费用记入当期成本。实际上，被动风险自留通常都采用这种方式。因此，这种方式不能体现主动风险自留的"主动性"。

2）建立非基金储备

这种方式是设立了一定数量的备用金，但其用途并不是专门针对自留的风险，其他原因引起的额外费用也在其中支出。例如，本属于风险转移策略范围内的风险实际损失费用，甚至一些不属于风险管理范畴的额外费用支出。

3）成立专业自保公司

专业自保公司是企业（母公司）自己设立的保险公司，旨在对本企业和附属企业所负责工程项目的风险进行保险或再保险安排。中国石化总公司试行的"安全生产保证基金"可算是我国大型企业第一个专业自保公司的雏形。成立自我保险公司后，企业不需通过代理人或经纪人开展保险业务，从而节约了大笔的佣金和管理费，此外，专业自保公司更易于了解工程项目所面临的风险类别和特性，可以根据项目主体的特点扩大保险责任范围，提高保险限额，根据自身情况采取更为灵活的经营策略，开发有利于投保人长期利益的保险险种和保险项目。

4）借入资金

借入资金是指风险事件发生后，项目管理单位由于内部资金有限，而采取向银行贷款或从其他渠道进行融资的措施。由于工程风险事件的突发性和损失的不确定性，工程项目管理单位也可以在风险事件发生前，与银行达成应急贷款协议。风险事件一旦发生，项目管理单位可以及时地获得贷款以解决燃眉之急，之后再按协议约定条件还款。

有了银行的应急贷款，工程就不怕出现财务危机了！

5. 风险自留方法的局限性

风险自留是最经常使用的一种财务型应对策略，但通常只适用于处理损失程度较小的风险。此外，风险自留策略存在一定的盲目性。理论上来说，进行风险自留必须要充分掌握风险事件的信息，然而实际上，任何风险承担单位都无法精确地了解风险事件发生概率及其损失程度，也不能确定工程主体能承受该风险，在这种情况下，很多管理人员会心存侥幸，对一些可能风险较大的事件也不制定积极的应对策略，造成大量被动风险自留，最终严重影响工程目标的实现。

6.1.6 风险应对策略的成果

在应对工程风险时，可根据风险的性质、风险发生的概率和风险损失大小等方面，提出多种策略。本书重点介绍了风险回避、风险转移、风险缓和以及风险自留四种策略。每一种策略都有侧重点，具体采取哪种风险组合应对策略，取决于工程风险评估的结果。因此，项目管理单位应该具备一定的风险分析能力，能够在复杂多变的工程环境下，选择合适的风险应对方法，在风险、收益、成本之间取得平衡。

1. 风险应对策略的比较

对某一工程风险而言，可能有多种应对策略或措施；同一类风险的问题对于不同工程项目主体而言，采用的风险策略和风险措施有所不同。因此，从理论上讲，需要根据工程风险和项目主体的具体情况、风险管理者的心理承受能力以及抗风险能力来确定工程风险应对策略或应对措施。具体来说，项目管理单位可以按照风险发生的概率及潜在损失决定采取何种应对策略。

① 如果风险发生概率高，损失较小，可以采用风险缓和或风险转移策略。

② 如果风险发生概率比较高，后果损失也较大，应该采用风险回避或风险转移策略。

③ 如果风险发生概率比较低，但后果损失较大，可采取购买保险、分包或其他转移策略。

④ 如果发生概率比较低，后果损失也较小，这种风险适合采取风险自留的策略，因为它本身不会对目标产生太大影响。

2. 风险应对策略的应用

工程风险贯穿于工程建设的全过程，按照风险产生的原因及性质可以分为以下 8 类：政治风险、经济风险、社会风险、自然风险、技术风险、商务风险、组织风险、行为风险。在工程项目风险管理的实践中，人们已经针对上述 8 类风险总结出了常用的应对策略。表 6 - 2 是在工程项目建设中遇到各类风险因素时建议采取的风险应对策略。

表 6 - 2　工程项目建设中各类风险的应对策略

风险分类	风险因素	应对策略
政治风险	战争、暴乱	风险回避、风险自留
	政局变化、政权更迭	风险回避、风险自留
	法律变化或对当地法律不清楚	风险自留、风险缓和
经济风险	汇率变动	风险自留、风险转移
	通货膨胀	风险自留、风险转移
社会风险	社会风气、风俗习惯、宗教信仰等	风险回避、风险缓和
自然风险	气象、水文、地质等不利的环境条件	风险转移
	不可抗力因素，如海啸、地震	风险回避、风险自留
技术风险	重大施工技术的不确定性	风险回避、风险转移
	新技术、新方法不成熟	风险回避
	工程设计不合理	风险转移
商务风险	合同条款不明确	风险缓和
组织风险	各方的组织协调不当	风险自留、风险缓和
	不同岗位的衔接问题	风险自留、风险缓和
行为风险	承包商偷工减料	风险回避、风险缓和
	供应商提供劣质材料、设备	风险回避、风险缓和

3. 风险应对策略的实际应用案例

1）工程概况

某地进行高速公路建设，全长约 30 km。该段路基大部分处于黏土地层中，由于路基松软，一般需要进行堆载或超载预压并采取特殊的技术处理后才能铺设路面，因此全线土方运输量很大。而该路段降水量较大，所以给路基施工带来很大困难。同时由于土方、道砟等材料运输路途较远，沿线大部分道路等级较差，交通不便等原因对周围的环境和人员的安全有重大影响。此外，该段桥梁箱涵工程比例高，地质条件复杂，工程施工难度大，具有较高的技术风险。

2）工程风险识别

该工程的施工环境较为复杂，项目管理单位主要识别到了以下三类风险。

① 自然风险：包括地质风险、气象风险。

② 技术风险：主要指应用复杂的施工技术而带来的风险。

③ 经济风险：包括通货膨胀、建筑材料和人工工资上涨的风险。

3）风险应对措施

针对以上风险，项目管理单位制定了以下具体应对措施。

（1）应对自然风险

派出专家对现场情况进行细致地调查、分析，充分了解施工现场的地质条件，精心编制施工组织计划。

（2）应对技术风险

根据施工现场状况，项目管理单位提出并建立了适宜的施工安全控制模式，加强施工过程管理，实行人身意外伤害事故保险及建筑工程一切险等。

（3）应对经济风险

为了避免项目管理单位陷入财务危机，管理人员对项目方案进行了全面财务分析。对于不可预见的费用支出，利用应急费及银行的应急贷款弥补；明确合同中关于利率变动的说明，便于日后进行索赔。

4）工程风险应对措施实施效果

由于及时采取了有针对性的风险应对措施，该工程无重大安全事故发生，顺利实现了工程项目的目标。

6.2 突发事件的应急管理

针对工程的某些特定事件，尤其是一些灾难性的突发事件，应该专门制定明确的工作程序和具体应急措施，目的是采用多种措施降低突发事件所造成的损失，最大限度地保证工程目标的顺利完成。一旦突发事件发生，现场人员可以此作为行动指南，不至于惊慌失措，也不需要临时研究应对措施，可以做到从容不迫、及时妥善地处理事故。

6.2.1　工程项目突发事件的内涵

工程项目中的突发事件是指突然发生、并且造成或者可能造成严重的社会危害、需要采取应急处置措施予以应对的自然灾害、事故灾难、公共卫生事件和社会安全事件。为有效处置建设工程施工突发事故，依据可将可能造成的人员伤亡及财产损失等情况，可将建设工程施工突发事故由高到低划分为特别重大（Ⅰ级）、重大（Ⅱ级）、较大（Ⅲ级）、一般（Ⅳ级）4 个级别[①]。

1. 特别重大建设工程施工突发事故（Ⅰ级）

符合下列条件之一的为特别重大建设工程施工突发事故：

① 造成 30 人以上死亡；

② 造成 100 人以上重伤（包括急性中毒，下同）；

③ 造成 1 亿元以上直接经济损失；

④ 市政基础设施、构筑物、建筑物遭受严重损坏，社会影响特别巨大。

2. 重大建设工程施工突发事故（Ⅱ级）

符合下列条件之一的为重大建设工程施工突发事故：

① 造成 10 人以上 30 人以下死亡；

② 造成 50 人以上 100 人以下重伤；

③ 造成 5 000 万元以上 1 亿元以下直接经济损失；

④ 市政基础设施、构筑物、建筑物遭受严重损坏，社会影响巨大。

3. 较大建设工程施工突发事故（Ⅲ级）

符合下列条件之一的为较大建设工程施工突发事故：

1）造成 3 人以上 10 人以下死亡；

2）造成 10 人以上 50 人以下重伤；

3）造成 1 000 万元以上 5 000 万元以下直接经济损失；

4）市政基础设施、构筑物、建筑物遭受损坏，社会影响较大。

4. 一般建设工程施工突发事故（Ⅳ级）

符合下列条件之一的为一般建设工程施工突发事故：

1）造成 3 人以下死亡；

2）造成 3 人以上 10 人以下重伤；

3）造成 100 万以上 1 000 万元以下直接经济损失。

6.2.2　应急管理的任务

工程建设中的突发事件一般发生突然且危害范围广，决定了应急管理需要迅速有效。一般而言，事故发生后的工作任务包括以下几个方面。

---

① 北京市建设工程施工突发事故应急预案。

1. 及时向上级部门报告

工程建设中如有突发事故发生，项目管理单位应及时向上级主管单位和政府部门汇报；特别重大或者重大突发公共事件发生后，事故现场负责单位要在 4 小时内通报省级人民政府、国务院有关部门。

2. 组织营救受害人员，组织撤离或者采取其他措施保护危害区域内的其他人员

抢救受害人员是应急管理的首要任务，在应急行动中，快速、有序、有效地实施现场急救并安全转送伤员是降低伤亡率、减少事故损失的关键。由于重大事故发生突然、扩散迅速、涉及范围广、危害大，因此应及时指导和组织群众采取各种措施进行自身防护，必要时迅速撤离危险区或可能受到危害的区域。在撤离过程中，应积极组织群众开展自救和互救工作。

3. 控制危害源，测定事故的危害区域

及时控制造成事故的危险源是应急管理的重要任务，只有及时控制住危险源，才能够防止事故损失的继续扩大，及时有效地进行救援。特别对发生在城市或人口稠密地区的工程事故，应急工作人员应尽快组织工程抢险队与事故单位技术人员一起及时控制事故，避免危害继续扩大。此外，应急工作人员还要及时测定突发事故的危害区域，对这些区域重复监控。

4. 消除危害后果，做好现场恢复

针对事故对人体、动植物、土壤、水源、空气造成的现实危害和潜在危害，应急工作人员应迅速采取封闭、隔离、消毒等措施，防止对人的继续危害和对环境造成的污染，及时清理废墟和恢复基本设施，将事故现场恢复至相对稳定的状态。

5. 查清事故原因，评估危害程度

事故发生后应及时调查事故的发生原因和事故性质，评估出事故的危害范围和危险程度，查明人员伤亡情况。

6. 总结应急工作中的经验和教训

突发事件处理完毕之后，相关单位要总结经验和教训，避免类似事故再次发生。

6.2.3 应急预案

1. 应急预案的内涵及作用

应急预案是针对可能发生的重大事故及其影响和后果，为应急准备和应急响应的各个方面所预先做出的详细安排。应急预案是开展及时、有序和有效事故应急救援工作的行动指南。突发事故应急预案在应急管理中起着关键作用，它明确了在突发事故发生之前、发生过程中以及结束之后，每个部门负责做什么、何时做，以及相应的策略和资源准备等。2006年国务院发布《国家突发公共事件总体应急预案》，标志着我国应急预案框架体系初步形成。

从国家到具体的工程建设管理单位，不同层次的部门在应对建设工程突发事件时所采取的应急救援行动各不相同。有关建设工程的应急预案构成了一个庞杂的体系。工程项目突发事件的应急预案具体有以下几个作用。

① 应急预案明确了应急救援的范围和体系，使得应急管理有据可依、有章可循。

② 制定应急预案有利于做出及时的应急响应，降低突发事件的危害程度。

③ 应急预案是工程建设中各类突发事件的应急基础。对那些事先无法预料到的突发事件，应急预案可以起到基本的应急指导作用。在基本应急预案的基础上，还可以针对特定的重大事故编制专项应急预案，有针对性地制定应急措施、进行专项应急准备和演习。

2. 应急预案的核心内容

应急预案是一套非常复杂的文件体系，它的核心内容包括以下几个方面。

① 对突发事件及其后果的预测、辨识和评价。

② 规定应急管理中各部门的详细职责。

③ 应急行动的指挥协调。

④ 应急行动中可用的人力、物力、财力。

⑤ 在紧急情况或事故灾害发生时保护生命、财产的应急措施。

⑥ 恢复现场的措施。

3. 应急预案的体系结构

近年来我国政府相继颁布了一系列法律法规，对应急救援预案的制定做了明确的规定和要求。建设工程应急预案体系由综合应急预案、专项应急预案、施工现场应急预案构成。

从宏观的角度来看，完备的建设工程应急预案体系是一种从上到下的结构层次见图 6-3。图中所示的三个预案层次不是孤立的，三者之间存在着密切的联系．在应急预案的编制过程中，应该遵循从上到下的制定原则，逐级展开，以确保整个预案体系逻辑上的一致性，同时可以避免各级的预案之间表述上的不一致。

建设工程应急预案体系如图 6-3 所示。

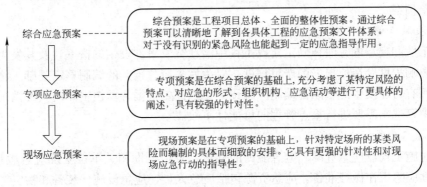

图 6-3 建设工程应急预案体系

从微观上讲，每个应急预案都是由各种文件构成的文件体系，一般包括基本预案、标准操作程序、指导说明书、应急行动的记录等 4 个部分。

1）基本预案

基本预案是该应急预案的总体描述。主要阐述应急预案所要解决的紧急情况、应急的组织体系、方针、应急资源、应急的总体思路并明确各应急组织在应急准备和应急行动中的职责，以及应急预案的演练和管理等规定。

2）标准操作程序

由于基本预案中没有给出每个任务的实施细节，各个应急部门必须制定相应的标准操作程序，为组织或个人提供履行应急预案中规定的职责和任务时所需的详细指导。标准操作程序的描述应简单明了，一般包括目的与适用范围、职责、具体任务说明或步骤，负责人，有关附件等。标准操作程序应保证与应急预案的协调性和一致性，其中重要的标准操作程序可附在应急预案之后或以适当的方式引用。

3）指导说明书

指导说明书是对特定任务及某些行动细节的具体说明，主要针对任务执行机构而设置。指导说明书中包括了在执行任务过程中所需的详细指导材料，如应急队员职责说明书、应急监测设备使用说明书、应急救助协议以及各种操作中可能需要的支持附件、附图、附表等。

4）应急行动的记录

应急行动的记录包括在制定预案的一切记录、行动期间的通信记录、每一步应急行动的记录等，例如培训记录、应急设备检修记录、应急演习的相关记录。

4. 应急预案的编制步骤

工程项目应急预案的编制一般可以分为5个步骤，即组建应急预案编制队伍、开展风险与应急能力分析、预案编制、预案评审、预案的修改和预案的实施。

1）组建应急预案编制队伍

施工现场重大事故的应急救援行动涉及不同部门、不同专业领域的应急各方，因此相关负责单位组织专门的预案编制小组，指定负责人，统一组织施工现场有关部门和企业有关部门制订应急预案。

2）开展风险评估

通过定性和定量的方法，确定建设工程中潜在突发事件发生的概率，及其发生后对建设工程目标影响程度及造成损失的严重程度，以为后来应急预案的编制奠定基础。施工现场没有必要对所有可能发生的事故都编制应急预案。因此要根据各承担主体的实际情况在上述灾害性事件中筛选出需要进行重点管理的可能性事故。

3）资源与应急能力分析

包括对施工现场应急资源和应急能力的分析，可以帮助相关单位明确应急救援的需求，从而为后续应急工作做好准备。应急资源包括应急人员、应急设施、装备和物资等；应急能力包括人员的技术、经验和接受的培训等。应急资源和能力的情况将直接影响应急行动的实际效果。

4）编制应急预案

根据风险分析和应急资源与能力的评估结果，提出应急所需的人员、资源、设备及应急程序，确定最佳的应急策略。

5）应急预案的评审和发布

预案编制后应组织开展预案的评审工作，一般情况下可以由项目部及相关单位组织进行内部评审，专业性较强的应急预案还应组织有关专家评审，必要时请地方政府有关应急机构进行评审。为保证应急预案的科学性、合理性，施工现场重大事故应急预案必须经过评审。

预案经评审完善后，由主要负责人签署发布，并按规定报送上级有关部门备案。应急预案经评审通过后，要履行批准手续，并按有关程序进行正式发布和备案。

6）应急预案的演习

验证应急预案制订得是否合理，不能等到事故发生后才进行。进行应急预案的演习不仅可以检验应急预案合理性，还可以通过演习提高相关人员的应急技能。

7）应急预案的修改

一方面，在应急预案的评审和演习过程中，通过参与者的信息反馈，应及时对其进行调整与修改。另一方面，应注意的是，工程项目的外部环境和内部人员不断变化，因此随着工程建设项目的进行，还需要及时针对上述变化重新评定与修改应急预案。

8）应急预案的实施

预案经批准发布后，应组织落实预案中的各项工作，如开展应急预案宣传、教育和培训，落实应急设施并定期检查，组织开展应急演习和训练，建立电子化的应急预案，对应急预案实施动态管理与更新，并不断完善。

应急预案的编制步骤如图 6-4 所示。

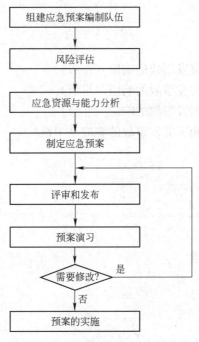

图 6-4 应急预案的编制步骤

6.2.4 北京市建设工程施工突发事故应急预案框架

1. 总则

    1.1 建设工程施工特点与影响安全生产的因素

    1.2 建设工程施工安全生产的现状

    1.3 指导思想和编制目标

    1.4 编制依据

    1.5 工作原则

    1.6 事故分级

    1.7 适用范围

2. 应急指挥体系及职责

    2.1 市建筑工程事故应急指挥部

    2.2 现场指挥部

    2.3 应急抢险救援队伍

3. 预警与响应

    3.1 预警级别

    3.2 预警信息

    3.3 预警的发布和解除

    3.4 预警响应

4. 应急响应

    4.1 基本响应

    4.2 一般建设工程施工突发事故的响应（Ⅳ级）

    4.3 较大建设工程施工突发事故的响应（Ⅲ级）

    4.4 重大建设工程施工突发事故的响应（Ⅱ级）

    4.5 特别重大建设工程施工突发事故的响应（Ⅰ级）

5. 扩大应急

6. 响应结束

7. 信息管理

    7.1 信息监测与报告

    7.2 信息共享和处理

    7.3 信息发布和新闻报道

8. 善后恢复

    8.1 善后处置

    8.2 奖励与责任

    8.3 保险

6.3　工程风险的监控

6.3.1　工程风险监控概述

如前所述，无论项目管理单位采取什么样的风险控制措施，都很难将风险完全消除。而且原有的风险消除后，还可能产生新的风险。因此，在工程项目实施的过程中，定期对风险进行监控是一项必不可少的工作内容。

1. 工程风险监控的内涵

工程风险监控是指随时监测并记录工程项目的各项风险状态，并与风险管理目标相比较，如发现偏差，则及时采取控制措施的过程。从定义可知，风险监控包括对工程风险的监视和控制两大环节。前者是在采取风险应对措施的基础上，定期地对已识别风险进行跟踪检查，监测残余风险，观察并记录其发展变化；后者则是在风险监视的基础上，采取相应的技术、合同、经济或组织等手段，对原计划进行调整，以便使制定的风险策略更加符合实际。

风险监控是实时的、连续的，贯穿于整个工程建设的全过程。在某一时段内，风险监视和控制交替进行，即发现风险后应立即采取控制措施，而风险因素消失后立即进行下一轮的风险监测。风险监视和风险控制是相辅相成的，风险监视给风险控制提供实施风险应对策略的时机，提示风险管理者何时采取控制措施；风险控制则给风险监视提供监视内容，提示风险管理者下一轮应监视的重要风险。因此，工程上常将风险监视和控制结合起来考虑。

2. 工程风险监控的必要性

风险监控是风险管理至关重要的一个环节，它能确保风险应对计划的实施，并保证风险管理的有效性和持续性，风险监控具体体现为以下几点必要性。

① 已识别的风险源对工程的影响程度，需要通过风险监控作出最新的评价。随着工程项目的进展，风险是不断变化的。例如，原来的关键风险现在消除了，而之前较小的风险可能成为关键风险。因此，应对于工程风险进行持续地监控。

② 原来对工程风险的判断是否准确，需要通过风险监控作出及时的评价。在工程实施初期，风险管理者对于风险的相关信息了解得非常局限。随着工程的开展，反映工程建设环境和工程实施方面的信息越来越多，对于各种潜在风险的认识也更加深入。因此，通过风险监视可以收集最新数据，更新原来的风险应对计划，以便进一步采取更具体的应对措施。

③ 已经采取的风险应对措施是否适当，需要通过风险监控作出客观的评价。通过工程风险的监控，若发现已采取的应对措施是合理的，达到了较理想的风险控制效果，则应做好后续监控工作；若发现已采取的措施有误，则应尽早采取纠正行动，以减少可能的损失；若发现应对措施并没有问题，但其效果不理想，此时，不宜过早地改变原决策，而要寻找原因，并适当调整应对策略，争取收到理想的控制效果。如果出现了新的可供选择的应对策略，或者风险因素和风险事件发生变化，则要求制定新的风险应对策略。

④ 是否存在残余风险及未识别的新风险，需要通过风险监控作出全面的评价。采取风险应对措施后，往往会有残余风险或出现新风险，对这些风险需要在监控阶段进行识别、评价，并考虑其应对措施。

3. 工程风险监控的依据

1）风险管理计划

风险管理计划规定了风险监控的内容、工具、时间、工作安排和风险的可接受水平等。一切风险管理活动都是按这一计划展开的，但在新的风险出现后要立即对其更新。

2）风险应对计划

风险应对计划中包括了各种风险的基本情况、引发因素及其应对策略等内容，在风险监控中应该以这些信息为基础，对各项风险进行监控。

3）变更申请

工程的外部干扰及工程本身的一些变动可能会导致工程所处环境发生变化，造成工程不能完全按照计划进行。初步风险应对计划是基于工程实施初期的工程情况制定的。工程变更的发生，意味着原计划的基础条件发生了变化，之前制定的应对措施可能已不适应新的情况。因此，在风险监控过程中应着重审查工程变更中的内容，如果出现新的风险，应及时调整计划。

4）风险识别和分析报告

随着工程项目的进行，建设环境也在不断变化。定期对项目进行风险评估，可以发现以前未曾识别的潜在风险。监测时应对这些风险继续执行风险识别、估计、评价并制订应对计划。

5) 工程项目的实际进展情况

在工程实施阶段，项目组成员会定期总结项目计划的执行情况并制定各种阶段报告和文件，这些报告都可以表述工程进展和项目风险的实际情况，是进行风险监控的重要依据之一。

4. 工程风险监控的内容

在进行风险监控时，监控人员应密切跟踪已识别的风险，不断评估风险等级。在分析风险应对措施是否达到效果的同时，还应关注是否存在残余风险或二次风险。在此基础上，监控人员还应及时搜集工程信息，细化应对措施。具体来说，工程风险监控包括以下三方面内容。

1) 密切跟踪已识别的风险

通过跟踪、监测，及时了解已识别风险的实际情况，如风险等级，并监测风险应对计划中的每一项措施是否予以实施并收到预期效果。

在实际工作中通常采用风险跟踪检查表（见表 6-3）来记录跟踪的结果，然后定期地将跟踪结果制成风险跟踪报告，使决策者及时掌握风险发展趋势的相关信息，以便及时地作出反应。

表 6-3　工程风险跟踪检查表

基本信息			
项目名称		填表日期	
风险名称		风险编号	
风险发生概率		风险等级	
风险的跟踪情况			
跟踪开始时间		跟踪结束时间	
风险应对措施的基本信息			
措施开始时间		措施结束时间	
采取措施所需成本		措施负责人	
具体应对措施的描述：			
风险的影响范围			
对进度的影响： 对成本的影响： 对质量的影响： 对安全的影响： 对环境的影响：			
填表人		批准人	

2）监控新风险的发展

在工程的实施过程中，风险会不断发生变化，可能会有二次风险出现，或者其他新风险。工程风险监控的重要任务是，监视潜在风险的发展情况，识别新出现的风险，进而考虑是否需要改变风险应对计划。

3）细化风险应对措施

随着工程项目的进行，关于工程的信息越来越全面。因此，在进行工程风险监控时，要尽可能广泛地收集工程的相关信息，以便于调整风险应对计划，使其更加具体、切合实际。

4）制定风险损失控制措施

在风险监控阶段，如果发现某项风险事件已经发生并造成损失，则管理者应及时制定风险控制措施，最大限度地降低可能造成的损失。

5. 工程风险监控的程序

1）风险监测的过程

在建设工程实施的过程中，应该定期对施工情况进行检查，监视风险发生情况与预期的状态相比是否发生了变化。风险监测的过程如图 6-5 所示。

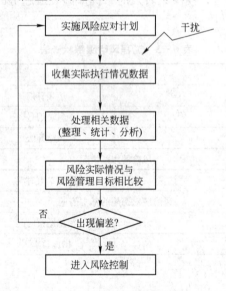

图 6-5　风险监测的过程

（1）实施风险应对计划

根据风险应对计划的要求，制定相应的应对措施，按预定的应对计划安排建设工程各项风险应对工作。

（2）收集实际数据

通过风险跟踪检查，定期收集反映各项风险实际情况的相关数据。收集的数据应当全面、真实、可靠，不完整或不准确的风险信息将会导致决策失误。

（3）处理相关数据

对收集到的实际数据进行整理、统计、分析等工作，以形成与风险管理目标具有可比性的数据。

（4）实际情况与风险管理目标相比较

将风险实际情况与风险管理目标相比较，可以确定建设工程风险应对工作的实际执行状况与风险管理目标之间的偏差。为了直观反映实际情况的偏差，通常采用图形等方式进行对比分析。

（5）通过比较，如果发现风险实际情况与原目标存在较大偏差，且有风险超过了可接受水平，则应进入风险控制过程。

2）风险控制的过程

在建设工程实施风险监测的过程中，一旦发现实际执行情况偏离应对计划，必须分析产生偏差的原因及对后续进度、成本、工程质量的影响，必要时采取合理有效的调整措施，确保工程总目标的实现，风险控制的过程如图 6-6 所示。

图 6-6　风险控制的过程

（1）分析偏差产生的原因

为了采取有效的控制措施，监测人员必须进行深入调查，分析产生偏差的原因。

（2）分析偏差的影响

查明偏差产生的原因后，要分析偏差对后续工程质量、施工进度以及成本的影响，以确定采取何种风险控制措施。

（3）确定后续工作的限定条件

当出现的偏差影响到后续工程质量、施工进度或者成本，并且需要采取措施加以控制的时候，应当首先确定限制条件，如工程的工期是否允许延期，投资额的变动范围等。

（4）制定并实施风险控制措施

制定风险控制措施时，应以后续工程的限制条件为依据，确保工程目标得以实现。根据收集到的风险信息，对风险应对计划进行细化、修订。在此基础上，实施风险控制措施，使风险水平回到原风险管理目标设定的水平。

6.3.2　工程风险监视方法

风险监控虽然不是解决问题的根本办法，但是通过监控可以及时检验原来的风险发展情况，并可以在此基础上修改原来的风险应对计划。风险监视是风险监控的重要组成部分，其核心思想是将每个风险用一个或几个风险指标来体现，并将这些指标与风险的可接受水平相比较，当风险指标值超过可接受水平时，则表明决策者应该采取一定措施应对风险。常用的风险监测方法有以下几种。

1. 审核检查法

审核检查法是风险监视中较为传统的方法，是指通过审核或检查的方法对工程实施计划或已完成的工作进行检查，发现问题后立即采取措施予以解决。该法适用于工程项目的全过程，多在工程进展到一定阶段以审核会议的形式进行。审核对象是工程的招投标及合同文件、技术文件、项目基准计划、结算单、项目会议纪要等。审核的目的是发现错误、疏漏、不准确、前后矛盾之处，以便发现潜在风险因素，并检查风险是否超出可接受水平及是否已制定应对措施。另外，审核会议要有明确的目标，提的问题要具体，工程相关人员都要参加，但审核参加人不要审核自己负责的那部分工作。审核会议发现的问题要安排专人负责，确定应对方案，并形成书面记录。

2. 进行偏差与趋势分析

工程项目进度、质量和费用是项目管理控制的主要对象。在工程风险管理中，一般借用项目管理的方法对这三大目标进行监视，以获得分析判断风险发展变化的信息。对于进度目标而言，可以用横道图法监视局部工程的进度风险，用 S 曲线法和前锋线法监视整体工程的进度风险；对于质量目标而言，一般采用控制图法，既可用它分析施工工序是否正常、工序质量是否存在风险，也可以用它分析工程产品是否存在质量风险；对于费用目标而言，可以采用横道图法监测工程的局部费用风险，用挣值分析法监测工程的整体费用风险。

3. 风险表检查法

风险表检查法是根据风险评价清单，从工程所有风险中挑出最严重的几个，列入监视范围，每月进行检查，写出风险应对计划，说明应对策略的实施效果。风险表检查法利用表格的表现形式（见表 6-4），清楚地表达风险排序变化情况和风险等级的变化，直观易懂，因此是工程上进行风险监视常用的方法。风险图的操作方法如下。

① 列出本月影响工程的前 10 大风险事件，统计出每个风险事件本月和上月的排列等级。

② 统计出这些风险事件在风险图中连续停留的月份数。

③ 统计出这些风险在列入风险图之前的风险类别（如果是未知或不可预见，则预示着项目可能存在较大风险，这也表明之前的风险分析不准确）。

④ 应对具体风险所取得的进展情况。

表 6-4 ××分项工程风险表

工程名称： 文件编号：

风险事件	本月排行	上月排行	停留月份数	风险类别	应对风险的进展情况
材料价格上涨	1	2	5	已知	从预备费中支出
施工组织不当	2	1	5	可预见	重新安排施工组织计划
技术水平低	3	6	3	已知	岗位培训
材料短缺	4	5	5	已知	加强采购
机械设备故障	5	3	5	已知	建立维护制度
工序安排不合理	6	9	5	已知	加强实施过程中的控制和管理
气候不利	7	7	4	未知	增强计划的变通性
政策调整	8	14	1	未知	关注政策变化
设计变更频繁	9	15	1	可预见	加强变更管理
组织不协调	10	12	1	已知	加强团队建设和沟通

4. 风险直方图

风险直方图是按照风险等级排序绘制的直方图，即按照每项风险对工程的影响程度从左到右进行排列，并将其与风险的可接受水平进行比较，如果超过临界值则表明需要采取措施进行应对。实施应对措施后，如果出现残余风险、二次风险或其他新风险，则需对每项风险重新进行排序。

通过对直方图的观察分析可以抓住影响工程的主要风险，反复进行这项工作可以监视各种风险的变化情况，减少风险对工程项目的影响。

例：选取某分部工程中的风险 b_1、b_2、b_3、b_4、b_5、b_6、b_7 为监视对象，对其进行评估后得到已排序的风险直方图，如图 6-7 所示。图中用 b_i 表示风险，b_i^* 表示采取应对措施后的残留风险，白色矩形表示未发生的风险，黑色矩形表示已发生的风险，灰色矩形表示新出现的未识别的风险或二次风险，本例中假设Ⅲ级风险的临界线为可接受水平的临界线。

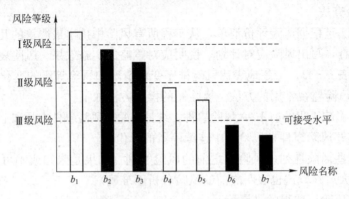

图6-7 已排序的风险直方图

由图6-7可知：

① 风险 b_1、b_2、b_3、b_4、b_5 超过了可接受水平，须要启动风险应对计划。

② 风险 b_2、b_3、b_6、b_7 已经发生，须立即采取风险控制措施，减小可能造成的损失。

采取相应的应对措施后，再对工程风险进行监测，得到跟踪直方图如图6-8所示。

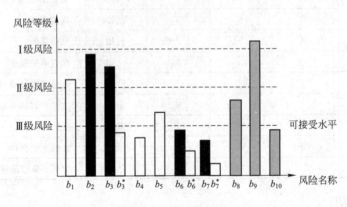

图6-8 风险跟踪直方图

由图6-8可知：

① 通过采取预防措施，b_1 降为二级风险，b_4 降至可接受水平以下，b_5 虽然仍为二级风险，但是对工程的影响程度有所减弱；

② b_2、b_3、b_6、b_7 风险发生后，立即采取有效措施使损失得以控制，b_3、b_6、b_7 还有部分残留风险，但都在可接受水平以下；

③ 项目实施过程中还出现了两个新的未识别的风险 b_8、b_9 以及应对 b_2 带来的二次风险 b_{10}，对于这三个风险需要进行风险识别及评估，并制定应对措施，在后面的跟踪中应重点关注。

对风险重新进行排序，得到如图6-9所示的重新排序的风险直方图。

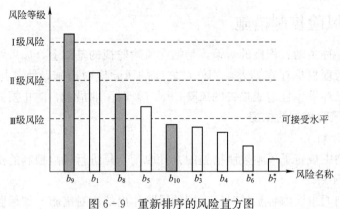

图 6 - 9　重新排序的风险直方图

5. 风险预警系统

工程项目风险预警系统是指在工程项目的整个生命周期中，根据工程的实际特点建立风险预警线，如果某指标超过预警线，则发出预警信号，提醒决策者迅速采取防范措施的系统。大型建设工程的风险管理工作需要有预见性和前瞻性，建立风险预警系统可以有效地达到事前预防的目的。风险预警系统的运作与风险识别、估计、评价等过程相配合，形成一个实时、循环的程序化过程。图 6 - 10 所示为风险预警系统运行过程，首先要对各种风险进行识别、评估，之后确立相应的风险预警线，然后通过各项风险指标对各项风险因素进行监测，以决定是否需要采取风险应对策略。通过循环往复的监测工作，可以很大程度上保证工程项目按计划顺利进行。

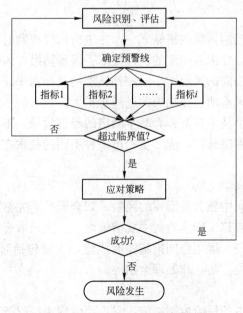

图 6 - 10　风险预警系统运行过程

6.3.3 工程风险控制措施

风险控制是一种主动、积极的对策，是指在风险监视的基础上，如果发现实际的风险水平与预期的风险管理目标存在偏差，则修订之前的风险应对措施，使其与原计划目标相吻合。同时，对于已经发生且造成损失的风险，则应及时采取措施，防止损失的进一步扩大。

1. 进行工程风险控制的依据

1）风险管理计划

风险管理计划中规定了风险控制措施的方针原则，是进行风险控制的指导性手册。

2）风险应对计划

风险应对计划的主要内容是针对已识别的风险作出的应对措施。如果监测过程中出现了偏差，很可能是因为之前制定的应对措施不当。因而，在进行风险控制阶段，要依据风险应对计划，修改甚至重新编制应对措施。

3）风险应急预案

对于后果较为严重的突发事件，工程上一般备有应急预案，在各种严重的、恶性的紧急事件发生后，不至于惊慌失措，可以做到从容不迫、及时、妥善地处理，从而减少人员伤亡以及经济损失。

2. 工程风险控制的措施

为了取得风险控制的理想成果，应当从多方面采取措施进行控制，通常可以将这些措施归纳为技术措施、合同措施、经济措施、组织措施和权变措施等五个方面。以下分别对这五种策略作一个概要性的阐述。

1）技术措施

技术措施是最能有效控制风险的措施之一。在进行风险控制时，可以运用各种风险管理技术修订原风险应对策略，并采取一定的工程技术手段预防潜在风险的发生，从而纠正风险管理目标偏差，使得工程当前的风险水平回归到预期的目标水平。技术措施还包括采取相应工程技术手段遏制已发生风险所造成损失的进一步扩大。

须注意的是，任何一个技术方案都有基本确定的经济效果，不同的技术方案有着不同的经济效果。因此，运用技术措施时，应尽量提出多种不同的技术方案，并对其进行技术经济对比分析。

2）合同措施

一方面，工程建设合同中蕴含着潜在的风险，如合同的不完整或缺陷带来的风险；另一方面，工程建设合同也是转移工程风险的主要措施之一。在采取合同措施时要特别注意合同中所规定的各方义务和责任。运用合同措施控制风险，主要包括对合同条款的进一步解释、处理合同执行过程中的问题、防止和处理索赔等。

3）经济措施

经济措施是一种最根本的风险控制措施，它主要体现为以财务型手段来预防风险发生或弥补已发生风险所造成的损失。例如，项目管理者通过风险监测预见到某局部工程很可能无法按期完工，此时若经济条件允许，则应从现金或非基金储备中支出部分资金，以增加人工、材料、设备等资源，保证按期完工。

4）组织措施

进行任何管理活动，都必须建立相关的组织。在工程风险管理中，组织措施同样是必不可少的。采用组织措施对风险进行控制时，应在明确事先制定的风险管理目标和风险管理内容的基础之上，对风险管理机构的组织结构进行调整和优化，主要包括进一步落实风险控制的组织机构和人员，明确风险目标，安排控制人员的职能分工、权力和责任，改善风险控制的工作流程等。只有采取适当的组织措施，才能保证目标控制的组织工作明确、完善，使风险控制取得良好效果。

5）权变措施

风险控制的权变措施是指为未事先计划或考虑到的应对风险的措施。工程项目是一个开放性系统，建设环境较为复杂，有许多风险因素在制定风险计划时考虑不到，或者没有充分的认识。因此，对其应对措施可能会考虑不足，或者事先根本没有考虑，而在风险监控时才发现某些风险的严重性甚至是一些新的风险。若在风险监控中出现这种情况，就要求项目管理者能够随机应变，及时提出恰当的应对措施，或对已提出的应对措施进行修订。

复习思考题

1. 制定风险应对计划的依据有哪些？
2. 风险回避策略适用于哪几种情况？请举例说明。
3. 非保险风险转移主要有哪几种方法？各自的优缺点是什么？
4. 请简述采取风险缓和策略的局限性。
5. 工程上进行风险自留时通常采取哪些措施？
6. 我国对建设工程施工突发事故是如何划分的？
7. 结合《北京市建设工程施工突发事故应急预案》，谈谈应急预案的编制步骤。
8. 为什么工程要随时进行风险监控？
9. 审核检查法一般以何种形式进行？
10. 请简述风险图表示法的操作方法。
11. 试归纳风险直方图的基本操作步骤。
12. 工程风险预警系统是如何运行的？
13. 常用的风险控制手段有哪几种？

第7章 工程保险

2006 年 7 月 1 日，青藏铁路全线通车，成就了中国铁路史上一个新的神话。青藏铁路的建成刷新了一系列世界铁路的历史纪录：世界海拔最高的高原铁路、世界最长的高原铁路及世界上穿越冻土里程最长的高原铁路等等。在这骄人的成绩背后，我们必须清醒地认识到另一点：青藏铁路也是中国筑路史上风险最大的铁路之一。多年冻土、高寒缺氧、生态脆弱是青藏铁路面临的三大难题，其中包含的风险因素更是多种多样。投资之大，风险之大，注定了青藏铁路应对风险的措施更要具体完备，而其中一项就是给青藏铁路买保险。据悉，在青藏铁路的建设过程中，共有中国平安财产保险公司、中国太平洋保险公司、中国人民保险公司和永安保险公司等 4 家保险公司共同为其提供保险，他们主要承保的保险险种为青藏铁路建筑安装工程保险，保险期限为 2001 年 7 月至 2006 年 6 月，将青藏铁路划分成 22 个标段（即工程承保单位），保险标段费率在 3‰~6‰ 之间不等，总保险金额约占青藏铁路总投资额的 1/3，接近 100 亿元。在保险竞标过程中，场面异常激烈。2001 年的青藏铁路一期 7 个标段共有 4 家保险公司的 8 家分公司参与竞标，但到了 2002 年，15 个标段的保险项目的争夺则吸引了 5 家保险公司的 23 家分公司。其中，平安财险是青藏铁路保险项目最大"赢家"。平安财险承保了青藏铁路一、二期工程保险项目中的 11 个标段，占到标段总数的 50%，太保、人保和永安分别拿到了青藏铁路保险项目里 7、3、1 个标段。

7.1 工程保险

7.1.1 保险概述

1. 保险定义

《中华人民共和国保险法》中对保险的表述为："保险是指投保人根据合同约定，向保险人支付保费，保险人对于合同约定的可能发生的事故，因其发生造成的财产损失承担赔偿保险金责任，或者当被保险人死亡、伤残、疾病或达到合同约定的年龄期限承担给付保险金责任的商业保险行为。"保险责任的确认以保险合同为依据。

一般来讲，可以从经济与法律两个方面来解释保险的定义。从经济角度来看，保险是分摊社会中意外事件损失的一种经济保险制度。保险人通过运用多数社会经济单位的共同力量，收取保费建立共同的保险基金，来补偿少数被保险人因特定风险事故的发生所导致的损失。从法律角度来看，保险是一种合同行为，是根据法律规定或当事人双方约定，由一方承担支付保险费的义务，换取另一方为其提供保险经济保障（经济补偿或给付）的权利的法律关系。这正体现出民事法律关系主体之间的权利和义务关系。

2. 保险的基本要素

保险是风险转移的基本手段，通过保险，企业或个人可以将许多威胁自身的风险转移给保险公司，一旦风险发生，即可通过取得赔偿来挽回企业或个人的损失。保险的基本要素如下。

（1）保险人

指保险合同当事人的一方，即保险公司。在保险合同成立时有保险费的请求权，在约定的危险事故发生时有负担补偿损失的义务。

（2）被保险人

指以其财产、责任、生命或身体为保险标的，在保险事故发生而遭受损失时，享有补偿请求权的人。

（3）投保人

指保险合同当事人的另一方，即对保险标的具有保险利益，向保险人申请订立保险合同，并负有交付保险费义务的人。为自己订立保险合同者，投保人与被保险人同为一人；为他人订立保险合同者，投保人与被保险人为不同人。

（4）保险标的

指作为保险对象的财产及其有关利益或者人的寿命和身体。简单地讲，保险标的就是保险的对象，通常表现为各种财产、经济责任、人身健康和人的寿命等。比如在雇主责任险和职业责任险等责任保险中，保险标的就是被保险人可能承担的各种经济赔偿责任。

（5）保险利益

指投保人对保险标的具有法律上承认的经济利益关系。即投保人或被保险人因保险标的遭受风险事故而受损失，若不发生风险事故则受益。比如某工程施工现场的塔吊因某种原因而损坏，那么塔吊的损坏将给承包商带来很大的经济损失，而如果塔吊不被损坏能够继续使用，将给承包商带来很大的经济利益。

（6）保险金

俗称赔款，即在损失发生时，保险人支付给被保险人的补偿金额。申领和处理补偿金额的手续或程序，称为索赔或理赔。在人身保险方面，又常称为给付。

（7）保险费

简称保费，指投保人对保险人承担危险责任所支付对价的金额。通常所称保险费的计算，是指保险费率的计算。以保险费率乘保险金额即为所需的保险费。总保险费（即营业保险费）中包括纯保险费（补偿损失之用）及附加保险费（主要为各种业务费用）。

（8）保险期间

即合同的有效期间，通常由保险合同当事人双方同意后订立。

3. 保险分类

保险的种类繁多，目前还没有统一的分类原则和标准，根据保险标的的不同，保险可以分为以下 3 种。

（1）财产保险

又称产物保险，它是以财产为保险对象的一种保险，即补偿财产因自然灾害或意外事故所造成的经济损失。如建筑工程一切险、水险、内陆运输保险、汽车保险、航空保险、盗窃保险等。其中，从广义上来讲，责任保险也属于财产保险的范畴，它是指以被保险人依法应负的民事损害赔偿责任或经过特别约定的合同责任作为承保责任的一类保险，如雇主责任险、职业责任险等。

（2）人身保险

人身保险是以人的生命或身体为保险标的，补偿因各种危险事故发生所致的损失，并给付被保险人一定金额或实物作为补偿的保险。如人寿保险、疾病保险、意外伤害保险、老年保险、失业保险、生育保险等。

（3）信用保险

信用保险是指权利人向保险人投保债务人的信用风险的一种保险，其主要功能是保障企业应收账款的安全。信用保险的原理是把债务人的保证责任转移给保险人，当债务人不能履行其义务时，由保险人承担赔偿责任。信用保险是以商品赊销和信用放贷中的债务人的信用作为保险标的，在债务人未能如约履行债务清偿而使债权人遭受损失时，由保险人向被保险人，即债权人提供风险保障。

7.1.2　工程保险概述

1. 工程保险的发展

1）国外工程保险的发展

工程保险起源于 19 世纪中期的英国，它是为适应英国工业革命后纺织业发展的需要而逐步发展起来的。紧随工业革命以后，它经历了从蒸汽锅炉保险、低压设备保险、电子设备保险到安装工程一切险和建筑工程一切险的形成过程。工程保险作为一个相对独立的险种，形成于 20 世纪初。1929 年，英国签发承保泰晤士河上的拉姆贝斯大桥建筑工程保险单，这是世界上第一份较为完善的工程保险单。

第二次世界大战后，战后重建以及战后经济的高速发展使得各种工程建设的投资大幅度增加，这为工程保险的发展提供了丰富的市场资源。同时，工程保险的领域也不断拓宽，主要表现在两个方面：一是工程实施阶段的保险，主要指建筑（安装）工程一切险、建筑（安装）工程一切险的延期利润损失险、职业责任保险和工程质量责任险等。这类保险的发展趋势是不断开发新的险种以全面满足工程施工阶段风险转移的需要；二是工厂运行设备的保险，主要指机器故障险和机器故障利润损失险等。这类保险随着科学技术的进步、新设备的发明而不断出现新的对应险种。一般而言，通常所指的工程保险主要是指工程实施阶段的保险。

随着现代工业和科学技术的迅速发展，建筑工程日新月异，规模日趋增大，工程设计和施工方法日益复杂；工程造价逐渐增大。因此，不论是工程投资人还是工程承包人，随着工程的实施均有可能因各种风险而遭受巨大的经济损失，因此，需要购买工程保险作为保障。正是由于上述各种计划、方案的亟待实施和客观形势发展的迫切需要为工程保险的发展提供了良好的社会环境和经济环境，使之得以迅速发展。

2）我国工程保险的发展

在我国，工程保险起步较晚，这主要是由于我国工程建设长期以来受计划体制的影响，风险损失补偿大都通过财政拨款或追加投资的方式解决，而缺乏有效的风险管理和分散机制。1979 年中国人民保险公司拟定了建筑工程一切险和安装工程一切险条款，才正式开始办理工程保险业务，但仅限于在国际融资工程中办理保险，因此国内投资工程保险业务并没有很好地开展。随着改革开放和经济建设领域国际合作的深入发展，20 世纪 80 年代初在利用世界银行贷款的建设项目中，工程保险作为工程建设项目管理的国际惯例之一在我国开始缓慢起步。

到了 20 世纪 90 年代，工程保险有了一定的发展，但主要还是集中在少数发达地区的重点工程和外资项目上。工程保险作为风险管理的重要经济手段在工程建设领域并未得到广泛应用。

2006 年 6 月 15 日，国务院又下发了《国务院关于保险业改革发展的若干意见》，该《意见》作为在新的历史时期促进保险业发展的纲领性文件提出了要"大力发展责任保险，健全安全生产保障和突发事件应急机制"、"采取市场运作、政策引导、政府推动、立法强制等方式，发展安全生产责任、建筑工程责任、产品责任、公众责任、执业责任、董事责任、环境污染责任等保险业务"，还要"积极推进建筑工程、项目融资等领域的保险业务"，为工程建设中各种风险的承保及工程保险的总体建设提供了发展指引和政策支持。这标志着我国工程保险业务的发展进入新的阶段。

目前，我国正在实施的工程保险险种主要有：建筑工程一切险及第三者责任险、安装工程一切险及第三者责任险、建筑职工意外伤害险等三个险种。然而，上述三个险种主要适用于工程施工阶段，工程其他阶段均未设置相应的工程保险险种，因此国内工程保险体系并不健全，不能全面保障工程的建设。

与国外工程保险的发展相比，我国工程保险制度在整体上仍缺乏系统完善的法律法规体系和行之有效的科学运行机制，缺乏对建设工程各方主体参与保险的具体要求和措施，建设工程各方主体的风险意识与保险意识不强，工程保险市场发展较缓慢，各地区发展极不平衡。具体来说，我国工程保险技术是从国外引进的，一般只引进了条款，而引进管理技术较少。同时，部分保险条款措辞西方化，险种结构单一，适应性较差，在实践中难以应用。此外，工程保险的开展缺乏长期的工程保险数据积累，欠缺客观的风险分析技术。而且我国工程保险市场普遍缺乏既懂保险又懂工程的复合型人才，各保险公司通常采取降低或变相降低承保费率等不规范竞争手段，把满足被保险人的不合理要求作为竞争的手段，导致工程保险发展陷入恶性循环。

随着我国经济的飞速发展，众多的大型工程建设项目，如大型工业工程项目、大规模的文体设施、基础设施和环保设施等，正在或亟待建设。涉及国家利益、社会公众利益和社会公共安全的工程项目面临的风险较大，普遍采用工程保险的形式来转移风险。而且，按照模例，国际融资项目也都要根据国际贷款方的要求进行工程保险。可见，我国工程保险的发展前景是非常广阔的。

2. 工程保险的定义

工程保险（Engineering Insurance）是指为了使工程风险降到最低，投保人（包括承包商、业主或工程风险的其他承担者）通过与保险人（保险公司）签订工程保险合同，投保人支付保险金，在保险期内因发生自然灾害、意外事故或人为原因而造成财产损失、人身伤亡时，保险人按照工程保险合同约定承担保险赔付责任的商业保险行为。

对于工程保险的定义，需要注意以下几点：第一，工程保险是业主、承包商或其他工程风险承担者在建设工程施工或使用过程中投保的险种；第二，工程保险承保的期间包括建筑安装工程施工期和一段使用期（通常是试运行期）；第三，工程保险的保险责任范围很广，包括人为原因、自然灾害、意外事故造成的人身伤害、财产损失或其他经济赔偿责任；第四，工程保险是涉及财产险、人身险、责任险等的综合性险种。

近年来，随着我国工程建设项目的规模越来越大，投入资金越来越多，工程保险分散风险的作用就越发明显，投保人可以以较少的保费获得较多的风险保障。从微观层面上，工程保险促使保险公司为被保险人提供风险管理指导，采取合理的措施尽量减少风险发生的概率，不仅保障了业主的利益，而且也保障了工程承包商、设计单位及监理单位等参建单位的利益，最终使保险各方达到双赢。从宏观层面上，工程保险机制的引入极大地规范了工程建筑安装市场，有利于鼓励业主和承包商积极投资工程项目。同时促进了我国的工程保险市场发展，不断创新和完善工程保险险种，对健全我国的金融体系和带动相关产业发展也具有积极的影响。

3. 工程保险的特点

工程保险是一种综合性保险，它不仅涉及财产保险范畴，也包含了人身保险和责任保险。这也是由建设工程本身的特殊性和复杂性决定的。工程保险不同于一般的财产保险和人寿保险，其特点表现为如下方面。

1）被保险人的多方性

普通财产保险的被保险人较为单一，而工程建设过程中有多方参与，包括工程项目的建设单位、总承包单位、分包单位、勘察设计单位、监理单位等，各参建单位由于对工程项目拥有保险利益都可以成为被保险人。

2）承保风险的综合性

首先，工程保险的标的具有综合性。工程保险可以通过一张保险单，承保拟建或在建的工程、用于施工的各种施工机具、构成永久工程一部分的材料和设备以及被保险人的各种责任。其次，工程保险的承保的范围具有综合性，包括自然风险、意外事故风险、社会风险、经济风险和第三者责任等。第三，工程保险的表现形式具有综合性，一般为一切险，如建筑工程一切险，安装工程一切险等。

3）工程保险的可附加承保性

工程保险在承保主险种的基础上，还可以在保单中设置各种附加条款或批单，来承保与工程有关的各种财产、风险或费用损失，也可以将一些财产、风险或费用损失列为除外责任。附加条款或批单是工程保险的重要组成部分，一般可分为三类，即：扩展类、限制类和规定类。其中扩展类附加条款用于投保人扩展保险责任范围。后两类用于保险人控制承保风险。

4）保险期限的不确定性

普通财产保险的保险期限相对较为固定，一般是一年，并按一年计取保险费。而工程保险承保的是工程施工期间发生的风险，通常是按工期确定，往往几年，甚至是十几年。保险生效日为保险工程开工或用于保险工程的材料、设备运抵工地之日，以先发生者为准。保险终止日为保险合同规定的保险终止日，或工程签发完工验收证书或验收合格日，或工程所有人实际占有、使用、接收部分或全部工程之日，以先发生者为准。当工程由于工期延误、设计变更等原因导致工程完工日期超过保险合同规定日期，保险合同至约定的日期终止，投保人可办理续延保险期限。因此，工程保险期限的起止点都是不确定的。为此，工程保险一般采用的是工期费率而不是年度费率。

5）保险金额的渐增性和可调整性

普通财产保险的保险金额在保险期限内是相对固定的，但是，由于工程项目的复杂性，工程保险的保险金额是随着工程项目建设的进度而不断变化的。因为工程的价值是逐步形成的，工程投资是从零开始逐渐增加的。因此，工程保险期限中，不同的时点具有不同的保险金额。工程越临近完工，保险公司所承担的风险损失金额越大。工程保险在投保时，一般以工程概算或工程合同价作为保险金额，在建设过程中发生保险事故，保险公司按实际损失赔偿，待工程竣工验收后，按实际造价结算保险金额，并同时调整已收取的保险费。

6）工程保险领域的信息不对称性

在工程保险领域内，保险人与投保人之间的信息不对称尤为突出，常常表现在：一方面，保险人占有保险方面的信息优势，通过设置对自己有利的保险合同条款，从投保人缴纳的保险费中获得更多的收益；另一方面，投保方占有工程方面的信息优势，他们对建筑过程中的风险情况比较清楚，会尽量投保对自己有利的险种，并且在保险费率、保险责任范围、保险项目等关键条款的协商上占有优势。

4. 工程保险的适用范围

1）工程可保风险内涵

工程风险包括工程可保风险与工程不可保风险。工程可保风险是保险人可以接受承保的风险。尽管保险是处理风险的一种方式，它能使投保的受害人在遭受损失后及时得到经济的补偿，但并不是所有的破坏物质财富或威胁人身安全的风险，保险人都可以承保。尤其对工程承发包而言，并不是所有风险均可成为保险保障的对象，即并不是所有风险均是可保的。

工程可保风险大都是有损失可能而无获利可能的风险，如火灾等，而不包括类似赌博一样的投机风险；对于具体的风险事件，其发生应具有偶然性，在风险发生前，人们无法知道风险事件是否发生、何时发生以及发生后造成的损失程度等。但总体而言，与工程可保风险相关的风险事件的发生又具有一定的必然性，这也说明了工程保险的必要性。

2）工程可保风险与不可保风险的对比

对于保险人和被保险人而言，双方都存在着可保风险和不可保风险。一般对保险人来讲，保险合同规定的保险责任范围内的风险属于可保风险，除外责任则为不可保风险。对于被保险人来讲，那些需要自己承担的风险属于不可保风险，需要转嫁出去的风险则属于可保风险。

工程保险中保险人的可保风险常常包括以下内容：地震、海啸、雷电、飓风、台风、龙卷风、风暴、暴雨、洪水、水灾、冻灾、冰雹、地崩、雪崩、火山爆发、地面下陷下沉、滑坡等自然灾害；火灾、爆炸；飞机坠毁、飞机部件或飞行物体坠落；原材料缺陷或工艺不完善所引起的事故；工人、技术人员缺乏经验、疏忽、过失及恶意行为；盗窃。

不可保风险一般包括如下内容：战争、类似战争行为、敌对行为、武装冲突、恐怖活动、谋反、政变；政府命令或任何公共当局的没收、征用、销毁或毁坏；罢工、暴动、民众骚乱；核裂变、核聚变、核武器、核材料、核辐射及放射性污染；大气、土地、水污染及其他各种污染；工程部分停工或全部停工；罚金、延误、丧失合同及其他后果损失。上述风险造成的损失巨大，并且有些属于政治风险的范畴，不在保险人保险范围内，所以保险人一般不予负责。如需要罢工、暴动、民众骚乱方面保障的，可特约加保，但要加收保费并出具批单。

5. 工程保险类别

工程保险种类较多，分类根据不同标准也有很多种，本书按照保障范围，将国内外常见的工程保险分为以下六类，如图7-1所示。

图7-1　工程保险的分类

1）建筑工程一切险及第三者责任险

建筑工程一切险及第三者责任险，简称建工险，是主要以建筑工程为标的的一种保险。它既对在整个建设期间工程本身、施工机具或工地设备因自然灾害和意外事故所造成的物质损失给予赔偿，也对第三者人身伤亡或财产损失承担赔偿责任。

2）安装工程一切险及第三者责任险

安装工程一切险及第三者责任险，简称安工险，是主要以机械和设备为标的的一种保险。它承保机械和设备在安装过程中因自然灾害和意外事故所造成的损失，包括物质损失、费用损失以及对第三者损害的赔偿责任。

3）建筑意外伤害险

建筑意外伤害保险是指为建筑行业所开设的意外伤害保险，属于人身保险的范畴。它是以人的生命或身体为保险标的，当被保险人意外导致受伤、死亡、残疾或丧失劳动能力时，保险人应按约定对其进行经济赔偿。为了保护建筑施工企业和建筑从业人员的合法权益，《建筑法》第48条规定："建筑施工企业必须为从事危险作业的职工办理意外伤害保险，支付保险费。"因此建筑意外伤害险具有强制性。

4）职业责任险

工程保险中的职业责任保险是专门针对直接为工程服务的专业人士（如建筑师、结构工程师、监理工程师等）因疏忽履行其应负的责任而设立的一种保险，从性质上来说属于责任保险的范畴，其保险的标的是责任而不是财产，这一点和建工险、安工险不同。这种保险在国外办理得较为普遍。

5）雇主责任险

雇主责任险所承保的是被保险人（雇主）的雇员在受雇期间从事工作时因意外而导致伤、残、死亡，或患有与职业有关的职业性疾病，而依法或根据雇佣合同应由被保险人承担的经济赔偿责任。在西方许多国家，雇主责任险以立法的形式强制投保，而在我国目前尚未普及。

6）工程机械综合保险

工程机械综合保险属于机器损坏保险，它主要对工程建设中所使用的各种工程机械进行承保。

除以上几种保险外，与工程相关的保险还有机动车辆险、信用保险、保证保险等。限于篇幅和国内应用实际，在本书中，如果没有特别注明的话，一般工程保险所指的就是建筑（安装）工程一切险。

7.1.3 工程保险的保险利益和保险标的

在保险合同中，保险利益与保险标的是两个紧密相关的保险专业术语，它们的具体含义已经在前面有过介绍。工程保险标的是一系列工程保险活动开展的基础，是保险利益的客观载体，而工程保险标的又以保险利益为前提，是判定保险各方是否拥有权利或承担义务的一项基本准则。

一、工程保险的保险标的

我国《保险法》定义的保险标的是指作为保险对象的财产及其有关利益或者人的寿命和身体。工程保险标的是指工程保险合同约定的保险事故发生的客体和对象，一般包括各类具有保险利益的工程项目和施工设备以及各种民事赔偿责任等。比如正在建设和安装的道路、桥梁、楼房，各种工业设施和施工现场的建筑材料、施工机械等，雇主对雇员在受雇期间因工作意外导致伤残、死亡、职业病等而承担的经济赔偿责任，或者已建成但在保险期限内的工程项目等。这些都可作为保险标的。然而并不是所有的建筑安装工程及其他设施都可以投保，能够作为保险标的投保的必要条件是投保人对保险标的具有可保利益。

在工程保险合同中，关于保险标的的规定是合同中必不可少的内容。清晰而准确地界定保险标的，可以更准确地评价工程风险种类、程度及其可能导致的损失，并且使得保险金额、保险责任范围和保险费等合同条款要素的确定更加清晰、合理。工程保险标的按照以上工程保险的分类主要分为六类。

① 建筑工程一切险的保险标的。该保险标的包含范围极为广泛，总体上可以分为物质

财产和第三者责任。物质财产包括建设工程本身、施工设备及机械、施工材料、临时设施和场地清理费等；第三者责任是指因发生意外事故造成建筑工地及周边地区的第三者人身伤亡或财产损失，依法应由被保险人承担民事赔偿责任，支付诉讼费及经保险人书面同意的其他费用。

② 安装工程一切险的保险标的。该保险标的与建筑工程一切险类似，概括起来也分为物质财产和第三者责任。物质财产包括安装项目、土木建筑工程项目、安装所需的机器和设备、场地清理费、所有人或承包人在工地上的其他财产等；第三者责任所包含的内容与建筑工程一切险相同。

③ 建筑意外伤害保险的保险标的。该保险标的是人的生命或身体，因为建筑意外伤害保险主要是保险人对被保险人因遭受意外而导致伤残、死亡、支付医疗费、暂时丧失劳动能力等的经济赔偿。

④ 职业责任险的保险标的。工程设计单位和施工单位有时会因工作人员疏忽或过失导致工程质量安全事故，从而造成物质损失或第三者损害。职业责任险就是承担这种经济赔偿责任的一种险种。因此，职业责任险的保险标的就是被保险人因疏忽或过失而承担的经济赔偿责任。

⑤ 雇主责任险的保险标的。该保险标的是指雇主承担的特定的经济赔偿责任。例如，某承包商为临时雇佣的工人投保了一年的意外伤残和死亡保险。保险合同规定，如果在施工中发生保险合同规定的风险事故，导致被保险的工人出现疾病、残疾或死亡的，保险公司将负责赔偿。因此该险种的保险标的就是被保险工人的健康和生命。

⑥ 工程机械综合保险的保险标的。该保险标的主要就是工程建设中所使用的各种工程机械，如铲土运输机械、起重机械等。

上述六种险种及其保险标的归纳如表7-1所示。

表7-1 六大工程保险险种的保险标的表

工程保险种类	保 险 标 的
建筑工程一切险	物质损失项目及第三者责任
安装工程一切险	物质损失项目及第三者责任
建筑意外伤害保险	被保险人的生命或身体
职业责任保险	被保险人因疏忽或过失而承担的经济赔偿责任
雇主责任险	雇主承担的特定的经济赔偿责任
工程机械综合保险	工程机械

二、工程保险的保险利益

1. 保险利益的含义

我国《保险法》第12条第二款规定，保险利益是指投保人对保险标的具有法律上承认的经济利益关系。保险利益可以分别从人寿保险和财产保险的角度界定。人寿保险的保险利益是指投保人对被保险人的生命或身体健康所具有的利害关系。比如父母可以将子女的身体健康和生命作为标的投保人寿保险，这是因为子女健康地生存直接影响父母的生活质量。财产保险的保险利益是指投保人对保险标的所具有的某种经济上的利益。比如某工程承包商的挖掘机在施工现场被盗，那么挖掘机的丢失将给其带来很大的经济损失，也就是说，若挖掘机不丢失而继续使用，将给该承包商带来经济利益。因此，该工程承包商对其所拥有的挖掘机具有保险利益。

我国《保险法》同时规定，投保人对保险标的应当具有保险利益。保险标的是保险利益的载体，保险利益以保险标的的存在为条件。在保险标的没有转让之前，保险标的存在，保险利益也存在，否则保险利益将灭失。比如某承包商将在保险期内的两台挖掘机转让了，如果转让后出险，那么该承包商不再享有赔款请求权，因为他已经丧失了对两台挖掘机的经济利益关系。

2. 保险利益的必要条件

一项标的若具有可保利益，其保险利益应当符合以下三个必要条件。

第一，保险利益必须是合法的利益，非法利益不在保险合同保障的范围内。非法利益是指违反国家强制禁止性规定，违反社会公共秩序利益，如对盗窃、抢劫之财物的占有利益，走私、贩毒的经济利益，劫匪对劫持飞机或人质的期待利益等。

第二，保险利益必须是确定的利益。只有是可以确定的利益，在事故发生后才好确定损失额和赔偿额，保险双方才有可能达成赔偿协议。对财产保险来说，保险利益是被保险人或受益人对现有财产的现有利益，以及在现有财产基础上产生的预期利益，是以实际利益为限；至于人身保险，其可确定的利益则以法律规定或合同约定的为准。

第三，保险利益必须是经济利益。所谓经济利益是指投保人或被保险人对保险标的的利益必须是可通过货币计量的利益。因为保险以补偿为目的，只有保险标的的损失可以用货币计量，才能计算和补偿保险责任限额内的经济损失。

《保险法》第12条明确规定："投保人对保险标的应当具有保险利益"，"投保人对保险标的不具有保险利益的，保险合同无效"。遵循保险利益原则的主要目的在于限制损害补偿的程度，避免将保险变为赌博行为，防止诱发道德风险。

3. 工程项目的保险利益的表现形式

工程保险中保险利益的形式是比较复杂的。具体的工程保险险种不同，保险利益的表现形式也是不同的。纵观各国的工程保险业务，由于建筑业和保险业及其他相关行业的发展程度不同，因而工程保险业的发展水平也不同，开设的工程保险险别也有所不同。现有的与建筑安装工程有关的险种概括起来主要分为三类：一般财产损失险别，如建筑工程一切险、安装工程一切险等；人身保险险别，主要是建筑意外伤害险；责任保险险别，包括雇主责任险、职业责任险等。

相应地，工程保险利益按照这三类险别具体表现如下。

（1）一般财产损失险别的保险利益

一般财产损失险别的保险利益是工程保险中最常见的保险利益形式。这种保险利益源于投保人对有形财产所具有的所有权或使用权。比如某工程施工机械在保险期内发生保险责任范围内的损失或给他方造成损失时，都会使其财产所有权人或其他利益关系人（经营权人、自留权人和管理权人）遭受不同程度的经济损失，如果投保了工程机械综合保险，按照保险合同就可以得到赔偿，实现保险利益。

（2）责任保险险别的保险利益

责任保险险别的保险利益是因可能产生的民事赔偿责任而形成的保险利益。被保险人在生活或工作中，有可能因行为过失导致他人人身伤害或财产损失，此时需要承担一定经济赔偿责任，这种经济赔偿就会影响其现有的经济利益。被保险人可以将其可能承担的民事赔偿责任作为保险标的投保责任保险，于是被保险人对这种民事赔偿责任拥有保险利益。但是因投保人的故意行为导致他人人身伤害或财产损失时，则不享有保险利益。

（3）人身保险险别的保险利益

人身意外伤害险是对被保险人因遭受意外伤害而造成伤残、死亡、医疗费用、暂时丧失劳动能力承担赔偿的保险业务。相应地，其保险利益是指投保人对保险标的所具有的直接经济利益关系。具体地说，人身意外伤害险的保险利益是投保人对被保险人的身体健康和劳动能力享有的利益。我国保险法承认的对人身保险的被保险人拥有保险利益的人员主要是本人或经被保险人同意的家庭成员。

7.1.4　建筑工程一切险

建筑工程一切险，是主要以建筑工程为标的的一种保险。它既对在整个建设期间工程本身、施工机具或工地设备因自然灾害和意外事故所造成的物质损失给予赔偿，也对第三者人身伤亡或财产损失承担赔偿责任。建筑工程一切险是在火灾保险、意外伤害保险及意外责任保险基础上发展起来的一种综合保险。它属财产保险范畴，但又与一般财产保险不同，一般财产保险只承保物质标的，而建筑工程一切险仅承保物质标的，而且还承保责任标的，并对事故发生后的清理费予以承保。

建筑工程一切险条款的主要内容有：总则、明细表、责任范围、除外责任、赔偿处理、被保险人义务、特别条款（扩展条款）、保险金额、保险期限等。同时，还包括投保申请书及其附件，以及保险公司后期以批单方式更改的内容。扩展条款可以根据建设单位的要求与保险公司协商签订。下面对建筑工程一切险条款的重要内容进行详细介绍。

1. 被保险人

凡在工程期间对工程承担风险责任，或者工程有关利益方，即具有可保利益的各方均可作为工程保险的被保险人。也就是说，可以在一张保单下对所有与建筑工程具有可保利益关系的人提供风险保障。

建筑工程一切险的被保险人一般包括以下几个方面：

① 建设单位，又称业主或工程项目所有人；

② 施工单位，包括总承包商及分包商；

③ 由业主或工程项目所有人聘用的工程专业顾问，如设计师、工程师、建筑师或监理工程师等；

④ 与工程实施相关的关系方，如供货商、贷款银行等；

⑤ 除保险人和被保险人之外，因工程施工遭受人身伤害或财产损失的有关单位或人员，即第三者。

当多方作为被保险人时，一般推举一方出面办理保险手续，缴纳保费，并申报保险有效期间风险变动情况，在出现保险赔偿时提出索赔。在保险实际投保中，投保人或被保险人一般是业主或者承包商。

2. 保险标的

建筑工程一切险的标的范围很广，概括起来一般分为物质财产本身和第三者责任两类。一般情况下，为了明确保险责任，确定保险金额，建工险的保险标的在保单明细表上分保险项目列出，通常分为物质损失项目和第三者责任项目两部分。下面就从物质损失和第三者责任两个方面介绍建工险的保险标的。

1）物质损失

建筑工程一切险的主要保险标的就是建筑工程的物质损失项目，建筑工程保险单的明细表中把物质损失项目列为以下 7 种。

① 建筑工程。它包括永久工程、临时工程以及工地的物料。这是建筑工程保险的主要保险项目，包括要建造的建筑物主体，建筑物内的装修设备，与建筑物配套的道路、桥梁、水电设施等土木建筑项目，以及存放在工地的建筑材料、设备和临时工程建筑等。

② 所有人提供的物料及项目。指未包括在承包工程合同金额内的由所有人提供的物料及负责建造的项目。

③ 安装工程项目。指未包括在承包工程合同金额内的机器设备安装工程项目，例如，旅馆大楼内发电、取暖、空调等机器设备的安装项目，可以列入本项加保，如果这些项目已在第①项内包括进去，则无须另行加保。

④ 建筑用机器、装置及设备。这些均属履行建筑合同所需要的，被保险人所有的或为被保险人所负责的物件。建筑用机器、装置及设备包括施工用的各种机器、设备、装置以及有关附属工具、物料等，如起重机、铲车、推土机、供电供水设备、脚手架等。

⑤ 场地清理费。指在事故发生后为清理工地现场而必须支付的费用。

⑥ 工地内现成的建筑物。这是指不在工程范围内的业主或承包人的，或由承包人保管的工地内已有的建筑物，如需投保，可以列入本项。

⑦ 所有人或承包人在工地的其他财产。指不包括在以上各项范围内的其他可保财产。如需投保，应列明名称或附清单于保单上。

2）第三者责任

第三者不是指保险人、被保险人及与工程有关的关系方或雇员，而是除此类人员之外的自然人或法人。第三者责任是除物质损失项目之外建筑工程一切险的另一项重要的保险标的。第三者责任是指在工程保险期间，因发生意外事故造成建筑工地周边地区的第三者人身伤亡或财产损失，依法应由被保险人承担民事赔偿责任，支付诉讼费及经保险人书面同意的其他费用。因此，建筑工程一切险的第三者责任不仅包括被保险人对第三方造成财产损失或人身伤亡而应承担的经济赔偿责任，而且还包括两种费用：一是为了避免或减少责任可能产生的诉讼费用；二是实现经保险人书面同意而支付的其他费用。例如在工程施工中，有时会发生高空坠落的物体将过往行人砸伤的事故，此时承包商应依法对第三方受害者承担经济赔偿责任，这种赔偿责任就是第三者责任。在建筑工程一切险中，第三者责任赔偿采取限额赔偿方式，也就是在订立保险合同时，就设定保险人赔偿的最高限额。

3. 保险责任和除外责任

建筑工程一切险其中一个重要内容是要分清楚哪些责任在建工险的责任范围内，哪些是除外责任（不在责任范围内，不予以承保）。建筑工程一切险的标的分为物质损失项目和第三者责任两大部分，保险责任和除外责任也主要从以上两部分进行介绍。

1）保险责任范围

（1）物质损失

我国现行的建筑工程一切险条款对物质损失的保险责任范围进行规定："在本保险期限内，若本保险单明细表中分项列明的保险财产在列明的工地范围内，因本保险单除外责任以外的任何自然灾害或意外事故造成的物质损坏或灭失，保险人按本保险单的规定负责赔偿。"

由上述条款可知建工险承保的是除外责任以外的一切危险造成的损失。造成物质损失的风险有两大类：自然灾害和意外事故，意外事故又包括人为风险。

① 自然灾害。建筑工程保险所承保的自然灾害有地震、海啸、雷电、飓风、台风、龙卷风、风暴、暴雨、洪水、水灾、冻灾、冰雹、地崩、山崩、雪崩、火山爆发、地面下陷下沉、滑坡及其他人力不可抗拒的破坏力强大的自然灾害。

② 意外事故。指不可预料的以及被保险人无法控制并造成物质损失或人身伤亡的突发性事件。具体包括：雷电、火灾、爆炸；飞机坠毁、飞机部件或飞行物体坠落；原材料缺陷或工艺不善所引起的事故；因工人或技术人员缺乏经验、疏忽、过失、恶意行为或无能力等所引起的事故；一般性盗窃和抢劫，被保险人收益或默许的除外；责任免除以外的其他不可预料的和突然的事故，以及在发生保险责任范围的事故后现场的必要清除费用。在保险金额内，保险人可予赔偿。

其中，原材料缺陷指所用的建筑材料质量未达到规定的标准，在一定程度上属制造商或供货方责任。这种缺陷是指材料使用时必须是通过正常技术水平无法鉴定或不能发现的，否则，将是故意行为，保险人不予赔偿。工艺不善是指工艺未达到规定的要求，尽管原材料本身无缺陷，但由于工艺水平不过关，结果导致施工物料本身发生损失，施工方应当承担部分责任。因此，原材料缺陷或工艺不善本身的损失为除外责任，但由此而引起的事故造成其他保险财产的损失属于保险责任。

建筑工程一切险有关物质部分的保险责任范围广，一般能满足投保人的需要。但有时投保人因某种特别要求或因工程特殊的性质需要增加额外的风险保障，保险人经过全面分析后，一般在加收保费的基础上也可在基本保险责任下，附加特别的保险责任，但必须出具批单予以载明，附加责任通常以附加条款的形式出现。如罢工、暴乱、民众骚乱扩展条款、工地外储存物质条款、有限责任保证期扩展条款、扩展责任保证期扩展条款、机器设备试车考核条款等。

（2）第三者责任

我国现行的建筑工程一切险条款对第三者责任有如下规定："在建筑工程保险期限内，因发生与保险单所承保工程直接相关的意外事故引起工地内及邻近区域的第三者人身伤亡、疾病或财产损失，依法应由被保险人承担的经济赔偿责任，保险人按照条款的规定负责赔偿。"其中，赔偿责任是被保险人在民法项下应对第三者承担的经济赔偿责任，不包括刑事责任。在任何情况下，保险人对每次事故引起的赔偿金额，均不得超过在保险合同明细表中对应列明的每次事故赔偿限额。而且保险人对保险合同项下上述经济赔偿的最高赔偿责任不得超过明细表中列明的累计赔偿限额。

2）除外责任范围

建设工程一切险的除外责任大体可以分为三类：物质损失部分的除外责任、第三者责任部分的除外责任和总除外责任。前两者都是建筑工程一切险和安装工程一切险特有的，而总除外责任在其他很多财产保险里也适用。

（1）物质损失

建设工程一切险物质损失部分的除外责任包括以下几种。

① 设计错误引起的损失和费用。建设工程的设计错误主要包括工程地质勘察错误和设计方案及计算等错误，在工程施工中由于设计错误必然引起工程事故造成经济损失。如果有需要，被保险人可以投保职业责任险中的"设计保险"，以分散因为设计而造成的意外风险。

② 自然磨损、内在或潜在缺陷、物质本身变化、自燃、自热、氧化、锈蚀、渗漏、鼠咬、虫蛀、大气（气候或气温）变化、正常水位变化或其他渐变原因造成的保险财产自身的损失和费用。上述情况的发生在所难免，并不属于意外事故责任范围，所以除外。

③ 因原材料缺陷或工艺不善引起的保险财产本身的损失以及为换置、修理或矫正这些缺点错误所支付的费用。原材料缺陷是材料制造商或者供应商的责任，保险人不需要予以负责；工艺不善是属于被保险人的施工质量风险，而工程保险是针对施工过程中的意外事故所造成的风险损失，所以除外。

④ 非外力引起的机械或电气装置的本身损失，或施工用机具、设备、机械装置失灵造成的本身损失。建筑工程一切险是承保建设工程的财产一切险，对任何机器设备本身的原因所致的损失一概除外，但由于外来原因导致的机器设备损失，可予以赔偿。

⑤ 维修保养或正常检修的费用。此类费用属被保险人应正常支付并负担的费用，不属保险责任。

⑥ 档案、文件、账簿、票据、现金、各种有价证券、图表资料及包装物料的损失。票据、现金和各种有价证券的数额变动情况较为频繁，数额难以确定，所以不属于保险责任。而档案、文件、账簿和图表资料的价值难以确定，这类标的一旦损失，很难评估其具体价值，所以也不属保险责任。工程中所用的包装物一般为一次性使用，必须拆开或解体，这样材料才能使用，设备才能安装，损失是必然的，故予以除外。

⑦ 盘点时发现的短缺。在盘点时发现的短缺往往是由于企业内部管理不善造成的，而非盗窃等意外原因造成的，而且责任难以界定，故予以除外。

⑧ 领有公共运输行驶执照的，或已由其他保险予以保障的车辆、船舶和飞机的损失。这些运输工具属公共运输性质，活动范围不限于建筑工地，如果对其进行了承包，责任不易控制，保险范围和风险都会扩大，故不属于保险责任，应投保机动车辆、船舶和飞机保险。但对没有公共行驶执照仅在建筑工地作业的推土机、吊车等施工用机器设备，可单独在建筑用机器、装置及设备项下投保。

⑨ 除非另有约定，在保险工程开始以前已经存在或形成的位于工地范围内或其周围的属于被保险人的财产的损失。上述属于被保险人的原有财产不包括在承保的工程合同价格以内，故不属保险责任。被保险人可根据需要与保险人约定在扩展条款中投保此类风险。

⑩ 除非另有约定，在保险单保险期限终止以前，保险财产中已由工程所有人签发完工验收证书或验收合格或实际占有或使用或接收的部分。根据保险条款里保险期限的规定，部分签发完工验收证书或验收合格，或工程所有人实际占有或接收该部分时，保险责任终止。

虽然整个工程未完工，保险期限未终止，但对部分签发完工验收证书的工程，自签发完工验收证书之时责任终止，以先发生者为准。

（2）第三者责任

建设工程一切险第三者责任部分的除外责任包括以下几种。

① 物质损失项下或本应在该项下予以负责的损失及各种费用。该项说明了第三者责任项下不包括物质损失项的保险财产损失和费用，应该在或者可以在物质损失项下负责的损失和费用无论在物质损失项是否得到赔偿，第三者责任项下都不负责，属于除外责任。

② 由于震动、移动或减弱支撑而造成的任何财产、土地、建筑物的损失及由此造成的任何人身伤害和物质损失。因本项内的事故多属工地上常见的设计和管理方的事故，震动、移动或减弱支撑这种风险对于有经验的被保险人来说是可以预见的，并可以通过一些预防措施避免事故的发生，因此这些事故不属于意外事故，保险人不予以负责。但被保险人可以根据需要对此风险通过附加条款进行扩展投保。

③ 工程所有人、承包人或其他关系方或他们所雇用的在工地现场从事与工程有关工作的职员、工人以及他们的家庭成员的人身伤亡或疾病。此项中的对象均与工程项目有直接或者间接的联系，并不属于"第三者"的范围，故不予负责赔偿。

④ 工程所有人、承包人或其他关系方或他们所雇用的职员、工人所有的或由其照管、控制的财产发生的损失。因为上述对象并不属于"第三者"范围，而且他们所有的或由其照管、控制的财产应该在建工险物质损失项下进行投保，所以不属第三者责任。

⑤ 领有公共运输行驶执照的车辆、船舶、飞机造成的事故。原因同物质损失部分除外责任第⑧条。

⑥ 被保险人根据与他人的协议应支付的赔偿或其他款项，但即使没有这种协议，被保险人仍应承担的责任不在此限。被保险人与他人达成协议，就形成了合同责任。合同责任是可以预见和控制的，具有很大的必然性，因此不属第三者责任。

建筑工程一切险条款一般都会设有通用于物质损失和第三者责任两个部分的除外责任，称为总除外责任。现有建筑工程一切险的条款规定了以下 7 个方面的内容。

① 战争、类似战争行为、敌对行为、武装冲突、恐怖活动、谋反、政变引起的任何损失、费用和责任；政府命令或任何公共当局的没收、征用、销毁或毁坏；罢工、暴动、民众骚乱引起的任何损失、费用和责任。

因为这类风险造成的损失巨大，并且有些风险如战争等属于政治风险的范畴，不在本保险之列，所以保险人一般不予负责。如果被保险人认为其存在战争风险或者公共当局征收的风险，尤其是国际投资项目，可以通过投保"投资保险"的方式转移此类风险。如果被保险人需要罢工、暴动、民众骚乱方面的保障，可通过扩展条款的方式特约加保。

② 被保险人及其代表的故意行为或重大过失引起的任何损失、费用和责任。

被保险人是指保单里明确写明的被保险人，一般是指法人。代表则是指企业的法人代表，董事长，董事，总、副经理，总会计师或者派驻工地的代表人等。而这里的故意行为，是指被保险人及其代表明知或者预见到自己的行为会导致风险事故的发生，但仍希望或者放任这种后果发生的行为。重大过失，一般解释为被保险人犯了应当有能力避免的过失行为。由于是非意外造成的损失费用或责任，并且被保险人违背了保险合同的"诚信原则"，是不诚实行为所致的损失，保险人不予负责。

③ 核裂变、核聚变、核武器、核材料、核辐射及放射性污染引起的任何损失、费用和责任。

核风险可能造成的物质损失是巨大的，而且损失的范围和程度难以估计，因此保险人不予负责。

④ 大气、土地、水污染及其他各种污染引起的任何损失、费用和责任。

污染风险类似于核风险，其可能造成的损失也是巨大的，而且损失的范围和程度难以估计，尤其是对可能产生的第三者责任，其损失更是无法估量的。此外，污染风险有一定的人为因素，保险人难以承担和控制责任，故不予负责。

⑤ 工程部分停工或全部停工引起的任何损失、费用和责任。

工程一旦停工，施工现场缺乏管理，等于危险性质及状况已有所改变，与施工时的情况不同，故将工程停工列为除外责任。

⑥ 罚金、延误、丧失合同及其他后果损失。

由于工程保险承保的责任是保险标的直接损失，而上述损失属于其他间接性和后果性的损失，保险人不负有此类赔偿责任，故列为除外责任。

⑦ 保险合同明细表或有关条款中规定的应由被保险人自行负担的免赔额。

免赔额是指保险事故发生，使保险标的受到损失时，损失在一定限额内保险人不负责任的金额。免赔额的设定在于加强被保险人的责任心，降低被保险人的保险费负担。因此免赔额应由被保险人自行负担。

4. 保险金额

保险金额是指保险人就所承保的保险标的对被保险人所负的最高赔偿金额或责任。建筑工程一切险的条款规定，物质损失部分要确定其保险金额，而第三者责任部分要确定其赔偿限额。因此，建工险的保险金额包括物质损失部分的保险金额、第三者责任部分的赔偿限额和特殊风险的赔偿限额。

1）物质损失部分的保险金额

建筑工程一切险的物质损失部分保险金额的确定比较复杂，在讨论其保险金额之前，首先对以下三个基本概念作一比较，以便更好地理解保险金额。

（1）重置成本

重置成本是指风险事故发生时，重新购置或建造同样生产（服务）能力的受损保险标的所要花费的全部支出。

（2）实际价值

实际价值是指保险标的处于承保地点的实际在险价值。对于新建工程而言，实际价值通常等于重置成本；而对于施工机械设备，实际价值通常等于重置成本减去折旧的价格。

（3）合同价格

合同价格是指工程建设合同中订立的合同范围内工程的价格。

通常情况下，以上三者之间的关系为：重置成本≥实际价值≥合同价格。在工程保险理论中，按照足额投保的原则，应以实际在险价值作为保险金额；但在保险实务中，出于谨慎和可行的原因，通常以重置成本或合同价格作为保险金额。

根据建筑工程保险单明细表中物质损失项目的分类，下面具体介绍其保险金额的确定：

① 建筑工程。这是建筑工程保险的主要保险项目，其保险金额应为承包工程合同的总金额，即建成该工程的实际价值，其中包括设计费、材料设备费、施工费、运杂费、保险费、税款及其他有关费用。如有临时工程，还应注明临时工程部分的保险金额。

承保工程的合同金额在工程期内因物价波动、计划不周很可能发生变动，投保时可先按工程预算金额确定保险金额，完工后再按工程决算金额调整保险金额，保险费按调整后的保险金额重新结算。一些大型建筑工程往往有若干主体工程项目，可以分项投保。

② 所有人提供的物料及项目。该项保险金额按这一部分的重置成本确定。

③ 安装工程项目。该项保险金额也按重置成本计算，所占保额一般不超过全部工程项目保额的 20％。如果保险金额超过 20％，则应按安装工程险费率计算保险费。如超过 50％，则应按安装工程一切险另行投保。

④ 建筑用机器、装置及设备。该项保险金额同样按重置成本确定，包括出厂价、运费、关税、安装费及其他必要费用。

⑤ 场地清理费。该项保险金额可以按工程的具体情况由保险公司和投保人协商确定，大工程的该项保额不超过总合同金额的 5％，小工程不超过 10％。本项费用按第一风险赔偿方式承保，即发生损失时，在保额内按实际支出费用赔付。

⑥ 工地内现成的建筑物。该项保险金额由双方共同商订，可按这些建筑物或财产的实际价值确定。

⑦ 所有人或承包人在工地的其他财产。该项保险金额可参照上述 6 项的标准由保险双方协商确定。

以上 7 项保险金额之和，构成了建工险物质损失项目的总保险金额。一般投保时先按工程承包合同规定的工程概预算总造价（承包合同价格）作为保额投保，到工程完毕时再根据建成的实际价格调整保额、保费。若被保险人是以保险工程合同规定的工程概预算总造价投保时，被保险人应：

① 工程造价中包括的各项费用因涨价或升值原因而超出原保险工程造价时，尽快书面通知保险人，由保险人据此调整保额；

② 在保险期限内对相应的工程细节作出精确的记录，并允许保险人在合理的时候对该项记录进行查验；

③ 保险工程的建造期超过三年的，必须从保单生效日起每隔十二个月向保险人申报当

时的工程实际投入金额及调整后的工程总造价，保险人据此调整保费；

④ 保险期限届满后三个月内向保险人申报最终的工程总造价，保险人据此以多退少补的方式对预收保额进行调整。

否则，针对以上各条款，保险人将视为保险金额不足，一旦发生保险责任范围内损失时，对各种损失按比例赔偿。

2）第三者责任部分的赔偿限额

第三者责任部分的赔偿限额一般根据工程的风险等级、自然地理条件及工期长短等因素，由保险双方协商确定，并在保单内列明保险人对同一原因发生的一次或多次事故引起的财产损失和人身伤亡的赔偿限额。赔偿限额要按人身伤害和财产损失分别确定，一般包括以下两种规定方法。

① 只规定每次事故的赔偿限额，而不具体限定为人身伤亡或财产损失的分项限额，也不规定整个保险期间的累计赔偿限额。这种方法适用于风险较小的第三者责任。

② 先规定每次事故人身伤亡及财产损失的分项赔偿限额，再规定每人的赔偿限额，然后将分项的人身伤亡限额与财产损失限额相加组成每次事故的总赔偿限额，最后再规定保险期限内的累计赔偿限额。这种方法适用于风险较大的第三者责任。

3）特殊风险的赔偿限额

在工程保险中，还有一种特殊情况就是需要对特殊风险规定赔偿限额。特殊风险赔偿限额是保险人对由于地震、海啸、风暴和暴雨一类具有灾害特性的风险造成的项目物质损失所承担的最高赔偿限额。特种风险赔偿限额的幅度，一般在物质损失部分总保险金额的60%至100%之间。

5. 保险期限和保证期

1）保险期限

建工险的保险期包括从开工到完工的全过程，由投保人根据需要确定。建筑工程一切险承保的是施工阶段、试运行阶段和（或）保修期阶段的风险，如投保人要求分期投保，经保险人同意后也可分别规定保险期限。保险人实际承担保险责任的起止点往往要根据被保工程的具体情况确定，通常规定如下。

（1）保险期限开始的时间的确定

① 以被保险工程在工地动工为准。

② 以用于保险工程的材料、设备运抵工地为准。

③ 以保单生效日为准。

以上三种情况，以先发生者为保险期限的开始。

（2）保险期限终止的时间的确定

① 以工程所有人对部分或全部工程签发完工验收证书或验收合格为准。

② 以工程项目所有人实际占有或使用或接收该部分或全部工程之时为准。

③ 以保单终止日为准。

以上三种情况，以先发生者为保险期限的终止。

2）保证期

保证期是指根据工程合同的规定，对竣工验收并交付使用之后的工程项目在预定的期限内，如果建筑物或安装的机器设备存在缺陷，甚至造成损失的，承包商要对这些缺陷和损失承担修复或赔偿的责任。这个责任期为保证期。从保险期限来看，保证期不包括在工程保险主保险单的保险期限，但可以通过附加条款"有限责任保证期扩展条款、扩展责任保证期扩展条款和保证期特别扩展条款"来承保。保证期责任加保与否，由投保人自行决定，但加保则要加交相应的保费。

6. 免赔额

建筑工程一切险的免赔额是指被保险人的自付额，即在保险事故发生后，保险标的的损失只有在达到一定数额时，保险人才予以赔偿。低于规定数额的，保险人不予赔偿，由投保人或被保险人自己负担。免赔额的金额是由保险人事先在保险单中设定由被保险人选择确定的。

建筑工程一切险中物质损失的免赔额一般为：建筑工程的免赔额一般为 2 000～50 000 美元，或为保险金额的 0.5%～2%，对自然灾害的免赔额大一些，对其他灾害的免赔额则小一些；建筑用机器、装置及设备的免赔额为 500～1 000 美元，或为保额的 5%，也可同时规定为损失金额的 15%～20%，以高者为准；其余保险项目，免赔额为 500～2 000 美元，或为保额的 2%，场地清理费一般不单独规定免赔额。以上每项免赔额，均为每次事故的绝对免赔额。

第三者责任免赔额仅对财产损失部分有规定，可按每次事故赔偿限额的 1‰～2‰ 计算，由被保险人与保险人协商确定，除非另有规定，人身伤亡部分一般不规定免赔额。

此外，在填写投保单和出立保险单时，均应如实、认真地填写，以防出现差错、引起纠纷，避免造成意外的损失。

7.1.5 安装工程一切险及第三者责任险

安装工程一切险是主要以机械和设备为标的的一种保险。它承保机械和设备在安装过程中因自然灾害和意外事故所造成的损失，包括物质损失、费用损失以及第三者损害的赔偿责任。国际保险市场上，安装工程险已发展成一种保障比较广泛、专业性很强的综合险种。安装工程一切险和建筑工程一切险无论在内容上还是在形式上都有很多相同或相似之处，因此在下面的介绍中，相同之处就不再重复。

1. 被保险人

安装工程一切险的投保对象为具有可保利益的工程相关利益方，所以均可以作为被保险人。具体为：

① 建设单位，又称业主或工程项目所有人；

② 施工单位，包括总承包商及分包商；

③ 供货商，即负责提供安装机器设备的一方；

④ 制造商，即安装机器设备的制造人，如果供货人和制造人为同一人，或者制造人和供货人为共同被保险人，在任何条件下，安装工程一切险对制造人风险的直接损失都不予负责；

⑤ 由业主或工程项目所有人聘用的工程专业顾问（设计师、工程师、建筑师等）；

⑥ 与工程实施相关的关系方，如贷款银行、其他债权人等。

2. 保险标的

安装工程保险标的的构成与建筑工程标的相似，也分为物质损失项目和第三者责任两类。第三者责任所包含的内容与建筑工程一切险相同，但物质损失项目的内容有所不同。安装工程一切险物质损失项目包括安装项目、土木建筑工程项目、场地清理费、所有人或承包人在工地上的其他财产等。

1）物质损失项目

① 安装项目。这是安装工程一切险的主要保险标的，主要包括安装工程合同内要安装的机器、设备、装置、物料、基础工程以及安装工程所需的各种临时设施（如水、电、照明、通信设备等）。按照安装工程类型大致可分为三类：新建工厂、矿山或某一车间生产线安装的成套设备；单独的大型机械设备装置，如发电机组、锅炉、巨型吊车等组装的工程；各种钢结构建筑物，如储油罐、桥梁、电视发射塔之类的安装、管道、电缆的铺设工程等。

② 土木建筑工程项目。这是指新建、扩建厂矿必须拥有的土建项目，如厂房、仓库、道路、水塔、办公楼、宿舍、码头、桥梁等。如果此项目包括在第①项中，则不必另行投保，只需在保险单中说明。一般情况下，这些项目不在安装工程合同内，但可在安装工程一切险内附带投保。

③ 安装施工用机器、装置及设备。

④ 场地清理费。指在事故发生后为清理工地现场而必须支付的费用。

⑤ 工程所有人或承包人在工地上的其他财产。指上述工程以外的保险标的，例如，工地内现成财产等。

2）第三者责任

该项的内容均与建筑工程一切险相同，此处不再赘述。

3. 保险责任和除外责任

安装工程一切险保险责任和除外责任范围有很多方面跟建工险的相应部分基本相同或相似，此处将重点介绍其特有的方面。

1）保险责任范围

安装工程一切险在物质损失责任的规定上与建工险略有区别。安装工程一切险有关物质部分的保险责任除与建工险的相同部分外，一般还包括如下内容。

① 安装工程出现的超负荷、超电压、碰线、电弧、走电、短路、大气放电及其他电气引起的其他财产的损失。此处强调的损失是指对除设备或电气本身之外的其他财产的损失，具体原因会在除外责任中详细介绍。

② 安装技术不善引起的事故损失。技术不善是指按照要求安装但没达到规定的技术标准，在试车时可能会发生事故，所造成的损失是安装工程一切险的主要责任之一。承保这一责任时，应要求被保险人对安装技术人员进行技术评估，以保证技术人员的技术水平能适应被安装机器设备的要求。

除安装工程保险有关物质部分的基本保险责任外，有时因投保人的某种特别要求或因工程有其特殊性质需要增加额外的风险保障，因此在基本保险责任项下可附加保险责任。物质部分的附加保险责任可供选择的条款一般有罢工、暴乱、民众骚乱条款，工地外储存物质条款，有限责任保证期条款，扩展责任保证期条款，使用、移交财产条款等。

安装工程一切险的第三者责任范围与建工险略有不同，安工险第三者责任中没有建工险的"由于震动、移动或减弱支撑而造成的任何财产、土地、建筑物的损失及由此造成的任何人身伤害和物质损失"这一款项，因为这是专门适用于建筑施工情况下的，所以安装工程一切险第三者责任险责任部分条款共有 5 条，具体条款请参照上述建筑工程一切险的第三者责任范围。

2）除外责任范围

安装工程一切险的第三者除外责任和总除外责任与建工险的相同，只有物质损失除外责任略有差别，具体体现在以下方面：

① 因设计错误、铸造或原材料缺陷或工艺不善引起的保险财产本身的损失以及为换置、修理或矫正这些缺点错误所支付的费用。这部分的风险责任应由相应的生产、铸造厂家负责，而不应当由保险人承担责任，故不予承保。

② 由于超负荷、超电压、碰线、电弧、漏电、短路、大气放电及其他电气原因造成电气设备或电气用具本身的损失。此项专门适用于安装工程项目，这类事故主要是由电气设备及电器用具本身质量问题造成的，有时也可能是安装操作者失误造成的。由于两者在实际操作中难以认定，因此将这类风险损失除外。

③ 施工用机具、设备、机械装置失灵造成的本身损失。此项与建筑工程一切险中"非外力机械或装置本身的损失或施工用机具、设备、机械装置失灵造成的本身损失"有所不同。安装工程一切险将工程建设过程中需安装并作为建设项目一部分的机器设备纳入保险标

的范畴。因为这一部分标的是安装工程的主要标的，安工险针对被保险人可能面临的由于从事安装的工人、技术人员操作错误、缺乏经验、技术不善、疏忽、过失或恶意行为而造成这类机器设备的损失。

安装工程一切险的第三者除外责任和总除外责任与建筑工程一切险相同，具体内容可参照建筑工程第三者责任险的除外责任和总除外责任。

4. 保险金额

同建筑工程一切险，安装工程一切险的保险金额包括物质损失部分的保险金额、第三者责任部分的赔偿限额和特殊风险的赔偿限额。

1）物质损失部分的保险金额

（1）安装项目

当采用完全承包方式时，安装项目的保险金额为承包合同价；当订货人对引进设备投保时，其保险金额为 CIF 合同价、国内运费及保险费，以及关税和安装费的总和。如引进设备的价格是 FOB 合同价，则应再加上国际运费和保险费。安装项目的保险金额，一般按安装合同总金额确定，待工程完毕后再根据完毕时的实际价值进行调整。

（2）土木建筑工程项目

该项保险金额按重置成本计算，应为该项工程项目建成的价格，包括设计费、材料设备费、施工费、运杂费、保险费、税款及其他有关费用等。这些项目一般不属于安装工程，但可在安装工程内附带投保，其所占保额一般不超过整个安装工程保额的 20%。如果保险金额超过 20%，则应按建筑工程一切险费率计算保险费。如超过 50%，则应按建筑工程一切险另行投保。

（3）安装施工用机器、装置及设备

该项保险金额同样按重置成本确定，包括出厂价、运费、关税、安装费及其他必要费用。

（4）场地清理费

该项保险金额可以按工程的具体情况由保险公司和投保人协商确定，大型工程的保额不超过总合同金额的 5%，小型工程不超过 10%。本项费用按第一风险赔偿方式承保，即发生损失时，在保额内按实际支出费用赔付。

（5）工程所有人或承包人在工地上的其他财产

该项保险金额以重置成本计算。

上述五项保险金额之和即构成物质损失部分的总保险金额。

2）第三者责任部分的赔偿限额

第三者责任部分赔偿限额的规定和算法同建筑工程一切险，请参照上述内容。

3）特殊风险的赔偿限额

特殊风险赔偿限额的规定均与建筑工程一切险相同，请参照上述内容。

5. 保险期限和保证期

安装工程一切险的保险期包括从开工到完工的全过程，由投保人根据需要确定。安装工程一切险关于保险期限和保证期的规定与建筑工程一切险相同。

与建筑工程一切险相比，安工险多了一个试车考核期间的保险责任。试车考核期是指工程安装完毕后的冷试、热试和试生产。其长短由保险人与被保险人商定或根据工程保险合同上的规定来决定，并在保单上列明。试车考核期的保险责任一般不超过 3 个月，若超过 3 个月，应另行增加保费。在试车考核期，保险人对于旧机器设备不负保险责任，也不承担其保修期的保险责任。

6. 免赔额

安装工程一切险的免赔额一般为：自然灾害的免赔额为 3 000～5 000 美元；试车期的免赔额为 10 000～100 000 美元；其他风险的免赔额为 2 000～5 000 美元；第三者责任的免赔额规定每次财产损失的免赔额为 2 000～5 000 美元；特殊风险的免赔额应视项目风险大小而定。

7. 安装工程一切险和建筑工程一切险的比较

安装工程一切险和建筑工程一切险在形式和内容上基本一致，两者是承包工程项目相辅相成的一对险种。但两者相比较，仍有些明显的不同之处。

① 随着工程建设的推进，建筑工程一切险的保险标的是逐步增加的，保险人承担的风险责任也随着保险标的的增加而增加，而安装工程一切险的保险标的一开始就存放于工地，保险人开始承担的风险也就相对集中，大多从安装工程一开始就负有全部的风险责任。

② 建筑工程一切险的保险标的多半处于暴露状态，遭受自然灾害损失的可能性较大，而安装工程一切险的保险标的多在建筑物内，受自然灾害的影响较小，但由于其技术性强，因人为因素造成损失的可能性较大。

③ 建筑工程一切险不负责因设计错误而造成的任何损失，而安装工程一切险虽然不负责设计错误造成的安装工程项目本身的损失，但需要对设计错误而引起的其他财产损失负责。

④ 安装工程交接前必须通过试车考核，而安装工程在试车考核期风险最大，任何潜在的因素都可能造成像机器损坏之类的损失，损失率要占整个安装工期的 50% 以上，因而试车期的保险费率比较高，而建筑工程无试车风险。

7.2 工程保险合同

7.2.1 工程保险合同概述

1. 工程保险合同的定义

保险合同又称保险契约，是指保险关系双方当事人之间订立的在法律上具有约束力的一种协议。我国《保险法》第 10 条规定：保险合同是投保人与被保险人约定保险权利义务关系的协议。

工程保险合同是工程保险关系双方当事人为实现对被保险人的财产、有关利益及第三者责任进行经济保障，明确双方权利、义务关系所签订的一种具有法律效力的协议，它适用于保险合同法的一般规定。

2. 工程保险合同的组成

工程保险合同不仅仅指的是工程保险单，一份完整的工程保险合同通常由 5 部分组成，如图 7-2 所示。

图 7-2 工程保险合同的组成

（1）工程资料

与普通财产保险相比，工程保险承保的风险更为复杂和多变，保险人需要对工程的风险作出全面和充分的评估，而相关工程资料对评估的正确性起着非常重要的作用。因此，保险人要求投保人提交相关的工程资料，并把它们作为保险合同的组成部分。这些资料通常包括：工程合同、工程设计书、工程进度计划、工地地质报告、工地略图、施工许可证等。

（2）投保单

投保单是保险人事先制订好的供投保人提出保险申请时使用的一种书面凭证。投保单一般都记载保险合同的必要条款，主要内容包括投保人、被保险人、保险标的、保险金额、保险费率和保险期限等，并载有投保人申请保险时应向保险人履行如实告知义务的注意事项。投保单本身虽然不是保险合同的书面形式，但是经保险人签字盖章确认的投保单却是保险合同的重要组成部分。

（3）保险单

保险单是保险人与投保人之间订立的正式保险合同的书面凭证。保险单并不是保险合同的全部，它只是其中的关键性书面文件，也是被保险人向保险人索赔、保险人向被保险人理赔的主要依据。工程保险的保险单通常包括下列内容：投保人、保险人、被保险人、保险种类、保险标的、保险责任、除外责任、保险期间、保险金额、保险费及其支付方式、保险金赔偿方式、订立保险合同的时间和地点、附加条款及批文等。

应当明确的是保险单仅仅是保险合同成立的凭证之一，并不是保险合同成立的前提条件。保险合同成立（如签发临时保单）后，即使保险单未签发，如果发生保险事故，除非保险合同另有约定，保险人都应当承担赔偿责任。

（4）特别条款

特别条款是依附于标准保险单后的附加条款，其实质是对基本条款的修正或者限制，它类似于建设工程施工合同中的专用条件。作为标准保险单的补充，不仅可以解决工程项目风险分散的共性问题，而且又能满足投保人对特定工程的个性化需求，使工程保险条款更加具体灵活。在保险条款解释原则上，特别条款的效力优于标准保险单上的内容，当标准保险单与特别条款内容相抵触时，以特别条款内容为准。我国目前颁布和使用的特别条款归纳起来可以分为三类：扩展类特别条款、限制类特别条款和规定类特别条款。

扩展类特别条款是一种对保险单基本条款的扩展性条款，主要是将基本条款中的一些除外责任纳入保险责任范围之中，如设计师风险扩展条款。

限制类特别条款是对保险责任范围进行缩减或限制的条款，包括限制性保险责任和限制性保险标的。如洪水除外条款、旧设备除外条款等。

规定类特别条款是对保险合同中的一些重要问题或者需要说明的问题进行明确规定的条款，以免产生争议或者误解，引发纠纷等。如施工用具特别条款、地震地区建筑物特别条款。

（5）保险批单

批单是保险人签发的附在保险单之后的用于批改保险单内容的书面凭证。在保险合同有效期间，合同双方均可通过协议变更保险合同的内容，对于变更合同的任何协议，保险双方都应在原保单或保险凭证上批注或附贴批单，以资证明。

此外，在订立保险合同时，有时保险人在签发正式保险单之前会发出一份临时凭证，证明保险人已经接受投保人投保，这份临时凭证称为暂保单，又称临时保单。保单具有与保险单同等的法律效力。暂保单有效期较短，一般为 30 天，正式保险单签发后暂保单则自动失效。暂保单的内容比较简单，一般仅载明投保人与被保险人的姓名、投保险别、保险标的、保险金额、责任范围等重要事项。

3. 工程保险合同的特征

工程保险合同的特征总结有以下几个方面。

（1）双务性

工程保险合同具有双务性，即在合同中，当事人双方都享有权利和承担义务，投保人负有按约定缴付保险费的义务和索赔的权利，而保险人则负有在保险事故发生时赔偿或给付保险金的义务和收取保险费的权利。

（2）侥幸性

工程保险合同的侥幸性是指合同订立时，合同各方当事人无法事先预见危险事故的发生。危险事故的偶然性决定了工程保险合同的侥幸性。工程保险合同的侥幸性还表现在合同双方的资金支出和收入的不平衡上。在保险的合同期限内，对工程被保险人来说，如果保险标的发生损失，则被保险人得到的赔偿金额可能远远超出其所支付的保险费；如无损失发生，则被保险人只交保险费而没有任何收入。而对工程保险人来说，情况则刚好相反。如果保险标的发生损失，保险人所支付的金额可能大大超过他所收的保费；而如无损失发生，则他只收取保险费而无赔付金支出。

（3）补偿性

工程保险合同的补偿性体现在物质损失中，当保险标的发生损失时，保险人对被保险人的赔偿只是补偿性的，即保险人对被保险人所承担的赔偿义务仅局限于损失部分的补偿，这种补偿的限度应掌握在以恰好能使工程被保险人在经济上恢复到保险事故发生前的状态，不能过多或过少。

（4）诚信性

工程保险合同是基于工程保险合同当事人的诚实信用原则而成立的，即工程保险合同的成立是以真实无瑕、遵守最大善意为有效条件。工程保险合同特别强调诚信原则，是因为工程保险合同的标的都在被保险人的掌握控制中，保险人不能时时处处对所有的保险标的实行监管。在这种情况下，为使工程保险合同得以有效履行，就特别需要工程保险合同的当事人，特别是投保人或被保险人遵守最大善意原则，否则保险人可依法对损失不承担赔偿责任。

（5）附和性

工程保险合同的附和性是指保险人依照规定制定出保险合同的基本条款，投保人只能选择接受或拒绝，一般没有修改某项条款的权利。如果有必要修改或变更保单的某项内容，通常也只能够采用保险人事先准备的附加条款或附属保单，而不能完全依照投保人的意思来做出改变。

当然，工程保险合同也并非全部采取标准合同的形式，因此，不能说所有的工程保险合同均为附和合同。工程保险合同之所以具有附和合同的特征，其原因在于：保险人掌握保险技术和业务经验，投保人往往不熟悉保险业务，因此很难对条款提出异议。当工程保险合同出现由于条款的歧义而导致法律纠纷时，按国际惯例，法院往往会做出有利于被保险人的判决。

（6）条件性

保险合同的条件性是指只有在合同所规定的条件得到满足的情况下，合同的当事人一方才履行自己的义务；反之，则不履行其义务。工程保险合同就具有这样的特点。作为投保人，可不去履行保险合同所要求做的事情，但如果投保人的行为没有满足合同的要求，其就不能强迫保险人履行义务。比如说，保险合同通常规定，投保人必须在损失发生以后的某一规定时间里向保险人报告出险情况。没有人强迫投保人必须这样做，换句话说，投保人可以不在规定的时间里向保险人报告。但是，如果投保人没有这样做，也就不能指望或强迫保险人赔偿其损失。

投保工程保险是工程项目风险管理的重要手段，是转移风险的重要途径。在工程保险投保的过程中，会遇到多种多样的问题。因此在介绍工程保险合同之前，首先对工程保险投保的一般程序和方式进行简单介绍。

7.2.2　工程保险投保

1. 工程保险投保的程序

工程保险投保的一般程序可用如下的工作流程图表示，如图 7-3 所示。

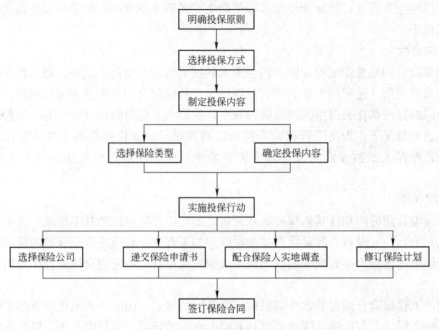

图 7-3　工程保险投保工作流程图

1）根据工程风险情况，明确投保原则

工程保险投保一般遵循四个基本原则：全面评估风险、充分分散风险、体现公平与等价和遵守法律惯例。

2）选择投保方式，即确定由谁来投保，采取何种方式投保

一般有三种选择方式：承包商投保、业主投保和业主与承包商分别投保，下面会具体介绍。

3）制定投保内容

包括选择保险类型、确定投保的主要内容（投保人与投保标的、保险期及保险条款选择等）、优化投保方式等内容。

4）实施投保行动

包括选择保险公司索取保险申请并填写、配合保险人到工地勘察、阅读保险建议书，修订保险计划。

5）签订保险合同

直至合同正式生效为止。

2. 工程投保方式

通过前文的介绍可知，建筑（安装）工程一切险的投保人有多方，如承包商、业主等。在工程保险实务中，工程风险的主要承担者往往为投保人，由其代表办理保险业务，与保险人商谈保险合同条款和索赔、理赔等事宜。一般情况下，投保人是业主或者承包商。所以根

据投保人的不同，可以将工程投保方式分为以下 3 种。

1）承包商投保

承包商投保一般发生在业主将工程全部发包给某一承包商，承包商负责全部或关键的工程环节的情况下。这时工程的风险主要由主承包商承担，因而应由主承包商投保工程保险。保险费计入工程造价，最终由业主承担。

2）业主投保

业主是工程项目的投资者，很多情况下工程的风险都是由业主承担的，所以需要由业主进行投保。简单归纳起来，需要业主进行投保的情况分以下两种。

① 业主将工程的勘察设计、原材料采购等交由专门的设计、监理等单位负责，承包商只负责提供劳务进行施工。这种情况下，承包商的风险较小，工程的综合风险需要业主承担。

② 业主将一项工程分成多个部分分别承包给不同的承包商，各承包商之间相互独立。在这种承包方式下，一般由业主统一投保。

3）业主和承包商分别投保

业主负责设计和提供部分建筑材料，承包商负责施工和提供部分材料，业主和承包商共担风险。在这种情况下，双方可以就各自承担的风险部分分别投保。

在工程保险实务中，多数工程都采用业主和承包商共担风险的运作模式，因此承包商和业主共同投保的方式适合工程风险共担的运作模式。例如，三峡工程就采取这种投保方式。

7.2.3　工程保险合同管理

工程保险合同贯穿于工程项目的整个生命周期，从合同开始形成直到合同责任全部完成、合同结束，通常都经历许多阶段。工程保险合同管理主要包括工程保险合同的生效、履行、变更和续保等关键环节。下面就其中几个关键环节进行介绍。

1. 工程保险合同的生效

保险合同的签订，并不意味着合同立即生效。保险合同的生效是指保险合同对保险人和投保人开始产生法律效力，受国家法律的约束并可以据此向法院申请强制执行。我国《保险法》第 14 条规定：保险合同成立后，投保人按照约定缴付保险费；保险人按照约定的时间开始承担保险责任。我国《海商法》第 234 条规定：除合同另有规定外，被保险人应当在合同订立后立即支付保险费，被保险人支付保险费前，保险人可以拒绝签发保险单证。

一般来说，保险合同一旦依法成立，即产生法律效力。但是，与一般财产保险合同不同，工程保险合同往往是在其成立后的一段时间内生效，通常是以工程项目的开工时间为准。在工程保险合同成立以后并不立即生效的情况下，保险人的责任是不同的。保险合同成立后、但尚未生效前发生的保险事故，保险人不承担保险责任；保险合同生效后发生的保险事故，保险人应按约定承担保险责任。

因此，保险合同的成立与生效是两个不同的概念，这一点在工程保险实务中往往易被投保人所忽视，应当引起投保人的注意。

2. 工程保险合同的履行

工程保险合同一经生效，就需要对合同的履行加强管理，以保证合同目标的实现。但是，在实际工作中有些被保险人和保险人并不重视工程保险合同管理。比如当出现风险事故时，被保险人不能取得和保留有效的证据，并未能及时通知保险人，最后等到保险公司来确定时已损失部分有效证据。因此，投保人或被保险人与保险人都要加强对工程保险合同履行的重视，各自承担起自己的义务。通常，工程保险双方当事人有如下义务。

1）被保险人的义务

（1）缴纳保费的义务

缴纳保费是投保人最重要的义务。投保人必须按照约定的时间、地点和方法缴纳保费。如果投保人未能按照合同约定履行缴纳保险费的义务，将产生下列法律后果：在约定保费按时缴纳为保险合同生效要件的场合，保险合同不能生效；保险人可以请求投保人缴纳保险费及延迟利息，也可以终止保险合同。

（2）防灾防损义务

在保险合同中未免除被保险人防止灾害发生这一不可推卸的责任，法律也不会无视或容许被保险人一方面违反有关消防、安全、生产操作和劳动保护的规定，一方面又获取保险赔偿金的行为。因此，被保险人必须恪尽职守，按照国家的有关规定，谨慎选用施工人员，遵守一切与施工有关的法规和安全操作规程，包括采纳保险人代表提出的合理的防损建议，尽可能避免灾害事故的发生。

（3）通知义务

投保人或被保险人的通知义务包括保险事故"危险增加"的通知义务和保险事故"发生"的通知义务。

① "危险增加"的通知义务。

在工程保险合同中，危险增加是指订立保险合同时，当事人双方未曾估计到的保险事故危险程度的增加。保险事故危险增加的原因一般有两个：由投保人或被保险人的行为所致；由投保人或被保险人以外的原因所致，与投保人无关。

在这两种情况下，投保人或被保险人都应当在知道危险增加后，立即通知保险人。保险人在接到通知后，通常采取提高费率和解除保险合同两种做法。如果提高费率，投保人或被保险人不同意，则保险合同自动终止。投保人或被保险人履行"危险增加"的通知义务，对于保险人正确估计风险具有重要意义。因此，各国的保险立法均对此加以明确规定。

② 保险事故"发生"的通知义务。

工程保险合同订立以后，如果保险事故发生，投保人或被保险人应及时通知保险人，这一点在工程保险实务中非常重要。因为保险事故的发生，意味着保险人承担保险责任，履行保险义务的条件已经产生。保险人如果能及时得知情况，一方面可以采取适当的措施防止损失的扩大，另一方面也可以迅速查明事实，确定损失，明确责任，不致因调查的拖延而丧失证据。

同时，对投保人或被保险人而言，履行保险事故发生的通知义务，对减少索赔纠纷和及时获得保险赔偿都是十分有利的。如果投保人或被保险人未履行保险事故发生的通知义务，则有可能产生两种后果：保险人不解除合同，但可以请求投保人或被保险人赔偿因此而遭受的损失；保险人免除保险合同上的责任。

（4）减少损失的义务

在保险事故发生后，投保人或被保险人不仅应及时通知保险人，还应当采取各种必要的措施，进行积极的施救，以避免损失的扩大。我国《保险法》第 41 条规定：保险事故发生后，被保险人有责任尽力采取必要的措施，防止或减少损失。为鼓励被保险人积极履行施救义务，《保险法》还规定，被保险人防止或者减少保险标的的损失所支付的必要的、合理的费用，由保险人承担。因投保人或被保险人未履行施救义务而扩大的损失，应当由其承担责任。

除此之外，投保人或被保险人还有一些其他的义务，如保留事故现场的义务、损失举证的义务和报案义务等。

2）保险人的义务

工程保险合同成立后，一旦保险事故发生，保险人要按照保险合同的规定赔偿或给付保险金。这是保险人的义务，一般经过下列程序。

（1）确定损失赔偿责任

保险人对保险事故导致的损失赔偿责任，仅限于保险合同规定的责任范围。对责任范围的确定一般从基本责任、附加责任和除外责任三个方面作出。

（2）履行赔偿给付义务

在责任范围内的保险事故发生后，保险人应当向被保险人赔偿保险金，这是保险人履行赔偿责任的行为。

3. 工程保险合同的变更

工程保险合同的变更主要是指在保险合同的存续期间，其主体、内容及效力的改变。《保险法》第 21 条规定："在保险合同有效期内，投保人和保险人经协商同意，可以变更保险合同的有关内容。变更保险合同时，应当由保险人在原保险单或者其他保险凭证上批注或者附贴批单，或者由投保人和保险人订立变更的书面协议。"对工程保险合同而言，由于承保风险的特殊性，发生保险合同变更的情况十分普遍。保险合同的变更主要表现在以下几个方面。

（1）保险合同主体的变更

保险合同主体的变更是指保险合同当事人的变更。一般来说，这主要是指投保人或被保险人的变更，而不是保险人的变更。工程保险合同主体变更通常是由于承包商转让工程引起的。国际工程承包中进行工程转让是允许的，而我国将工程转让列为禁止行为，在建筑工程一切险和安装工程一切险中也一般不涉及主体变更问题。合同主体的变更会带来一系列复杂的合同问题，如保险合同费率的厘定，所以在工程保险实务中，对合同主体变更的情况保险人往往采取终止原有保险合同，与新的合同主体重新订立保险合同的做法。

（2）保险合同内容的变更

保险合同内容的变更是指在主体不变的情况下，改变合同中约定的事项，它包括保险期限、保险金额的变更；保险责任范围的变更；保险标的数量的增减；保险人地址的变更等。这些变更都会影响到保险人所承担的风险大小的变化。对于变更保险合同，投保人或被保险人首先向保险人提出变更合同内容的请求，提交有关资料，然后由保险人审查核定，保险人同意后，双方办理变更手续，有时还需增缴保费，合同方才有效。

工程保险合同中最为频繁的变更就体现在合同内容的变更上，由于保险合同内容的变更会影响到保险合同当事人的权益及承保风险的大小，因而工程保险中往往采用批单的形式对合同变更进行确认。根据保险法，变更保险合同的，应当由保险人在原保险单或者其他保险凭证上批注或者附贴批单，或者由投保人和保险人订立变更的书面协议。

（3）保险合同效力的变更

保险合同生效后，会由于某种原因，而使合同效力的发生中止，合同暂时无效。在此期间，如果发生保险事故，保险人不负支付保险金的责任。但保险合同效力的中止并非终止，投保人或被保险人在一定的条件下，向保险人提出恢复保险合同的效力。经保险人的同意，合同的效力即可恢复，即合同复效。已恢复效力的保险合同应视为自始未失效的原保险合同。

除合同复效外，保险双方也可以在法律允许的条件下解除保险合同，保障自己的利益。解除保险合同，就是在保险合同有效期届满前当事人依法提前终止合同的法律行为。关于保险人解除合同的问题，为保护投保人的利益，保险人不得任意解除保险合同。我国《保险法》规定，除另有规定或约定外，保险合同成立后，保险人不得解除保险合同。《保险法》只有在发生下列情形或者保险合同另有约定外，保险人才有权解除保险合同：

① 投保人故意隐瞒事实，不履行如实告知义务的，或者因过失未履行如实告知义务，足以影响保险人决定是否同意承保或者提高保险费率的，保险人有权解除保险合同。

② 被保险人或者受益人在未发生保险事故的情况下，谎称发生了保险事故，向保险人提出赔偿或者给付保险金的请求的，保险人有权解除保险合同，并不退还保险费。

③ 投保人、被保险人或者受益人故意制造保险事故的，保险人有权解除保险合同，不承担赔偿或者给付保险金的责任。

④ 投保人、被保险人未按照约定履行其对保险标的安全应尽的责任的，保险人有权要求增加保险费或者解除合同。

⑤ 在合同有效期内，保险标的危险程度增加的，被保险人按照合同约定应当及时通知保险人，保险人有权要求增加保险费或者解除合同。如当在建工程有重大变更，承保风险扩大，超过原保险合同保险范围时，保险合同的效力随即终止。

⑥ 保险标的发生部分损失的，保险人履行了赔偿责任后，除合同约定不得终止合同的以外，保险人可以终止合同。

⑦ 投保人申报的被保险人年龄不真实，并且其真实年龄不符合合同约定的年龄限制的，保险人可以解除合同，并在扣除手续费后，向投保人退还保险费，但是自合同成立之日起逾两年的除外。

⑧ 人身保险合同分期支付保险费的，合同效力中止超过两年的，保险人有权解除合同。

4. 工程保险合同的终止

工程保险合同的终止是指当因法律规定的原因出现时，由合同所确定的当事人之间的权利和义务随即终止，它标志着保险行为的终结。导致工程保险合同终止的原因很多，主要有以下几种。

（1）保险合同因期限届满而终止

保险合同订立后，虽然未发生保险事故，但如果工程保险合同的保险期限已到，则保险人的保险责任即自然终止。当然，保险合同到期以后还可以续保。但是，续保不是原保险合同的继续，而是一个新的保险合同的成立。

（2）保险合同因解除而终止

解除是较为常见的保险合同终止的一类原因。

（3）保险合同因违约失效而终止

因被保险人的某些违约行为，保险人有权使合同无效。但在一定条件下，中途失效的合同经被保险人履约并为保险人所接受，还可以恢复效力。然而，并不是所有的保险合同在失效后都可以复效。如工程保险合同的投保人或被保险人因不能如期缴纳保费而被终止合同的，则不能恢复合同效力。

（4）保险合同因履行而终止

保险事故发生后，保险人完成全部保险金额的赔偿或给付义务之后，保险责任即告终止。最常见的如工地上的被保险财产被大火焚毁，被保险人领取了全部保险赔偿后，即达到的最高的保险余额，合同即告终止。

5. 工程保险合同的争议处理

1）工程保险合同的解释原则

保险合同的解释是指当保险当事人由于对合同内容的用语理解不同发生争议时，依照法律规定的方式或者约定俗成的方式，对保险合同的内容或文字的含义予以确定或说明。工程保险合同的解释原则通常有以下几种。

（1）文义解释原则

文义解释即按合同条款通常的文字含义并结合上下文来解释，既不超出也不缩小合同用语的含义。文义解释必须要求被解释的合同字句本身具有单一的且明确的含义。如果有关术语本来就只具有唯一的一种意思，或联系上下文只能具有某种特定含义，或根据商业习惯通常仅指某种意思，那就必须按照它们的本意去理解。

（2）意图解释原则

意图解释是指在无法运用文义解释方式时，通过其他背景材料进行逻辑分析来判断合同当事人订约时的真实意图，由此解释保险合同条款的内容。保险合同的真实内容应是当事人通过协商后形成的一致意思表示。因此，解释时必须要尊重双方当时的真实意图。意图解释只适用于合同的条款不精当、语义混乱，不同的当事人对同一条款所表达的实际意思理解有分歧的情况。

（3）有利于被保险人的解释原则

有利于被保险人的解释原则，是指当保险合同的当事人对合同条款有争议时，法院或仲裁机构要作出有利于被保险人的解释。例如，我国的《保险法》第 30 条规定：对于保险合同的条款，保险人与投保人、被保险人或者受益人有争议时，人民法院或者仲裁机构应当作出有利于被保险人和受益人的解释。这是因为工程保险合同是附和性合同，它的主要条款都是保险人事先草拟或印制的，保险人在拟定合同条款时可能更多地考虑自身的利益，而投保人由于专业知识和时间的限制，难以对一些专业词汇和条文含义作深入细致的研究。为了避免保险人利用其有利地位，侵害投保方的利益，各国普遍使用这一原则来解决保险合同当事人之间的争议。

（4）批注优于正文、后加批注优于先加批注的解释原则

为了满足不同投保人的需要，有时保险人要在统一印制的保险单上附加批注，或增减条款或进行修改。无论以什么方式更改条款，如果前后条款内容有矛盾或相互抵触，后加的批注、条款应当优于原有的条款。保险合同更改后应写明批改日期。当由于未写明日期而导致条款发生矛盾时，手写的批注应当优于打印的批注，加贴的批注应当优于正文的批注。

（5）补充解释原则

补充解释原则是指当保险合同条款约定内容有遗漏或不完整时，借助商业习惯、国际惯例、公平原则等对保险合同的内容进行务实、合理的补充解释，以便合同的继续履行。

2）工程保险合同争议的解决方式

在工程保险的办理及实施过程中，尤其是在工程保险索赔与理赔过程中。保险双方很容易出现争议现象，产生争议的原因主要有四个方面：保险合同存在缺陷；对保险合同理解有差异；被保险人存在道德风险；保险人存在道德风险。按照我国法律的有关规定，工程保险合同争议的解决方式主要有以下几种。

（1）协商

协商是指合同双方当事人在自愿互谅、友好协商的基础上，按照法律、政策的规定，通过摆事实、讲道理、求大同、存小异来解决纠纷。

（2）仲裁

仲裁是争议双方在争议发生之前或在争议发生后达成协议，自愿将争议交给第三方作出裁决，双方有义务执行裁决结果的一种解决争议的方法。

（3）诉讼

提起法律诉讼是合同当事人的任何一方按照民事法律诉讼程序向被告方所在地或保险标的所在地的人民法院提起诉讼，并要求法院予以解决。

除此之外，为了减少保险双方在工程保险内容的分歧，应当制定工程保险合同范本尽可能避免因合同缺陷引发的争议。当合同内容出现争议时，双方可以寻求中介机构帮助。比如，双方对损失估算产生分歧时，可以由工程造价咨询机构或保险公估机构以第三方身份，客观公正地测量和估算损失，为双方提供专业鉴定意见。

7.3 工程保险索赔与理赔

7.3.1 工程保险索赔

对于工程项目来说，风险涉及面广并贯穿工程建设的全过程。工程保险是进行风险转移的重要途径，也是工程项目管理中经常采用的风险应对措施。一旦发生风险事故，被保险人如承包商可以通过保险索赔获得一定的补偿，从而减少经济损失。然而，由于我国工程保险业务开展时间不长一些承包商对保险合同以及保险索赔程序和方法不熟悉，又缺乏工程保险及索赔方面的经验，不知道如何开展工程保险索赔工作。以上种种失误或延误，往往会导致承包商失去索赔的良机，不能得到保险人的充分确认，因而无法获得理想的索赔结果，甚至不能获得赔偿。这样既造成承包商的经济损失，又影响工程的顺利实施。因此被保险人，特别是业主和承包商，有必要对工程保险索赔的程序和注意事项有一定的了解。

1. 工程保险索赔概述

工程保险索赔是指保险事故发生后，被保险人或者保险受益人根据工程保险合同向保险人告知出险，并向其要求经济赔偿，以达到尽快恢复正常施工并保障财务稳定的目标。在保险事故发生后，被保险人或投保人应立即通知保险人，说明保险事故发生的具体情况。之后，应在工程保险合同规定的时限内提出具体索赔要求，并提供相关资料及证据。否则，由此增加的费用及损失应由被保险人一方承担。

《保险法》第27条规定：人寿保险以外的其他保险的被保险人或者受益人，对保险人请求赔偿或者给付保险金的权利，自其知道保险事故发生之日起二年不行使而消失。由此可以得出，工程保险的索赔时效是两年。被保险人或者保险受益人应在得知保险事故发生后两年内，向保险人提出索赔要求，如果在此期间不行使任何求偿权利，则该保险金请求权在两年以后自动消失。

2. 工程保险索赔程序

在出险后，被保险人或者保险受益人应按照工程保险索赔的一般程序向保险人索赔，如图7-4所示。

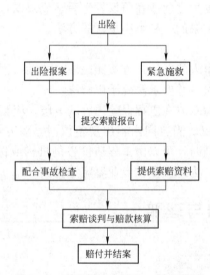

图7-4　工程保险索赔的一般流程图

（1）出险报案

在施工过程中，一旦发生工程（包括材料和安装设备）以及施工设备的损毁和损坏，应在工程保险合同规定的时间内通知保险人出险地点、时间、损失标的、损失程度、出险原因等情况，并填写《出险通知书》。当发现有犯罪行为嫌疑时，应及时通知公安机关。同时要注意保护事故现场，以便保险公司到现场查勘，未征得保险公司人员同意的不应改变现场。

（2）紧急施救

为了减少损失或防止损失扩大，在通知保险人出险同时，还应采取必要措施开展紧急施救，并向有关部门（行政主管部门、公安机关、消防部门等）报案。在施救之前应进行拍照和记录现场的最初状况，以作为将来索赔的证据。

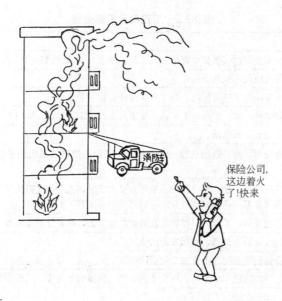

（3）提交索赔报告

在工程损失已经确定的情况下，被保险人应及时填写索赔报告，以书面形式向保险人提出索赔。索赔报告的内容包括出险原因、出险经过、损失程度、请求赔付金额等内容。

（4）配合事故检查

保险人在接到出险通知和索赔申请后，会对事故现场进行勘察，核实出险情况、损失程度，核算损失赔付金额。此时，被保险人或受益人应当尽力协助保险人并接受其检查，以便工程保险索赔顺利进行，尽快获得保险公司的理赔。

（5）提供索赔资料

在提出工程保险索赔要求时，被保险人或者保险受益人必须向保险人提供相关索赔资料，作为索赔依据。工程保险索赔依据包括的内容较多，下面会具体介绍。

（6）索赔谈判与赔款核算

索赔谈判时，无论是保险公司还是被保险人都应遵循实事求是、诚信、及时和尊重保险合同办事的原则，对保险事故责任和事故造成的损失进行认定，并进行索赔金额的协商处理。

（7）赔付并结案

一旦保险双方就赔偿金额达成一致，即可签订赔偿协议，保险人按协议中明确的最终赔偿金额尽快向被保险人或保险受益人支付赔款。当涉及第三者责任时，被保险人在领取保险金后应开具权益转让书，为保险人保留代位求偿权（具体含义在下文介绍）。如果保险双方就赔偿事宜难以达成一致意见，可以申请仲裁或提起诉讼。

3. 工程保险索赔依据

在工程保险索赔过程中，索赔资料的收集是关系到工程保险索赔成功与否的关键，一般索赔申请人应提供的工程保险索赔依据如表7-2所示。

表 7 - 2 工程保险索赔依据

序号	工程索赔依据
1	工程施工合同文本及附件（包括中标标书、工程量清单）；工程施工图纸；技术规范等
2	工程保险单及补充协议，批单等
3	施工进度计划及实际施工进度情况；施工组织设计；施工平面布置
4	施工现场的工程文件，如：工程施工记录、施工日志、施工备忘录、监理工程师签字的施工记录
5	合同双方会议纪要和往来信函
6	工程照片或视频资料，如：表示进度、受灾情况，采取的防范及减灾处理措施等照片和视频，应注明日期
7	工程受灾损失情况调查，如：受灾部位、桩号、受灾情况描述、受灾损失情况等，该部分须监理工程师签证；受灾工程修复方案，该部分须经业主、设计代表、监理工程师认可
8	为预防或减少工程受损，采取的一切防范及减灾处理措施，该部分须经监理工程师签证
9	建筑材料的采购、运输、进场、使用方面的依据
10	施工机械、设备的租赁合同；委外加工的合同
11	工程预算定额、当地建设标准定额、有关工程材料、机械调差文件；工程所在地物价指数和工资指数
12	机械设备进场、运行记录

在上述索赔依据中，承包商应协助提供一整套的工程项目的施工原始资料，主要包括：施工期间的重要业务资料、重要财务资料和事故调查报告、修复处理方案及费用计算。

① 施工期间的重要业务资料如表 7 - 3 所示。

表 7 - 3 施工期间的重要业务资料

序号	资料名称	备 注
1	工程项目开工报告	需经监理工程师签证
2	工程检查和验收报告	需经监理工程师签证
3	工程照片	需注明时间、工程部位
4	施工任务单	
5	工地施工日记	
6	施工备忘录	需经监理工程师签证
7	施工图纸（含设计变更）	需经监理工程师签证
8	施工质量检查记录	需经监理工程师签证
9	施工设备运行台班记录	
10	施工材料进场验收记录	需经监理工程师签证
11	施工设备进场记录	需经监理工程师签证
12	投标时施工进度计划和修改后的施工进度计划	需经监理工程师签证
13	施工材料使用记录	
14	施工组织设计	需经监理工程师审核、批准
15	施工平面布置	需经监理工程师审核、批准
16	施工设计（包括临时设施、道路、便桥、模板、供电等）	需经监理工程师审核、批准

② 施工期间的重要财务资料主要包括人工、设备材料、财务三部分，如表 7-4 所示。

表 7-4　施工期间的重要财务资料

序号		资料名称	备注
人工部分	1	工人劳动计时卡	
	2	工人工资表	
	3	工人计件、计时工资标准	
	4	工人福利协议	
	5	工人劳保协议	
设备材料部分	1	采购设备、材料、零配件等订单	
	2	采购原始凭证	
	3	收讫发票、收款票据	
	4	设备领用单（出库单、领用卡）	
	5	材料领用单（出库单）	
	6	设备、材料、零配件入库验收单	施工企业在提出工程保险索赔中，应提供受损工程项目、设备等部分的材料、设备采购、使用的原始单据的复印件，保留原件备查。
	7	租赁设备协议	
	8	委托加工协议	
	9	设备台账	
	10	材料出、入库台账	
	11	材料使用月报表	
财务部分	1	中间计量支付月报	
	2	会计总账和分类账	
	3	各项费用的支付收据	
	4	收款单据	
	5	会计月报表	

③ 事故调查报告、修复处理方案及费用计算资料如表 7-5 所示。

表 7-5　受灾情况调查、修复处理方案和费用

序号		资料名称	备注
受灾情况调查	1	发生灾害的时间、经过	需经监理工程师签证
	2	受灾情况描述（桩号、部位、损失程度）	
	3	各桩号（部位）损失情况描述	需经监理工程师签证
	4	反映工程受灾情况的照片	
	5	损坏的设备清单	需经监理工程师签证
	6	工程受损工程量清单	需经监理工程师签证

	序号	资料名称	备 注
受灾情况调查	7	受损物资清单	需经监理工程师签证
	8	采取的预防措施及减灾措施：①在防范及减灾中投入人工的记录；②在防范及减灾中投入材料使用记录；③在防范及减灾中投入设备的运行台班记录	需经监理工程师签证
	9	工程质量事故鉴定	需经技术质量监督单位检测鉴定，监理工程师签证
	10	受损设备的损坏程度鉴定	需经技术质量监督单位检测鉴定，监理工程师签证
修复处理方案及费用	1	受损工程修复处理方案	需经设计、业主、监理认可
	2	受损工程质量事故处理方案	需经设计、业主、监理认可
	3	受损工程修复、加固处理工程量清单	需经监理工程师签证
	4	现场清理工程量清单	需经监理工程师签证
	5	设备修复工程量清单	需经监理工程师签证
	6	设备报废清单	需经技术质量监督单位检测鉴定，监理工程师签证
	7	现场清理费用预算费	
	8	受损工程修复、加固处理工程预算	
	9	受损物资价值计算	
	10	设备修复预算	
	11	重置与报废设备同型号（同规格）的设备的费用	

4. 工程保险索赔的关键问题

工程保险的索赔是一个烦琐、费时的过程，在这个过程中，一般应注意如下问题。

1）出险报案及时并做好出险报案记录

在施工过程中，一旦发生工程损害，应在 24 小时内通知保险公司工作人员，在未征得保险公司人员同意的前提下应注意保护事故现场，如果为了防止灾害事故损失继续扩大，施工方可以先行组织抢险，但在进行抢险之前应注意进行拍照和记录，并且尽可能保留现场，以便保险公司到现场查勘。同时，施工方应做好出险报案记录，主要包括出险时间、地点、事由。另外出险报案常采用的方式是电话报案，因此在出险报案记录中必须记录保险公司受理工作人员姓名、性别、联系电话、受理工作人员询问主要内容及通话时长等。

2）及时完整地收集索赔资料

准备好完整的索赔资料是尽快得到赔偿的关键，上述有关索赔资料如合同条款、工程量清单、施工进度计划、施工现场照片等，都是工程保险索赔的重要依据，因此投保人或被保险人在保险期间应认真收集和分类存档与索赔有关的资料。其中应当引起注意的是：当保险事故发生时，应迅速以口头或电话方式通知保险公司，并及时补发书面通知；从事故发生起，就要建立起索赔档案，保存好所有有关文件和来往信件，特别是文件正本；上述索赔资料中有很多都是必须由监理工程师签证后才被保险人认可的，因此相关管理人员应经常检查工程项目合同的有关情况，确保相关工程资料及时签证。

3）保留向第三者的代位求偿权

如果保险标的的损失是由第三者责任引起的，被保险人除了通知保险人之外，应向第三者提出索赔。如第三者暂时难以赔偿，被保险人可以向保险人索赔，同时还要以书面形式向第三者提出索赔，为保险人保留代位求偿的权利，以便保险人在对被保险人赔偿后再向第三者追偿。被保险人如果不向第三者提出索赔，造成求偿权的部分损失，保险人可以拒绝向被保险人赔偿。一般情况下，只有被保险人向保险人表明已经履行了向第三者追偿的手续后，保险人才予以相应赔偿，然后再向第三者追偿。

4）坚持真实合法的原则

被保险人在提出索赔要求时，要坚持实事求是的原则，保证构成索赔的条件是真实可靠的，索赔资料和文件及索赔方法都必须是合法的。对于伪造有关证明资料或证据、编造虚假原因或故意夸大损失程度的，保险人将对虚假或者虚报部分不承担任何责任。如果索赔申请人的做法构成违法犯罪，其还会被追究民事或者刑事责任。

5）选择保险中介机构

对于可能涉及比较复杂的保险索赔的工程项目，或者对保险公司鉴定结果不满，被保险人可以聘请保险中介机构协助保险索赔工作。保险中介一般包括保险代理、保险经纪人和保险公估人等。工程保险中介机构在各国工程保险制度中是非常重要的，它对工程保险的开展和实施起着关键性的作用。一旦风险发生并对承包商造成损失后，中介机构可以协助起草并发出索赔通知，推荐理算师，收集并整理索赔资料，催付赔偿等。在索赔谈判的过程中，有效的保险经纪人可保证承包商被公正对待，以便在保单基础上获得最大限度的补偿，并且提高索赔效率。另外，保险经纪人应制定定期的分析报告，经常查核承保范围，使保单能符合工程变更后的需要。这样可以提高索赔效率，同时培养承包商的索赔能力。

7.3.2 工程保险理赔

1. 工程保险理赔概述

工程保险理赔，是指保险人在接到被保险人或者受益人提出的索赔请求后，依照保险合同的约定，对保险标的遭受损失或者损害的情况进行调查核实，确定责任，并核实损失金额予以赔付等一系列的法律行为。工程保险理赔是工程保险补偿职能的具体体现，是保险人对自身义务和承诺的履行。

2. 工程保险理赔程序

工程保险的损失原因分析和损失估算非常复杂，因而其理赔过程也很复杂，工程保险理赔的主要工作流程如图 7-5 所示。工程保险理赔的大体流程包括：立案准备、现场勘察、事故调查、保险事故定责、定损理算和赔偿处理。其中，保险事故定责、定损理算和赔偿处理等几个环节是工程保险理赔过程中比较重要的几步，会在下面的章节中详细介绍。

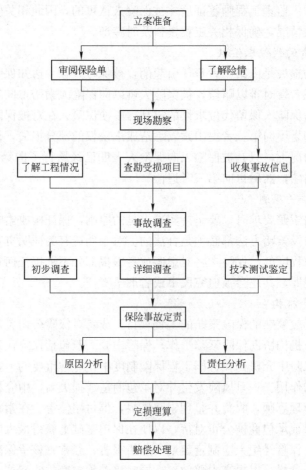

图 7-5　工程保险理赔的一般流程图

（1）立案准备

在接到被保险人的出险通知后，保险人应及时备案，并查阅签订的保险单，查看保险单的相关内容，如保险费是否按时缴纳，如果被保险人没有按保单规定缴纳保费，则已经违约在先，就不能得到赔偿。同时，保险人应当组织有关的专业人员，提前了解出险状况，为下一步现场查勘做好充分的准备工作。

（2）现场勘察

保险事故发生后，保险公司应该尽早组织专业人员进行现场勘察，以便及时掌握事故的情况，并采取积极的施救措施。现场勘察的主要目的是查勘受损项目，清点损失，并努力收集与事故相关的资料，为最终的理赔奠定基础。保险人首先要了解工程项目概况、周边环境以及工程各关系方的基本作业情况，其次就是要了解工程事故发生的时间、经过、状况和原因，勘察受损项目，记录每项受损项目的受损情况，估计损失的大小。最后还要注意积极收集与工程事故相关的工程信息，满足后序工作的需要。

（3）事故调查

事故调查一般分为初步调查、详细调查和技术测试鉴定。

① 初步调查内容主要包括三大方面：工程基本情况调查、事故调查和资料审核调查。工程基本情况调查包括：施工现场状况、工程结构类型、施工进度现状、工程特征及周围建筑环境情况的调查。事故调查：调查事故发生的时间、经过、工程受损次数、受损数量及程度、人员伤亡统计。资料审核调查：设计图和说明书、施工组织设计、地质水文勘测报告、更改设计资料、出险后工程抢险实施方案会议纪要的调查。

② 详细调查主要分四大方面：设计情况调查、地基基础调查、结构实际状况调查和施工情况调查。设计情况调查包括：设计资质是否属实，是否符合国家有关规定，设计结构是否合理，计算是否正确等。地基基础调查包括：地质勘察报告、地质实际情况、基础结构类型及建设方案等。结构实际状况调查包括：结构布置、构造连接方式、构建状况和支撑系统等。施工情况调查包括：实际施工方法、施工规范的执行、施工工艺技术、施工进度和速度、施工荷载值分析等。

③ 技术测试鉴定包括：做物理和化学试验、分析载荷、实验仪器测试报告，邀请专业技术人员或专家进行技术指导和分析鉴定，或邀请建筑安装技术权威部门鉴定分析。在灾害事故调查中，被保险人应该积极参与其中，与保险人做好协商和认定工作。

（4）保险事故定责

工程保险事故定责主要包括原因分析和责任分析两部分。原因分析主要探究工程事故发生的原因，为确定责任奠定基础。原因分析方法有近因分析、原点分析和综合分析三种。责任分析主要认定是保险责任还是除外责任，保险人要根据政府有关部门对工程事故作出的调查报告，按照近因原则来分析责任的归属，以保证最终的赔偿合理准确。

（5）定损理算

定损是通过保险事故定责确定发生的损失属于保险责任后，通过各种方法确定保险标的的损失金额。理算则是在对工程事故进行定损后，根据工程保险合同的有关规定，确定最终的赔偿金额。

（6）赔偿处理

保险人完成以上的工作后，就可对被保险人或保险受益人进行赔偿。赔付后，保险人应当做好最后的收尾工作，整理并保存整个理赔过程中的相关文件及资料，进行归档处理，以便日后查阅和参考。

3. 保险事故定责

工程保险事故定责主要包括原因分析和责任分析两部分。原因分析的目的是探究工程事故发生的原因，这是保险定责的基本前提。

1）原因分析

在工程保险合同中规定，对事先约定的事故发生而造成保险标的的损失，保险人才需要赔偿，但由于影响工程风险的因素较多，所以引发事故的原因也错综复杂。一个风险事故常常是由多种原因引起的，究竟是何种原因引起的，需要对保险事故进行具体分析。事故原因分析的方法一般有 3 种：近因分析、原点分析和综合分析。

（1）近因分析

近因分析指的是对危险与损失之间，导致损失主要的和直接的原因的分析。造成工程风险损失的原因可能不止一个，只有真正导致损失发生的原因，才是保险人所要分析考虑的。如果灾害事故损失是由一个原因造成的，那么，这个原因就是近因。一般确定近因的方法是根据损失的因果关系来判断。从最初到最终，从最初时间开始，按照逻辑推理直到最终事件的损失发生，则最初事件就是最终事件的近因。从最终到最初，从最终事件损失出发，按照系列自后往前推理，追溯到最初事件，在追溯过程中且无中断，则最初事件为最终事件的近因。如果是连续的多种原因造成的，那么近因是具有支配力的、起决定作用的关键原因。如果损失是同时发生的多种原因造成的，则近因是导致损失产生过程中具有决定作用的那个原因。

（2）原点分析

原点分析就是在灾害事故发生的初始点或部位进行调查分析的方法。原点往往会反映灾害事故发生的直接原因。在找到原点后，可以围绕着现场的各种现象进行分析，揭示出事故的直接或间接的原因。

（3）综合分析

工程灾害事故的原因是多方面的，包括勘察，设计，施工工艺，材料质量与使用及其他因素的影响。因此，对灾害事故必须进行综合性分析，找出导致灾害事故发生的最直接的、最主要的原因。

2）责任分析

责任分析是理赔工作的关键，即根据事故实际情况和保险条款，结合原因分析，最后确定损失是属于保险责任还是除外责任。责任分析通常包括以下两个方面的内容：

（1）对照保单核实有关情况

查明出险日期、出险地点，例如受损标的是否包括在保险标的范围之内，使用性质是否已经改变，出险地点是否符合保单上所载明的地点和范围，出险日期是否在保单规定的保险期限内，保险内容变化时是否有批单，损失工程是否已验收。如果工程未正式验收，但已投入使用，保险责任则告终止。如果工程在保险单所载的终止日未完工，又未办理延期手续，保险责任自然终止。

（2）根据保单规定的保险责任审定损失责任

首先，应复查建筑工程已投保哪些险别，有何附加条款，其次，根据保险条款运用近因分析原则来确定损失发生的原因，具体应用方法如下：

① 单一原因造成的损失。造成保险标的损失的原因相对比较单一，与其他原因没有紧密联系。如果造成保险标的损失的原因属于保险公司承保的风险，保险公司应当承担赔偿责任；否则，不予赔偿。

② 并立原因造成的损失。对于并立原因但不涉及除外风险造成的损失，因多种原因均为承保风险，没有除外风险，并导致保险标的损失，因此保险公司负责赔偿。例如承保工程同时发生火灾和爆炸，两种风险均属保险责任，保险公司应赔偿其全部损失。而对于并立原因但涉及除外风险造成的损失，在一连串同时发生的风险中，既有承保风险，又有除外风险，当能够确定承保风险导致的损失时，保险公司只负责由承保风险造成的那部分损失。如果损失金额无法分别计算时，则双方协商赔付。

③ 多种原因连续发生而导致的损失。如果保险标的损失的发生是由多种原因连续发生而导致的，则持续起决定和支配作用的原因就是损失的近因。如果该近因属承保风险，保险公司就予以赔偿；反之，不承担赔偿责任。

4. 工程保险事故定损理算

定损是指专业人员在定责的基础上，根据现场勘察情况，确定事故的损失情况。理算则是指对事故定损后，根据保险合同的有关规定，确定保险赔偿金额的过程。定损理算的核心问题是确定赔偿金额。保险人在定损理算时，要求考虑的因素是：被保险人是否足额投保、赔偿限额、免赔额和重复保险等因素。

下面以建筑（安装）工程一切险为例，进行赔偿金额计算的介绍，计算内容可以分为以下 3 个方面。

1）物质损失赔偿金额的计算

物质损失的赔偿处理要根据事故造成的损失程度分为两种情况：全部损失赔偿和部分损失赔偿。全部损失赔偿简称全损赔偿，是指保单规定的全部标的财产或单项标的财产的全部损失。部分损失赔偿简称分损赔偿，是指实际损失未达到保险单载明的保险金额。

（1）全部损失赔偿理算

当保险标的发生全损时，无论保险金额以何种方式确定，应首先比较保险金额与重置价值。此时，全损赔偿的处理分为两种情况，一种情况是当受损财产的保险金额高于出险当时的市场重置价值时，赔偿金额以不高于重置价值为限赔偿。另一种情况是当受损财产的保险金额低于出险当时的市场重置价值时，理算方法有两种。第一种是以账面价值投保时，以不高于保险金额为限，按照实际损失赔付，即以全损且以账面价值投保公式计算。第二种是以估价投保时，以出险时的实际市价赔偿，但不能高于保险金额，即以全损且以估价投保公式计算。

（2）部分损失赔偿理算

对于分损赔偿理算也分两种情况。

一是以账面原值投保的情况。按照账面价值投保的财产发生保险责任范围内的损失，应将保险单列明的保险金额与受损财产出险时的市场重置价值比较。如果保险金额高于市场重置价值，以市场重置价值赔偿。如果保险金额等于或低于市场重置价值，按照不同的理赔案件处理方式理算保险赔款。当保险人采用支付赔款方式处理理赔案件时，保险赔款＝保险金额×受损财产损失程度×投保比例；当保险人采用修复或重置方式处理理赔案件时，保险赔款＝受损财产恢复原状的修复费用×保险金额÷市场重置价值。例如，一项投保了建筑工程一切险的路网建设工程，在保险期期间，泥石流冲毁了部分路基。按照出险当时的市价计算，修复该段路基共花费材料费、人工费等费用60万元。该段工程的保险金额是500万元，出险当时的市场重置价值是800万元，随后承包商向保险公司索赔。保险公司采用修复赔偿方式，理算的保险赔款为：60×500÷800＝37.5万元。

二是以固定资产原值加成或市场重置价值投保的情况。由于这种情况下的保险金额接近固定资产的实际价值，保险赔款可以直接按照受损财产恢复原来功能所需的实际修复费用计算。假设一台设备投保了设备附加险，保险期间发生损坏，修理该设备共发生费用60 000元，则保险公司应赔偿被保险人60 000元。

2）责任损失赔偿金额的计算

被保险人支付受害人的赔偿金额加上被保险人在取得保险人的承认后支付的诉讼费、仲裁、和解或调停所需的费用和支付给律师的报酬，并从中扣除保单规定的免赔额，即为责任赔偿部分的赔偿金额。用公式简单表达如下：

$$赔偿金额＝支付受害人的赔偿费＋诉讼费＋律师费－免赔额$$

3）费用损失赔偿金额的计算

由于大型建设项目需要大量资金融通，所以在这些项目建设中往往有银行或其他金融机构的参与。这些金融机构为了维护自身利益，均要求在工程保险合同项下附加"第一受益人"的条款，一旦发生保险责任范围内的损失时，这些金融机构具有对赔偿款的优先请求权。因此，保险合同中，如果有此项条款，索赔人或被保险人获得的赔偿款中，应当除去这一款项。同时，索赔人或被保险人应当积极配合保险人，依法取得被保险人享有的向第三者责任方请求赔偿的权利。

5. 工程保险赔偿处理

工程保险赔偿方式主要有三种：一是支付赔款，这是比较普遍赔偿形式，保险公司根据保险标的的价值和受损程度，核定损失金额，以现金支付赔款；二是修复，在遭受损坏的财产可以修复时，保险公司支付修复费用进行重修；三是重置，当修复变得不可能或不经济的时候，保险公司需支付费用重新建设能达到原来功能水平的工程。在理赔实务中，具体采用何种赔偿处理方式应视合同约定和出险实际情况而定。

在工程保险实务中，有时还会出现同一标的重复保险的情况。重复保险就是投保人对同一保险标的投保两家或两家以上的保险公司，且在同一保险期间的保险标的有重合的部分。我国《保险法》第41条规定："重复保险的投保人应当将重复保险的有关情况通知各保险人，重复保险的保险金额总和超过保险价值的，各保险人的赔偿金额的总和不得超过保险价值。除合同另有约定外，各保险人按照其保险金额与保险金额总和的比例承担赔偿责任。"重复保险损失分摊方式通常有三种：比例责任分摊、限额责任分摊和顺序责任分摊。比例责任分摊较好理解，就是不同的保险人将其承保标的的保险金额与总保险金额的比例，作为损失分摊的比例来计算赔付额。限额责任分摊是指各保险人按照在没有重复承包情况下的赔偿金额与其赔偿余额总和的比例，计算各保险人应分摊的赔偿额。而顺序责任分摊则是按照出单顺序，先出单的保险人先负责赔偿，赔偿不足的部分由后序出单的保险人逐一负责赔偿。

复习思考题

1. 保险的定义和分类是什么？
2. 工程保险是如何定义的？工程保险有哪些特点？
3. 工程可保风险的特点是什么？工程可保风险与不可保风险分别包括哪些内容？
4. 工程保险分为哪几类？不同类别的工程保险其保险标的各是什么？
5. 如何理解保险利益？工程保险中保险利益的表现形式有哪些？
6. 简述建筑工程一切险和安装工程一切险的基本内容，并分析两者的相同和不同之处。
7. 工程保险合同是如何组成的？
8. 简述工程保险投保的基本方式及投保程序。
9. 工程保险合同管理分为哪几个关键环节？每个环节需要注意的问题是什么？
10. 工程保险索赔的定义是什么？索赔的基本程序是什么？
11. 详述工程保险索赔的依据。
12. 工程保险理赔的概念及基本程序是什么？
13. 工程保险事故定责主要包括哪两部分？两部分是如何进行分析的？
14. 工程保险事故的赔偿金额是如何计算的？

附录 A　中国人民保险公司建筑工程一切险详细条款

本保单内容主要包括明细表、责任范围、除外责任、赔偿处理、被保险人义务、总则、特别条款等。本保险单还包括投保申请书及其附件，以及本公式今后以批单方式增加的内容。

一、第一部分　物质损失

（一）责任范围

1. 在本保险期限内，若本保险单明细表中分项列明的保险财产在列明的工地范围内，因本保险单除外责任以外的任何自然灾害或意外事故造成的物质损坏或灭失（以下简称损失），本公司按本保险单的规定负责赔偿；

2. 对经本保险单列明的因发生上述损失所产生的有关费用，本公司亦可负责赔偿；

3. 本公司对每一保险项目的赔偿责任均不得超过本保险单明细表中对应列明的分项保险金额以及本保险单特别条款或批单中规定的其他适用的赔偿限额。但在任何情况下，本公司在本保险单项下承担的对物质损失的最高赔偿责任不得超过本保险单明细表中列明的总保险金额。

定义

自然灾害：指地震、海啸、雷电、飓风、台风、龙卷风、风暴、暴雨、洪水、水灾、冻灾、冰雹、地崩、山崩、雪崩、火山爆发、地面下陷下沉及他人力不可抗拒的破坏力强大的自然现象。

意外事故：指不可预料的以及被保险人无法控制并造成物质损失或人身伤亡的突发性事件，包括火灾和爆炸。

（二）除外责任

本公司对下列各项不负责赔偿：

1. 设计错误引起的损失和费用；

2. 自然磨损、内在或潜在缺陷、物质本身变化、自燃、自热、氧化、锈蚀、渗漏、鼠咬、虫蛀、大气（气候或气温）变化、正常水位变化或其他渐变原因造成的保险财产自身的损失和费用；

3. 因原材料缺陷或工艺不善引起的保险财产本身的损失以及为换置、修理或矫正这些缺点错误所支付的费用；

4. 非外力引起的机械或电气装置的本身损失，或施工用机具、设备、机械装置失灵造成的本身损失；

5. 维修保养或正常检修的费用；

6. 档案、文件、账簿、票据、现金、各种有价证券、图表资料及包装物料的损失；

7. 盘点时发现的短缺；

8. 领有公共运输行驶执照的，或已由其他保险予以保障的车辆、船舶和飞机的损失；

9. 除非另有约定，在保险工程开始以前已经存在或形成的位于工地范围内或其周围的属于被保险人的财产的损失；

10. 除非另有约定，在本保险单保险期限终止以前，保险财产中已由工程所有人签发完工验收证书或验收合格或实际占有或使用或接收的部分。

二、第二部分　第三者责任险

（一）责任范围

1. 在本保险期限内，因发生与本保险单所承保工程直接相关的意外事故引起工地内及邻近区域的第三者人身伤亡、疾病或财产损失，依法应由被保险人承担的经济赔偿责任，本公司按下列条款的规定负责赔偿。

2. 对被保险人因上述原因而支付的诉讼费用以及事先经本公司书面同意而支付的其他费用，本公司亦负责赔偿。

3. 本公司对每次事故引起的赔偿金额以法院或政府有关部门根据现行法律裁定的应由被保险人偿付的金额为准。但在任何情况下，均不得超过本保险单明细表中对应列明的每次事故赔偿限额。在本保险期限内，本公司在本保险单项下对上述经济赔偿的最高赔偿责任不得超过本保险单明细表中列明的累计赔偿限额。

（二）除外责任

本公司对下列各项不负责赔偿：

1. 本保险单物质损失项下或本应在该项下予以负责的损失及各种费用；

2. 由于震动、移动或减弱支撑而造成的任何财产、土地、建筑物的损失及由此造成的任何人身伤害和物质损失；

3. 工程所有人、承包人或其他关系方或他们所雇用的在工地现场从事与工程有关工作的职员、工人以及他们的家庭成员的人身伤亡或疾病；

4. 工程所有人、承包人或其他关系方或他们所雇用的职员、工人所有的或由其照管、控制的财产发生的损失；

5. 领有公共运输行驶执照的车辆、船舶、飞机造成的事故；

6. 被保险人根据与他人的协议应支付的赔偿或其他款项，但即使没有这种协议，被保险人仍应承担的责任不在此限。

三、总除外责任

在本保险单项下，本公司对下列各项不负责赔偿：

（一）1. 战争、类似战争行为、敌对行为、武装冲突、恐怖活动、谋反、政变引起的任何损失、费用和责任；

2. 政府命令或任何公共当局的没收、征用、销毁或毁坏；

3. 罢工、暴动、民众骚乱引起的任何损失、费用和责任。

（二）被保险人及其代表的故意行为或重大过失引起的任何损失、费用和责任。

（三）核裂变、核聚变、核武器、核材料、核辐射及放射性污染引起的任何损失、费用和责任。

（四）大气、土地、水污染及其他各种污染引起的任何损失、费用和责任。

（五）工程部分停工或全部停工引起的任何损失、费用和责任。

（六）罚金、延误、丧失合同及其他后果损失。

（七）保险单明细表或有关条款中规定的应由被保险人自行负担的免赔额。

四、保险金额

（一）本保险单明细表中列明的保险金额应不低于：

1. 建筑工程——保险工程建筑完成时的总价值，包括原材料费用、设备费用、建造费、安装费、运输费和保险费、关税、其他税项和费用，以及由工程所有人提供的原材料和设备的费用；

2. 施工用机器、装置和机械设备——重置同型号、同负载的新机器、装置和机械设备所需的费用；

3. 其他保险项目——由被保险人与本公司商定的金额。

（二）若被保险人是以保险工程合同规定的工程概算总造价投保，被保险人应：

1. 在本保险项下工程造价中包括的各项费用因涨价或升值原因而超出原保险工程造价时，必须尽快以书面通知本公司，本公司据此调整保险金额；

2. 在保险期限内对相应的工程细节作出精确记录，并允许本公司在合理的时候对该项记录进行查验；

3. 若保险工程的建造期超过三年，必须从本保险单生效日起每隔十二个月向本公司申报当时的工程实际投入金额及调整后的工程总造价，本公司将据此调整保险费；

4. 在本保险单列明的保险期限届满后三个月内向本公司申报最终的工程总价值，本公司据此以多退少补的方式对预收保险费进行调整。

否则，针对以上各条，本公司将视为保险金额不足，一旦发生本保险责任范围内的损失时，本公司将根据本保险单总则中第（六）款的规定对各种损失按比例赔偿。

五、保险期限

（一）建筑期物质损失及第三者责任保险：

1. 本公司的保险责任自保险工程在工地动工或用于保险工程的材料、设备运抵工地之时起始，至工程所有人对部分或全部工程签发完工验收证书或验收合格，或工程所有人实际占有或使用或接收该部分或全部工程之时终止，以先发生者为准。但在任何情况下，建筑期保险期限的起始或终止不得超出本保险单明细表中列明的建筑期保险生效日或终止日。

2. 不论安装的保险设备的有关合同中对试车和考核期如何规定，本公司仅在本保险单明细表中列明的试车和考核期限内对试车和考核所引发的损失、费用和责任负责赔偿；若保险设备本身是在本次安装前已被使用过的设备或转手设备，则自其试车之时起，本公司对该项设备的保险责任即行终止。

3. 上述保险期限的展延，须事先获得本公司的书面同意，否则，从本保险单明细表中列明的建筑期保险期限终止日起至保证期终止日止期间内发生的任何损失、费用和责任，本公司不负责赔偿。

（二）保证期物质损失保险：

保证期的保险期限与工程合同中规定的保证期一致，从工程所有人对部分或全部工程签发完工验收证书或验收合格，或工程所有人实际占有或使用或接收该部分或全部工程时起算，以先发生者为准。但在任何情况下，保证期的保险期不得超出本保险单明细表中列明的保证期。

六、赔偿处理

（一）对保险财产遭受的损失，本公司可以选择以支付赔款或以修复、重置受损项目的方式予以赔偿，但对保险财产在修复或重置过程中发生的任何变更、性能增加或改进所产生的额外费用，本公司不负责赔偿。

（二）在发生本保险单物质损失项下的损失后，本公司按下列方式确定赔偿金额：

1. 可以修复的部分损失——以将保险财产修复至其基本恢复受损前状态的费用扣除残值后的金额为准。但若修复费用等于或超过保险财产损失前的价值时，则按下列第 2 项的规定处理；

2. 全部损失或推定全损——以保险财产损失前的实际价值扣除残值后的金额为准，但本公司有权不接受被保险人对受损财产的委付；

3. 发生损失后，被保险人为减少损失而采取必要措施所产生的合理费用，本公司可予以赔偿，但本项费用以保险财产的保险金额为限。

（三）本公司赔偿损失后，由本公司出具批单将保险金额从损失发生之日起相应减少，并且不退还保险金额减少部分的保险费。如被保险人要求恢复至原保险金额，应按约定的保险费率加缴恢复部分从损失发生之日起至保险期限终止之日止按日比例计算的保险费。

（四）在发生本保险单第三者责任项下的索赔时：

1. 未经本公司书面同意，被保险人或其代表对索赔方不得作出任何责任承诺或拒绝、出价、约定、付款或赔偿。在必要时，本公司有权以被保险人的名义接办对任何诉讼的抗辩或索赔的处理。

2. 本公司有权以被保险人的名义，为本公司的利益自付费用向任何责任方提出索赔的要求。未经本公司书面同意，被保险人不得接受责任方就有关损失作出的付款或赔偿安排或放弃对责任方的索赔权利，否则，由此引起的后果将由被保险人承担。

3. 在诉讼或处理索赔过程中，本公司有权自行处理任何诉讼或解决任何索赔案件，被保险人有义务向本公司提供一切所需的资料和协助。

（五）被保险人的索赔期限，从损失发生之日起，不得超过两年。

七、被保险人义务

被保险人及其代表应严格履行下列义务：

（一）在投保时，被保险人及其代表应对投保申请书中列明的事项以及本公司提出的其他事项作出真实、详尽的说明或描述；

（二）被保险人及其代表应根据本保险单明细表和批单中的规定按期缴付保险费；

（三）在本保险期限内，被保险人应采取一切合理的预防措施，包括认真考虑并付诸实施本公司代表提出的合理的防损建议，谨慎选用施工人员，遵守一切与施工有关的法规和安全操作规程，由此产生的一切费用，均由被保险人承担；

（四）在发生引起或可能引起本保险单项下索赔的事故时，被保险人或其代表应：

1. 立即通知本公司，并在七天或经本公司书面同意延长的期限内以书面报告提供事故发生的经过、原因和损失程度；

2. 采取一切必要措施防止损失的进一步扩大并将损失减少到最低程度；

3. 在本公司的代表或检验师进行勘察之前，保留事故现场及有关实物证据；

4. 在保险财产遭受盗窃或恶意破坏时，立即向公安部门报案；

5. 在预知可能引起诉讼时，立即以书面形式通知本公司，并在接到法院传票或其他法律文件后，立即将其送交本公司；

6. 概括本公司的要求提供作为索赔依据的所有证明文件、资料和单据。

（五）若在某一保险财产中发现的缺陷表明或预示类似缺陷亦存在于其他保险财产中时，被保险人应立即自付费用进行调整并纠正该缺陷。否则，由类似缺陷造成的一切损失应由被保险人自行承担。

八、总则

（一）保单效力

被保险人严格地遵守和履行本保险单的各项规定，是本公司在本保险单项下承担赔偿责任的先决条件。

（二）保单无效

如果被保险人或其代表漏报、错报、虚报或隐瞒有关本保险的实质性内容，则本保险单无效。

（三）保单终止

除非经本公司书面同意，本保险单将在下列情况下自动终止：

1. 被保险人丧失保险利益；

2. 承保风险扩大。

本保险单终止后，本公司将按日比例退还被保险人本保险单项下未到期部分的保险费。

（四）权益丧失

如果任何索赔含有虚假成分，或被保险人或其代表在索赔时采取欺诈手段企图在本保险单项下获取利益，或任何损失是由被保险人或其代表的故意行为或纵容所致，被保险人将丧失其在本保险单下的所有权益。对由此产生的包括本公司已支付的赔款在内的一切损失，应由被保险人负责赔偿。

（五）合理查验

本公司的代表有权在任何适当的时候对保险财产的风险情况进行现场查验。被保险人应提供一切便利及本公司要求的用以评估有关风险的详情和资料。但上述查验并不构成本公司对被保险人的任何承诺。

（六）比例赔偿

在发生本保险物质损失项下的损失时，若受损保险财产的分项或总保险金额低于对应的应保险金额（见四、保险金额），其差额部分视为被保险人所自保，本公司则按本保险单明细表中列明的保险金额与应保险金额的比例负责赔偿。

（七）重复保险

本保险单负责赔偿损失、费用或责任时，若另有其他保障相同的保险存在，不论是否由被保险人或他人以其名义投保，也不论该保险赔偿与否，本公司仅负责按比例分摊赔偿的责任。

若本保险单下负责的损失涉及其他责任方时，不论本公司是否已赔偿被保险人，被保险人应立即采取一切必要的措施行使或保留向该责任方索赔的权利。在本公司支付赔款后，被保险人应将向该责任方追偿的权利转让给本公司，移交一切必要的单证，并协助本公司向责任方追偿。

（八）争议处理

被保险人与本公司之间的一切有关本保险的争议应通过友好协商解决。如果协商不成，可申请仲裁或向法院提出诉讼。除事先另有协议外，仲裁或诉讼应在被告方所在地进行。

九、特别条款

下列特别条款适用于本保险单的各个部分，若其与本保险单的其他规定相冲突，则以下列特别条款为准。

附录 B　中国人民保险公司安装工程一切险详细条款

本保单内容主要包括明细表、责任范围、除外责任、赔偿处理、被保险人义务、总则、特别条款等。本保险单还包括投保申请书及其附件，以及本公式今后以批单方式增加的内容。

一、第一部分　物质损失

（一）责任范围

1. 在本保险期限内，若本保险单明细表中分项列明的保险财产在列明的工地范围内，因本保险单除外责任以外的任何自然灾害或意外事故造成的物质损坏或灭失（以下简称"损失"），本公司按本保险单的规定负责赔偿；

2. 对经本保险单列明的因发生上述损失所产生的有关费用，本公司亦可负责赔偿；

3. 本公司对每一保险项目的赔偿责任均不得超过本保险单明细表中对应列明的分项保险金额以及本保险单特别条款或批单中规定的其他适用的赔偿限额。但在任何情况下，本公司在本保险单项下承担的对物质损失的最高赔偿责任不得超过本保险单明细表中列明的总保险金额。

定义

自然灾害：指地震、海啸、雷电、飓风、台风、龙卷风、风暴、暴雨、洪水、水灾、冻灾、冰雹、地崩、山崩、雪崩、火山爆发、地面下陷下沉及其他人力不可抗拒的破坏力强大的自然现象。

意外事故：指不可预料的以及被保险人无法控制并造成物质损失或人身伤亡的突发性事件，包括火灾和爆炸。

（二）除外责任

本公司对下列各项不负责赔偿：

1. 因设计错误、铸造或原材料缺陷或工艺不善引起的保险财产本身的损失以及为换置、修理或矫正这些缺点错误所支付的费用；

2. 由于超负荷、超电压、碰线、电弧、漏电、短路、大气放电及其他电气原因造成电气设备或电气用具本身的损失；

3. 施工用机具、设备、机械装置失灵造成的本身损失；

4. 自然磨损、内在或潜在缺陷、物质本身变化、自燃、自热、氧化、锈蚀、渗漏、鼠咬、虫蛀、大气（气候或气温）变化、正常水位变化或其他渐变原因造成的被保险财产自身的损失和费用；

5. 维修保养或正常检修的费用；

6. 档案、文件、账簿、票据、现金、各种有价证券、图表资料及包装物料的损失；

7. 盘点时发现的短缺；

8. 领有公共运输行驶执照的，或已由其他保险予以保障的车辆、船舶和飞机的损失；

9. 除非另有约定，在被保险工程开始以前已经存在或形成的位于工地范围内或其周围的属于被保险人的财产的损失；

10. 除非另有约定，在本保险单保险期限终止以前，保险财产中已由工程所有人签发完工验收证书或验收合格或实际占有或使用或接收的部分。

二、第二部分　第三者责任险

（一）责任范围

1. 在本保险期限内，因发生与本保险单所承保工程直接相关的意外事故引起工地内及邻近区域的第三者人身伤亡、疾病或财产损失，依法应由被保险人承担的经济赔偿责任，本公司按下列条款的规定负责赔偿。

2. 对被保险人因上述原因而支付的诉讼费用以及事先经本公司书面同意而支付的其他费用，本公司亦负责赔偿。

3. 本公司对每次事故引起的赔偿金额以法院或政府有关部门根据现行法律裁定的应由被保险人偿付的金额为准。但在任何情况下，均不得超过本保险单明细表中对应列明的每次事故赔偿限额。在本保险期限内，本公司在本保险单项下对上述经济赔偿的最高赔偿责任不得超过本保险单明细表中列明的累计赔偿限额。

（二）除外责任

本公司对下列各项不负责赔偿：

1. 本保险单物质损失项下或本应在该项下予以负责的损失及各种费用；

2. 工程所有人、承包人或其他关系方或他们所雇用的在工地现场从事与工程有关工作的职员、工人以及他们的家庭成员的人身伤亡或疾病；

3. 工程所有人、承包人或其他关系方或他们所雇用的职员、工人所有的或由其照管、控制的财产发生的损失；

4. 领有公共运输行驶执照的车辆、船舶、飞机造成的事故；

5. 被保险人根据与他人的协议应支付的赔偿或其他款项，但即使没有这种协议，被保险人仍应承担的责任不在此限。

三、总除外责任

在本保险单项下，本公司对下列各项不负责赔偿：

（一）1. 战争、类似战争行为、敌对行为、武装冲突、恐怖活动、谋反、政变引起的任何损失、费用和责任；

2. 政府命令或任何公共当局的没收、征用、销毁或毁坏；

3. 罢工、暴动、民众骚乱引起的任何损失、费用和责任。

（二）被保险人及其代表的故意行为或重大过失引起的任何损失、费用和责任。

（三）核裂变、核聚变、核武器、核材料、核辐射及放射性污染引起的任何损失、费用和责任。

（四）大气、土地、水污染及其他各种污染引起的任何损失、费用和责任。

（五）工程部分停工或全部停工引起的任何损失、费用和责任。

（六）罚金、延误、丧失合同及其他后果损失。

（七）保险单明细表或有关条款中规定的应由被保险人自行负担的免赔额。

四、保险金额

（一）本保险单明细表中列明的保险金额应不低于：

1. 安装工程——保险工程安装完成时的总价值，包括设备费用、原材料费用、安装费、建造费、运输费和保险费、关税、其他税项和费用，以及由工程所有人提供的原材料和设备的费用；

2. 施工用机器、装置和机械设备——重置同型号、同负载的新机器、装置和机械设备所需的费用；

3. 其他保险项目——由被保险人与本公司商定的金额。

（二）若被保险人是以保险工程合同规定的工程概算总造价投保，被保险人应：

1. 在本保险项下工程造价中包括的各项费用因涨价或升值原因而超出原保险工程造价时，必须尽快以书面通知本公司，本公司据此调整保险金额；

2. 在保险期限内对相应的工程细节作出精确记录，并允许本公司在合理的时候对该项记录进行查验；

3. 若保险工程的安装期超过三年，必须从本保险单生效日起每隔十二个月向本公司申报当时的工程实际投入金额及调整后的工程总造价，本公司将据此调整保险费；

4. 在本保险单列明的保险期限届满后三个月内向本公司申报最终的工程总价值，本公司据此以多退少补的方式对预收保险费进行调整。

否则，针对以上各条，本公司将视为保险金额不足，一旦发生本保险责任范围内的损失时，本公司将根据本保险单总则中第（六）款的规定对各种损失按比例赔偿。

五、保险期限

（一）安装期物质损失及第三者责任保险：

1. 本公司的保险责任自保险工程在工地动工或用于保险工程的材料、设备运抵工地之时起始，至工程所有人对部分或全部工程签发完工验收证书或验收合格，或工程所有人实际占有或使用接收该部分或全部工程之时终止，以先发生者为准。但在任何情况下，安工期保险期限的起始或终止不得超出本保险单明细表中列明的安工期保险生效日或终止日。

2. 不论安装的保险设备的有关合同中对试车和考核期如何规定，本公司仅在本保险单明细表中列明的试车和考核期限内对试车和考核所引发的损失、费用和责任负责赔偿；若被保险设备本身是在本次安装前已被使用过的设备或转手设备，则自其试车之时起，本公司对该项设备的保险责任即行终止。

3. 上述保险期限的展延，须事先获得本公司的书面同意，否则，从本保险单明细表中列明的安工期保险期限终止日起至保证期终止日止期间内发生的任何损失、费用和责任，本公司不负责赔偿。

（二）保证期物质损失保险：

保证期的保险期限与工程合同中规定的保证期一致，从工程所有人对部分或全部工程签发完工验收证书或验收合格，或工程所有人实际占有或使用接收该部分或全部工程时起算，以先发生者为准。但在任何情况下，保证期的保险期限不得超出本保险单明细表中列明的保证期。

六、赔偿处理

（一）对保险财产遭受的损失，本公司可选择以支付赔款或以修复、重置受损项目的方式予以赔偿，但对保险财产在修复或重置过程中发生的任何变更、性能增加或改进所产生的额外费用，本公司不负责赔偿。

（二）在发生本保险单物质损失项下的损失后，本公司按下列方式确定赔偿金额：

1. 可以修复的部分损失——以将保险财产修复至其基本恢复受损前状态的费用扣除残值后的金额为准。但若修复费用等于或超过被保险财产损失前的价值时，则按下列第 2 项的规定处理。

2. 全部损失或推定全损——以保险财产损失前的实际价值扣除残值后的金额为准，但本公司有权不接受被保险人对受损财产的委付。

3. 任何属于成对或成套的设备项目，若发生损失，本公司的赔偿责任不超过该受损项目在所属整对或整套设备项目的保险金额中所占的比例。

4. 发生损失后，被保险人为减少损失而采取必要措施所产生的合理费用，本公司可予以赔偿，但本项费用以保险财产的保险金额为限。

（三）本公司赔偿损失后，由本公司出具批单将保险金额从损失发生之日起相应减少，并且不退还保险金额减少部分的保险费。如被保险人要求恢复至原保险金额，应按约定的保险费率加缴恢复部分从损失发生之日起至保险期限终止之日止按日比例计算的保险费。

（四）在发生本保险单第三者责任项下的索赔时：

1. 未经本公司书面同意，被保险人或其代表对索赔方不得作出任何责任承诺或拒绝、出价、约定、付款或赔偿。在必要时，本公司有权以被保险人的名义接办对任何诉讼的抗辩或索赔的处理。

2. 本公司有权以被保险人的名义，为本公司的利益自付费用向任何责任方提出索赔的要求。未经本公司书面同意，被保险人不得接受责任方就有关损失作出的付款或赔偿安排或放弃对责任方的索赔权利，否则，由此引起的后果将由被保险人承担。

3. 在诉讼或处理索赔过程中，本公司有权自行处理任何诉讼或解决任何索赔案件，被保险人有义务向本公司提供一切所需的资料和协助。

（五）被保险人的索赔期限，从损失发生之日起，不得超过两年。

七、被保险人义务

被保险人及其代表应严格履行下列义务：

（一）在投保时，被保险人及其代表应对投保申请书中列明的事项以及本公司提出的其他事项作出真实、详尽的说明或描述；

（二）被保险人或其代表应根据本保险单明细表和批单中的规定按期缴付保险费；

（三）在本保险期限内，被保险人应采取一切合理的预防措施，包括认真考虑并付诸实施本公司代表提出的合理的防损建议，谨慎选用施工人员，遵守一切与施工有关的法规和安全操作规程，由此产生的一切费用，均由被保险人承担；

（四）在发生引起或可能引起本保险单项下索赔的事故时，被保险人或其代表应：

1. 立即通知本公司，并在七天或经本公司书面同意延长的期限内以书面报告提供事故发生的经过、原因和损失程度；

2. 采取一切必要措施防止损失的进一步扩大并将损失减少到最低程度；

3. 在本公司的代表或检验师进行勘察之前，保留事故现场及有关实物证据；

4. 在保险财产遭受盗窃或恶意破坏时，立即向公安部门报案；

5. 在预知可能引起诉讼时，立即以书面形式通知本公司，并在接到法院传票或其他法律文件后，立即将其送交本公司；

6. 根据本公司的要求提供作为索赔依据的所有证明文件、资料和单据。

（五）若在某一保险财产中发现的缺陷表明或预示类似缺陷亦存在于其他保险财产中时，被保险人应立即自付费用进行调整并纠正该缺陷。否则，由类似缺陷造成的一切损失应由被保险人自行承担。

八、总则

（一）保单效力

被保险人严格地遵守和履行本保险单的各项规定，是本公司在本保险单项下承担赔偿责任的先决条件。

（二）保单无效

如果被保险人或其代表漏报、错报、虚报或隐瞒有关本保险的实质性内容，则本保险单无效。

（三）保单终止

除非经本公司书面同意，本保险单将在下列情况下自动终止：

1. 被保险人丧失保险利益；

2. 承保风险扩大。

本保险单终止后，本公司将按日比例退还被保险人本保险单项下未到期部分的保险费。

（四）权益丧失

如果任何索赔含有虚假成分，或被保险人或其代表在索赔时采取欺诈手段企图在本保险单项下获取利益，或任何损失是由被保险人或其代表的故意行为或纵容所致，被保险人将丧失其在本保险单项下的所有权益。对由此产生的包括本公司已支付的赔款在内的一切损失，应由被保险人负责赔偿。

（五）合理查验

本公司的代表有权在任何适当的时候对保险财产的风险情况进行现场查验。被保险人应提供一切便利及本公司要求用以评估有关风险的详情和资料。但上述查验并不构成本公司对被保险人的任何承诺。

（六）比例赔偿

在发生本保险物质损失项下的损失时，若受损保险财产的分项或总保险金额低于对应的应保险金额（见四、保险金额），其差额部分视为被保险人所自保，本公司则按本保险单明细表中列明的保险金额与应保险金额的比例负责赔偿。

（七）重复保险

本保险单负责赔偿损失、费用或责任时，若另有其他保障相同的保险存在，不论是否由被保险人或他人以其名义投保，也不论该保险赔偿与否，本公司仅负责按比例分摊赔偿的责任。

（八）权益转让

若本保险单项下负责的损失涉及其他责任方时，不论本公司是否已赔偿被保险人，被保险人应立即采取一切必要的措施行使或保留向该责任方索赔的权利。在本公司支付赔款后，被保险人应将向该责任方追偿的权利转让给本公司，移交一切必要的单证，并协助本公司向责任方追偿。

（九）争议处理

被保险人与本公司之间的一切有关本保险的争议应通过友好协商解决。如果协商不成，可申请仲裁或向法院提出诉讼。除事先另有协议外，仲裁或诉讼应在被告方所在地进行。

九、特别条款

下列特别条款适用于本保险单的各个部分，若其与本保险单的其他规定相冲突，则以下列特别条款为准。

附录 C　建筑工程一切险及第三者责任险投保单

中国平安财产保险股份有限公司
PING AN PROPERTY&CASUALTY INSURANCE COMPANY
OF CHINA，LTD.
建筑工程一切险投保申请书　　　　　NO.

注意：请仔细阅读所附条款

本申请书由投保人如实和尽可能详尽地填写并盖章后作为向本公司投保建筑工程一切险的依据。

本申请书为该工程保险单的组成部分。

顺序号	工程关系方	姓名和地址	是否被保险人
1	（1）所有人		
	（2）承包人		
	（3）转承包人		
	（4）其他关系方		
2	（5）工程名称和地点		

工程期限

3	（6）首批被保险项目运至工地日期		年　　月　　日
	（7）建筑期限	自	年　　月　　日
		至	年　　月　　日

物质损失投保项目和投保金额

	投保项目	（8）投保金额	（9）免赔额
4	建筑工程（包括永久和临时工程及材料）		
	所有人提供的物料及项目		
	安装工程项目		
	建筑用机器、装置及设备（另附清单）		
	场地清理费		
	工地内现成的建筑物		
	所有人或承包人在工地上的其他财产		
	（10）物质损失总投保金额：		（11）费率：

续表

顺序号	工程关系方	姓名和地址	是否被保险人
5	(12) 特种危险赔偿限额		
	危险种类	赔偿限额	免赔额
	地震、海啸		
	洪水、暴雨、风暴		
6	(13) 工程详细情况		
	体积：长、高、深度、层数、地下室层数		
	地基施工方法、挖掘深度		
	主体工程施工方法		
	建筑材料		
	拆除项目		
7	(14) 工地及附近自然条件情况		
	地形特点		
	地质及底土条件		
	地下水水位		
	最近的河、湖、海的名称、距离和以往最低、一般和最高水位		
	以往最大降雨量记录		
	以往遭受自然灾害（如地震、洪水）记录		
8	是否投保第三者责任？如是，请列明下列各项。 (15) 每次事故的赔偿限额及免赔额： 　　　　　　　赔偿限额　　　　　免赔额 A　人身伤害　　(16)　　　　(21) 　　每人 (17) B　财产损失 (18) (19) 总赔偿限额：　　　(20) 费率：		
9	(22) 是否投保保证期保险？如是，请列明保证期限：		
10	(23) 被保险人中的任何一方是否已向其他保险公司投保与本工程有关的保险？如是，请列明保险公司名称、保险种类、保险金额和主要保险条件：		
11	(24) 付费日期：		

注：请随同本申请书提供下列文件：工程合同、承包金额明细表、工程设计书、工程进程表、工地地质报告、工地略图。

投保人兹声明上述所填内容（包括投保标的明细表及风险情况问询表）属实，同意以本投保单作为订立保险合同的依据；对贵公司就建筑工程一切险及第三者责任险条款及附加险条款（包括责任免除部分）的内容及说明已经了解。

(25) 投保人签字（盖章）：

(26) 日期：

参 考 文 献

[1] 建设部安全司. 2004 年度全国建筑施工安全生产形势分析报告［OL］.［2010 - 1 - 12］. http：//www. xici. net/main. asp?url＝/u4799319/d25789465. htm.

[2] 白强. 我国工程风险管理与工程保险模式研究［D］. 郑州：华北水利水电学院，2007.

[3] 白文广. 施工项目风险防范与保险研究［D］. 西安：西安科技大学，2008.

[4] 北京市住房和城乡建设委员会. 北京市建设工程施工突发事故应急预案［OL］.［2009 - 12 - 17］. http：//www. bjjs. gov. cn/publish/portal0/tab1248/info45872. htm.

[5] 陈国华. 风险工程学. 北京：国防工业出版社，2007.

[6] 陈津生. 建设工程保险实务与风险管理. 北京：中国建筑工业出版社，2008.

[7] 陈琦. 房屋建筑施工项目风险管理［D］. 武汉：华中科技大学，2006.

[8] 陈起俊. 工程项目风险分析与管理. 北京：中国建筑工业出版社，2007.

[9] 陈伟珂，黄艳敏. 工程风险与工程保险. 天津：天津大学出版社，2005.

[10] 陈伟珂. 工程项目风险管理. 北京：人民交通出版社，2008.

[11] 陈昕. 我国工程保险合同相关问题研究［D］. 天津：天津大学，2004.

[12] 陈焰明，王道席. 因果分析图法在钱塘江北岸海塘板桩施工质量控制中的应用. 中国水利，2004（19）：52 - 53.

[13] 陈耀明. 工程建设项目实施阶段投资控制及其预警模型研究［D］. 天津：天津大学，2006.

[14] 邓铁军. 工程风险管理. 北京：人民交通出版社，2004.

[15] 范智杰，刘玲. 工程保险合同索赔管理中应注意的问题. 公路，2000（3）：62 - 66.

[16] 方桐清. 建筑工程保险机制的研究［D］. 西安：西安建筑科技大学，2004.

[17] 冯利军，李书全. 效用理论在工程项目风险管理决策中的应用. 山西建筑，2007（26）：14 - 15.

[18] 高鹏，侍克斌，任树轩. 水利水电工程中的风险估计. 基建优化，2007（4）：17 - 19.

[19] 高星. 建设工程保险合同及其相关问题的研究［D］. 南京：东南大学，2005.

[20] 谷龙桥，徐明. 推行建筑意外伤害保险制度的难点和对策. 建筑安全，2009（2）：34 - 36.

[21] 郭俊. 工程项目风险管理理论与方法研究［D］. 武汉：武汉大学，2005.

[22] 郭斯逸. 工程项目风险管理的方法与应用研究［D］. 天津：天津大学，2001.

[23] 郭振华，熊华，苏燕. 工程项目保险. 北京：经济科学出版社，2004.

[24] 郭志刚. 建设工程施工现场重大事故应急预案的编制与管理. 建筑安全，2006（21）：6 - 9.

[25] 何九会. 建设工程项目风险管理的研究 [D]. 西安：西安建筑科技大学，2007.

[26] 黄卫，欧阳益，俞盛华. 投标项目选择的决策方法. 城市道桥与防洪，2008（08）：150-152.

[27] 黄子春. 工程监理项目风险管理的研究 [D]. 西安：西安建筑科技大学，2004.

[28] 贾伟东. 国际工程项目索赔问题的分析与解决办法 [D]. 天津：天津大学. 2003.

[29] 蒋晓静，黄金枝. 工程项目的风险管理与风险监控研究. 建筑技术，2005（7）：537-538.

[30] 乐安子. 从"曲突徙薪"看风险管理. 中国新书：资治文摘，2009（1）：64-65.

[31] 雷全立. 国际工程项目风险管理研究 [D]. 北京：北京交通大学，2004.

[32] 雷胜强. 国际工程风险管理与保险. 北京：中国建筑工业出版社，2001.

[33] 李敏. 浅析公路建筑工程一切险和第三者责任险. 山西建筑，2008，34（34）：203-204.

[34] 刘朝明，文志云. 上海轨道交通六号线工程风险远程监控管理初探. 岩土工程界，2005（12）：24-27.

[35] 刘惠霞. 建筑工程项目风险评估与施工安全成本分析 [D]. 上海：同济大学，2006.

[36] 刘江峰，郑垂勇. 论工程保险赔案处理中的风险管理技术. 现代管理科学，2004（4）：6-7.

[37] 刘婕. 决策分析方法及其在商务智能中的应用研究 [D]. 兰州：兰州理工大学，2007.

[38] 刘丽. 工程项目风险分析与风险管理 [D]. 大连：大连理工大学，2003.

[39] 刘仲力. 发展我国工程保险的对策研究 [D]. 天津：天津财经大学，2008.

[40] 卢炽烽，袁大祥，刘纳兵. 蒙特卡洛模拟在工程项目风险决策中的应用. 科技情报开发与经济，2007，17（35）：164-166.

[41] 卢国明. 道路工程项目风险控制和监督研究. 现代企业文化，2008（23）：101-102.

[42] 鲁武霞. 工程项目风险管理研究 [D]. 武汉：华中科技大学，2006.

[43] 罗翔，戴秋光. 工程保险索赔的一般程序. 水利水电技术，2003，34（10）：44-45.

[44] 罗云，樊运晓，马晓春. 风险分析与安全评价. 北京：化学工业出版社，2004.

[45] 马锋，索清辉，宋吉荣. 效用理论在工程建设风险管理决策中的应用. 四川建筑，2003，23（2）：85-86.

[46] 美国项目管理协会. 项目管理知识体系指南（PMBOK 指南）. 北京：电子工业出版社，2009.

[47] 塞缪尔. 项目管理实践. 北京：电子工业出版社，2002.

[48] 卿姚. 关于我国承包商的工程风险管理理论与实践研究 [D]. 成都：西南科技大学，2007.

[49] 宋卫东. 浅谈如何做好土建工程的保险与索赔工作. 山西建筑，2003，29（6）：193-194.

[50] 粟敏. 我国工程保险和担保制度研究 [D]. 成都：西南交通大学，2003.

[51] 孙玉芝. 保险利益的概念分析. 河北法学，2004，22（1）：158-160.

[52] 谭举鸿. 浅谈高速公路工程质量风险应对策略与措施. 山西建筑，2008（3）：261-262.

[53] 田野. 房地产项目全面风险管理 [D]. 大连：大连理工大学，2007.

[54] 汪小金，木建忠. 对外承包水电站建设项目的风险管理规划研究. 水力发电，2009 (7)：73-77.

[55] 王长峰. 现代项目风险管理. 北京：机械工业出版社，2008.

[56] 王春燕，袁大祥，邓曦东等. 效用理论在工程风险管理中的应用. 科技情报开发与经济，2006，26 (4)：138-139.

[57] 王丹. 建设工程承包风险管理研究 [D]. 天津：天津大学，2002.

[58] 王锋. 建设工程风险管理 [D]. 武汉：华中科技大学，2005.

[59] 王家远，刘春乐. 建设项目风险管理. 北京：中国水利水电出版社，2004.

[60] 王健. 工程项目管理中工期—成本—质量综合均衡优化分析 [D]. 天津：天津大学，2002.

[61] 王守清. 国际工程项目风险管理案例分析. 施工企业，2008 (2)：44-48.

[62] 王旭峰. 工程建设项目管理风险决策. 深圳土木与建筑，2007，4 (3)：58-61.

[63] 王有志. 现代工程项目风险管理. 北京：中国水利水电出版社，2009.

[64] 王卓甫. 工程项目风险管理：理论、方法与应用. 北京：中国水利电力出版社，2005.

[65] 吴洋. 承包商如何做好工程保险索赔. 风险管理，2009 (2)：33-35.

[66] 武乾，武增海，李慧民. 工程项目风险评价方法研究. 西安建筑科技大学学报，2006，38 (2)：258-262.

[67] 夏利利. 工程项目风险管理方法及应用研究：以中石油七建大型炼化装置建设为实例 [D]. 东营：中国石油大学，2007.

[68] 肖利民. 国际工程承包项目风险预警研究 [D]. 上海：同济大学，2006.

[69] 肖艳，鹿丽宁，刘尔烈. 风险决策方法在工程投标报价中的应用. 数学的实践与认识，2005，35 (2)：16-20.

[70] 肖燕武. 建设项目风险管理与控制研究 [D]. 广州：华南理工大学，2006.

[71] 谢旸. 项目风险管理在工程建设项目中的应用 [D]. 北京：北京航空航天大学，2004.

[72] 谢亚伟. 工程项目风险管理与保险. 北京：清华大学出版社，2009.

[73] 杨锦安. 建筑工程保险存在问题及其对策与建议. 科技创业月刊，2006，19 (12)：127-128.

[74] 叶浩波. 优劣系数法在厂房工程投标方案确定中的应用. 科技资讯，2008 (24)：108.

[75] 银勇平. 公路工程企业项目风险决策理论方法研究 [D]. 长沙：中南林业大学，2006.

[76] 余建星. 工程项目风险管理. 天津：天津大学出版社，2006.

[77] 余群舟，刘元珍. 建筑工程施工组织与管理. 北京：北京大学出版社，2006.

[78] 盂昭阳. 风险态度在建设项目风险决策中的应用. 河南广播电视大学学报，2006，19 (4)：11-13.

[79] 袁剑波，刘莘，刘伟军. 工程建设项目风险应对策略应用. 中外公路，2006（26）：14－16.

[80] 袁捷敏. 决策效用函数两类拟合方法比较. 统计与决策，2006（2）：49－50.

[81] 张大德，翟源泉. 企业风险自留的对策探析. 企业经济，2004（9）：82－83.

[82] 张建斌，张楠. 我国工程风险管理与工程保险制度研究. 基建优化，2003，24（2）：20－23.

[83] 张静. 基于效用理论的项目风险评价与投资决策研究［D］. 合肥：合肥工学大学，2007.

[84] 张英隆，胡昊，黄理. 工程质量安全保险及费率厘定方法的研究. 建筑经济，2008（3）：74－77.

[85] 赵斌，孙建平. 浅析建设项目工程保险. 湖北水力发电，2003（2）：49－52.

[86] 赵建兵. 多目标风险型决策理论及方法研究［D］. 成都：西南石油学院，2003.

[87] 赵世军. 我国水电工程项目施工中的风险分析与应对［D］. 成都：西南财经大学，2007.

[88] 朱丽. 工程项目风险管理理论及方法研究［D］. 武汉：华中科技大学，2006.

[89] AKRINTOLA S. Risk analysis and management in construction. International Journal of Project Management，1997，15（1）：31－38.

[90] SHARRATT P M. A life-cycle framework to analyse business risk in process industry projects. Journal of Cleaner Production，2002，10（5）：479－493.

[91] ROBERT C. The role of monitoring and shirking in information systems project management. International Journal of Project Management，2010，28（1）：14－25.

[92] ROLF. In search of opportunity management：is the risk management process enough. International Journal of Project Management，2007，25（8）：745－752.

[93] RAZE. Use and benefits of tools for project risk management. International Journal of Project Management，2001，23（1）：9－17.